古典文獻研究輯刊

三七編

潘美月・杜潔祥 主編

第20冊

清代筆記小說敘錄（上）

宋世瑞 著

國家圖書館出版品預行編目資料

清代筆記小說敘錄（上）／宋世瑞 著 -- 初版 -- 新北市：花
木蘭文化事業有限公司，2023〔民 112〕
序 8+ 目 48+186 面；19×26 公分
（古典文獻研究輯刊 三七編；第 20 冊）
ISBN 978-626-344-483-6（精裝）
1.CST：筆記小說 2.CST：研究考訂 3.CST：中國文學史
4.CST：清代
011.08   112010522

ISBN-978-626-344-483-6

9 786263 444836

古典文獻研究輯刊
三七編　第二十冊　　　　　ISBN：978-626-344-483-6

清代筆記小說敘錄（上）

作　　　者　宋世瑞
主　　　編　潘美月、杜潔祥
總 編 輯　杜潔祥
副總編輯　楊嘉樂
編輯主任　許郁翎
編　　　輯　張雅淋、潘玟靜　美術編輯　陳逸婷
出　　　版　花木蘭文化事業有限公司
發 行 人　高小娟
聯絡地址　235 新北市中和區中安街七二號十三樓
　　　　　　電話：02-2923-1455／傳真：02-2923-1452
網　　　址　http://www.huamulan.tw 信箱 service@huamulans.com
印　　　刷　普羅文化出版廣告事業
初　　　版　2023 年 9 月
定　　　價　三七編 58 冊（精裝）新台幣 150,000 元
　　　　　　　　　　　　　　　版權所有・請勿翻印

作者簡介

宋世瑞，男，1981年生，山東東明人，文學博士，山東大學儒學高等研究院訪問學者，今任教於阜陽師範大學文學院，講師職稱。從教中講授《中國文學史》《古典文獻學》《中國文學理論批評史》等課程。在《文學遺產》《文學與文化》《古籍整理研究學刊》《四庫學》《全清小說論叢》等學術期刊發表論文十餘篇，主持阜陽師範大學人文社會科學重點項目1項、安徽省哲學社會科學年度規劃項目1項、國家社科基金後期資助一般項目1項。

提　要

　　《清代筆記小說敘錄》著錄清代（包括部分民國作品）筆記小說作品約1460種（其中清代1410種，民國50種。亡佚522種，實存938種），敘錄中於每種作品之名稱、卷數、作者、存佚、內容、價值，一一介紹，故此雖名為「敘錄」，實則可視為一代筆記小說之史。具體而言，本書據清《四庫全書總目》例、余嘉錫《四庫提要辯證》、張舜徽《清人筆記條辨》、寧稼雨《中國文言小說總目提要》意寫作而成。考慮到目前筆者掌握的文獻情況與自身的學術積累，本書以清代列朝為經，以筆記小說類型（雜家筆記類、野史筆記類、地理雜記類、故事瑣語類）為緯，以「敘事、議論、考證、載記」四種體式為文本觀照之法，論從史出，或見「雜而不越」「杼軸獻功」之效。

2021 年國家社科基金後期資助暨優秀博士論文項目（一般項目）「清代筆記小說研究——以順康雍乾四朝為中心的考察」（項目編號：21FZWB040）階段性成果

阜陽師範大學人才引進科研啟動項目（2018kyq0020）成果

在「《文學遺產》古代小說研究論壇」的發言(代序)

歐陽健

承竺青的美意,安排我在「《文學遺產》古代小說論壇」第一個大會發言,實在愧不敢當。

記得是 1981 年暮春,《文學遺產》復刊不久,張白山、盧興基專程來到南京,和南京的學者進行座談,我也有幸參加了。張白山、盧興基還到訪江蘇省社會科學院,我陪同文學所劉冬同志交流了《水滸》研究信息。蒙盧興基、李伊白青睞,《文學遺產》發表過拙文兩篇,提攜之恩,沒齒難忘。

今天講的題目是「《全宋筆記》引發的學術問題」。對《全宋筆記》,我首先要表達三個欽佩之心:第一,欽佩上海師範大學古籍研究所,發揚鍥而不捨的團隊精神,歷時十九年完成了這部巨型叢書;第二,欽佩大象出版社,在市場經濟的背景下,毅然推出這部學術大書;第三,欽佩陳新的學術功力和嚴謹態度。陳新是我的老朋友,當年曾為編撰《中國通俗小說總目提要》提過很好的建議,還親自幫我看了《總目提要》的部分校樣,相信由他把關的《全宋筆記》,校勘質量是值得信賴的。

之所以提出所引發的學術問題,不是出在《全宋筆記》本身,而是它將隱含的學術分歧檯面化了,若不及時妥善處理,定會影響小說研究與古籍整理的全局。

關於小說和筆記的是非短長,百年來存在著兩條學術路線:一條是從魯迅的《古小說鉤沉》,到程毅中的《古體小說鈔》;一條是從王均卿的《筆記小說大觀》,到劉葉秋的《歷代筆記概述》。在我看來,「筆記小說」的提法,

是缺少傳統淵源的，是一種無根據的誤會。在唐之前，絕沒有以「筆記」命名的書籍，更沒有「筆記」是「以隨筆記錄為主的著作體裁」的觀念。而古小說（古體小說），則是貫穿始終的。先秦的諸子十家，其中就有小說家。小說作為一種文體，一種文學樣式，是源遠流長、其來有自的，它是文學的正脈。

當然，學術上的分歧，可以各抒己見，不能強加於人。但從古籍整理全局著眼，卻不宜隨意處置。如果執定「筆記」就是小說，以「筆記」名目侵佔小說的領地，甚至取代小說，是不明智的。試想，《全宋筆記》出來了，要不要再出《全宋小說》呢？再試想，如果以《全宋筆記》為起點，構築由《全漢筆記》《全魏晉筆記》《全隋唐筆記》《全宋筆記》《全明筆記》《全清筆記》組成的一條龍，要不要再搞一個由《全漢小說》《全魏晉小說》《全隋唐小說》《全宋小說》《全明小說》《全清小說》組成的一條龍呢？如果搞了，二者豈不要相互衝突，甚至打起架來？如果不搞，那只能據此撰寫《中國筆記史》，而不會有《中國小說史》了，後果堪憂。

為了處理好這個矛盾，需通過頂層設計加以解決。不妨按照傅璇琮的說法，將胡應麟所擬小說的六類：「志怪」「傳奇」「雜錄」「叢談」「辨訂」「箴規」，再一分為二，確定以敘事性為區分小說與非小說的標準，將列為子部小說的「雜錄」「叢談」「辨訂」「箴規」，劃入「現代意義的筆記」的範疇；而將具備一定情節與審美意趣的敘事作品，視為小說。這樣一來，筆記、小說，各得其所，相得益彰，既不重複，又不衝突了。這是文學研究與古籍整理的戰略性問題，需要上上下下認真對待，妥善處理。今天借論壇這個莊重平臺，籲請有關部門予以重視，千萬不可掉以輕心。

「時光只解催人老」。我今年八十二歲了，比我年長的侯忠義、曲沐、張錦池，比我年輕的沈伯俊、孫遜、李時人、王枝忠，都先我而去，但我並不感到孤獨，因為大批年輕學者已茁壯成長。我想送給年輕人八個字：夯實基礎，更新觀念。現在是大數據時代，海量數據在雲端上，但要真正進入人腦，靠搜索引擎是不夠的，仍需要一字字、一行行、一本本地讀。有些從前人承襲的觀念，如「筆記」與「小說」的無意混同，「志怪」與「傳奇」的刻意區隔，都是應該檢討反省的。說南朝的《陽羨書生》是志怪，唐代的《任氏傳》是傳奇，清代的《聊齋》是以傳奇而志怪，完全是枉費心力，簡直是跟自己過不去。如

果更新了觀念，又能直面古代小說的文本與文獻，用慧眼去發現其中蘊涵的價值，用慧心去實現創造性轉化，就會迎來小說研究輝煌的前程。

再次感謝《文學遺產》，謝謝大家。

2022 年 11 月 12 日 9：05

　　阜陽師大文學院宋世瑞博士求序於予，並云拙稿《在「《文學遺產》古代小說研究論壇」的發言》一文自有價值，可代表學界一種意見，「學術乃天下之公器」，足可置《清代筆記小說敘錄》一書卷首，以明「百家爭鳴」觀點兩存三存之意。今予辭不獲已，原文照登，竊以為讀者覽之，自有會心一笑處。

2023 年 2 月 4 日

自　序

　　在古典時期，「筆記」與「筆記小說」長期以來彼此通用。「筆記小說」一語大約始於南宋史繩祖《學齋佔畢》，其卷二「淩蔑二物」條云：「前輩筆記小說固有字誤，或刊本之誤，因而後生未學不稽考出處，承襲謬誤甚多，今略舉其一端……」（史繩祖：《學齋佔畢》卷四，《文淵閣四庫全書》子部 160，臺北：臺灣商務印書館，1983 年，第 27 頁。案史繩祖所指「筆記小說」為馬大年《懶真子錄》。）同書卷四之「容齋五筆論孟子記舜事多誤之言未審」條又云：「洪文敏公景盧著《容齋五筆》，援引該洽，證據辯論極為精詳，殆近世筆記之冠冕也。」（史繩祖：《學齋佔畢》卷四，《文淵閣四庫全書》子部 160，臺北：臺灣商務印書館，1983 年，第 57 頁。）《懶真子錄》與《容齋隨筆》，今日皆視作筆記作品，然宋人通用之而不以為嫌，緣在於「筆記」為「小說」之一種，「筆記小說」可簡稱為「筆記」。（案：民國以來，出版界以「說部」「筆記小說」「史料筆記」「學術筆記」「風土志」「筆記文」等命名某一類筆記文獻，因角度不同，故命名也迥異。其實從《漢志》小說家的角度來看，皆「小說」作品。劉葉秋先生在《歷代筆記概述》中把筆記文獻分為三類，即小說故事類、歷史瑣聞類、考據辯證類。筆者在考察《四庫總目》相關論述後以為，古代的筆記文獻是一個動態的、開放的系統，綜合而言，其內部可分為以下十類：一、考據辯證類，此類文獻為經史子集四部典籍的研究，如《困學紀聞》《日知錄》《蛾術編》之類，今日以「學術筆記」命名的叢書，多屬於此類。二、叢說雜俎類，如《容齋隨筆》《池北偶談》《在園雜志》之類，此類筆記為鄭憲春先生之「雜著筆記」、筆者所稱的「雜說筆記」。三、小說故事類，如《世說新語》

《閱微草堂筆記》之類,屬於小說學的研究範圍。四、歷史瑣聞類,如《唐摭言》《嘯亭雜錄》《清秘述聞》之類,此類作品多居於史部雜史類、小說家雜事之屬,與史學研究密切相關。五、地理掌故類,此類作品多位於史部地理雜記之屬,具有方志與遊記的屬性,如《平江紀事》《蜀中廣記》《顏山雜記》《春明夢餘錄》《廣東新語》等。六、詩話文評類,此類多居於集部詩文評類,如《六一詩話》《藝苑卮言》《藝概》《原詩》等,側重於集部之學的研究。七、名物鑒賞類,此類作品注意於名物如書畫金石的鑒賞評鑒,如《韻石齋筆談》《書林清話》《曝書雜記》等,可謂今日之器物學、文獻學的先聲。八、小品散文類,此類筆記可歸於文章學「筆記文」的研究範圍,作家摹山範水、抒發性靈,如宋施清臣《東洲枕上語》、明黃奐《黃玄龍先生小品》、明周應治《霞外塵談》、清張潮《幽夢影》、朱錫綬《幽夢續影》、黃圖珌《看山閣閒筆》等。九、語錄真言類,此類筆記多道德性命、經世致用之學,如宋白玉蟾《修道真言》、清李光地《榕村語錄》《榕村語錄續集》等。十、日記類,逐日記載所見所聞,如清譚獻《復堂日記》、佚名《吳城日記》、舒夢蘭《遊山日記》等。在上述十類筆記文獻中,作為數種文體淵藪的筆記,其中小說故事類業已獨立成體為現代「小說四體」之一的筆記體小說,詩話文評也成為文學批評文獻,語錄、日記亦各自獨立,故今日學界所謂「筆記文體」者,實際上內部只有六種類型〔考據辯證類、叢說雜俎類、歷史瑣聞類、地理掌故類、名物鑒賞類、小品散文類〕的自為存在,這也是對筆記文獻進行整理、編纂「筆記叢書」需要著力的關鍵所在。)

　　「筆記小說」亦是西學東漸的變革時代(晚清民國),中國本土學界應激反應下產生的一個概念,即施蟄存先生以為近代意義的「小說」概念,包括「虛構故事、完整情節、典型人物性格」三個方面,但古代小說的內涵與近代迥異:「『筆記小說』不是『小說』。說得明白些:『不是我們現代所謂小說。』《容齋隨筆》、《子不語》,都是『筆記小說』,都不是『小說』。《聊齋誌異》中大部分不是小說,只有幾篇唐人傳奇式的作品,可以認為宋元人的『小說』。」(施蟄存:《古今中外的「小說」》,《施蟄存七十年文選》,上海:上海文藝出版社,1996 年,第 545 頁。)

　　故「筆記小說」有兩義:其一義對接宋至清代的「說部筆記」「小說筆記」,涵蓋的範圍主要指歷代書目中的史部雜史、地理及子部雜家、小說家部分;其二義是「筆記體小說」,它是用來與「傳奇體小說」(代表作品為唐傳奇)對舉

而言，偏重於敘事體，即在民國學人之「劄記體小說」「筆記小說」概念的基礎上注入新的意義，並成為今日「小說四體說」的源頭之一。

而現當代文學界對「筆記小說」的定義，是以文學性為唯一標準的，表現為：一是偏重於篇幅短小的虛構的敘事體，類似於他們所說的「微型小說」「小小說」，視野不免狹窄，標準不免嚴苛，割裂了中國古代語境下的「小說」意義；二是以文采的生動與否為標準，把「筆記小說」分為「小說」與「筆記」，並且認為筆記小說的主體為筆記，不如直接稱為「筆記」更好些（見孫犁《談筆記小說》一文，《孫犁散文・采蒲臺的葦》，杭州：浙江文藝出版社，2015 年，第 263 頁。）有鑑於此，筆者對「筆記小說」做如下定義：

筆記小說為古代說部之一種，具有子學的根本屬性，它以文言散筆為話語形態，以載記、論議、考證、敘事為言說方式，具有「短書」「小史」「筆記」的形式和「小道可觀」（「資考證、廣見聞、寓教化、補史乘、遣永日、供談笑、裨治體」）的價值定位，是具有實錄精神的、學術性與文學性兼備的一種「小說」文類。筆記小說跨有史、子兩部，然以子部為權重、史部為支流，史部支流實亦子學之一種。以時下的文學觀念看來：大而言之，「筆記小說」與其說是一種文體，不如說它是一個分散的集合體，其內部類別眾多；小而言之，筆記小說為小說之一體，是「小說四體」（章回體、話本體、傳奇體、筆記體）之一。在具體的使用中，「筆記小說」與「筆記體小說」還是有所區別的，不可互相替代。

據此可知，「筆記小說」概念可以實現理論的自主與自足，對當下的筆記文獻或文言小說研究也不失為一種新的思路。沿此思路，《清代筆記小說敘錄》著錄清代（包括部分民國作品）筆記小說 1000 餘種，於每種作品之名稱、卷數、作者、存佚、價值、主要內容與歷史影響，一一介紹，故此雖名曰「敘錄」，實則可視為一代筆記小說之史。就具體的撰寫而言，本書據清《四庫全書總目》例、師余嘉錫《四庫提要辯證》、張舜徽《清人筆記條辨》、寧稼雨《中國文言小說總目提要》意寫作而成。考慮到目前筆者掌握的文獻情況與自身的學術積累，本書以清代列朝為經，以筆記小說類型（雜家筆記類、野史筆記類、地理雜記類、故事瑣語類）為緯，以「敘事、議論、考證、載記」四種體式為文本觀照之法，論從史出，或見「雜而不越」「杼軸獻功」之效。然此稿為筆者獨立撰寫而成，可視為一家之言，若閱讀中見理有偏頗、言之無據處，尚希鴻儒碩士不吝批評。

二零二三年三月五號東明宋世瑞書於阜陽師大圖書館小十駕齋

中　冊

凡　例

一、鑒於清人對於「小說」作品屬性認識不一，分類也未盡同，故所列書目以兩存或三存之法，然大致不過春秋家、雜家與小說家互相出入而已。

一、本敘錄以前輩學人所作書目為基礎，有《中國古籍總目》、《中國叢書綜錄》，袁行霈、侯忠義之《中國文言小說書目》，寧稼雨之《中國文言小說總目提要》以及石昌渝主編《中國古代小說總目》等，在此敬致謝意。除此而外，見諸清代書目、方志小說家類及清人所纂叢書中者，亦列入本敘錄。

一、本敘錄著錄約有 1460 種（其中清代 1410 種，民國 50 種。「未見」522 種，實存 938 種），以敘事為中心、以作品集為單位，分雜家筆記類、野史筆記類、地理雜記類、故事瑣語類四種。

一、本敘錄所列作品之版本，以「擇善而從」「目見」為原則，故陳述版本並非完備，望學人諒之。

一、本敘錄並非文獻標注，故所述版本為較早版本及目見本，且主以作品文本介紹，於作者生平及著述之介紹，因「讀秀」「中國基本古籍庫」「中國方志庫」所載多有，故介紹簡略，以避冗文。所注意者在於作品形式、內容及其序跋，故文中多錄之。

一、本敘錄大略以成書時間先後為順序，所據以文中序跋年代為主；若無序跋，則以作者卒年為據；卒年不詳者，從書中敘述事件斷定之；若無卒年，則以所載書目中次序為據。雖未為確當，伏脈可見也。若著者有作品多種，則集中編排，不限紀年。又中西曆表頗有差異，故主以年號為據，年號後不再列西曆紀年。

一、本敘錄中作品凡標明「未見」者，不過概言之，或佚或存，並未確知，故不能以四柱法（存、佚、缺、未見）表見之。標明「待查」者，是已知館藏所在，然館方未允，非慵懶所致，望學者諒之。

一、作家有生卒年者書之，不詳者略之，不再一一注明。化名、筆名可考索結果者則介紹之，無考者則付存疑。

一、本目所錄為作品集，意欲作整體觀照而非離析割裂之研究，故錄中部分作品，按其體性及其影響，雖非為筆記小說，亦酌情收錄本目。緣須觀清代小說諸體會通之處，並免貽誤後人之意。

一、作品集中原有標題者，引用時用書名號；原無標題者，為敘述方便計，筆者所擬標題者加雙引號，以示兩者區別。

一、筆記文長短不一，古人或以「條」「首」「則」「篇」稱之；今以篇幅小大計，則有「條」「則」「篇」之別。又古人體例分「總目錄」與「每卷前目錄」，今變為「目錄」（正文前總目錄）、「每卷目錄」（每卷正文前目錄）兩種。

順　治

《雲間雜記》三卷　　華亭佚名撰

　　黃本驥《皇朝經籍志》小說家類、《四庫全書總目》小說家類著錄。一名《雲間雜志》。齊魯書社《四庫全書存目叢書》影印華東師大館藏乾隆平湖陸氏《奇晉齋叢書》本。此書當為明李紹文撰，黃本驥誤收之。李紹文字節之，華亭（今上海市）人，著有《雲間雜識》八卷、《明世說新語》八卷等。陸炘跋云此書於乾隆戊子十月得之於吳興賈人，當為書賈之伎倆耳。四庫館臣稱「下卷載顧氏東園北園一條，稱後遭鼎革，二園皆成榛莽，則國朝人撰矣。」國家圖書館藏八卷本，前序文皆為晚明人撰，如王圻、宋懋澄等。此書為明代李紹文之書，所謂「顧氏東園北園」之事，當為元明鼎革之事，並非明清易代以後，四庫館臣所云有誤。此書輯錄松江府一郡之事，如青浦、朱家角、吳涇、小崑山、下沙、朱涇鎮等。三卷近二百則，每則無標題，所述軼事除土著事蹟外，流寓、秩官以記錄之，志怪每多見之。敘述皆有年月可紀，多嘉、萬年間事，其中倭寇之亂東南，記錄尤多。語風質樸，無絢麗之風。後錢學綸撰《語新》二卷，與此書同。

《虎口餘生記》一卷　　邊大綬撰

　　邊大綬字素一，號長白，直隸任丘（今屬河北滄州市）人，崇禎十二年舉人，官陝西米脂知縣，入清後官河南修武知縣、太原知府。《借書園書目》子部小說家、《觀海堂書目》史部傳記類雜錄之屬著錄。廣陵書社《筆記小說大觀》本。前有順治十一年甲午黃自起序、程正揆序、順治二年乙酉路坦然序。

此書一卷（中有《附塘報稿》），邊大綬於順治元年撰於北京，亂後初定之回憶錄也。因其為米脂縣令，奉陝西總督汪喬年令於崇禎十五年壬午掘取闖王李自成祖墓（意在泄其王氣、阻其成功），後闖王攻取北京、敗於山海關，挾部西行，邊大綬因是事被執，不意至壽陽逃回，書中記述途中亂象較為紀實。亦清初野史之類。

《江城名蹟》四卷　陳弘緒撰

陳弘緒（1597～1665），字士業，號石莊，江西新建縣（今南昌市）人，後避諱改為「宏緒」，因崇禎間經江西巡撫薦舉，授晉州知州，明亡後絕意仕進，著述多種如《荷鋤雜記》《石莊集》《寒崖近稿》等，曾參修《南昌府志》。《四庫全書總目》史部地理類古蹟之屬、《中國叢書綜錄》地理類雜志之屬著錄。臺灣商務印書館《景印文淵閣四庫全書》本。今吳海主編之《江西文學史》第二章《清代江西小說與戲曲》載入之。四庫館臣云：「蓋事皆目歷，非徒案籍而登也。宏緒文章淹雅，在明末號能復古。故作是書，敘次頗有條理，考證亦多精覈。惟喜載雜事，多近小說。且多曼衍旁涉，如『天寧寺』條下載寺僧淫褻之類，頗乖大雅，亦非地志之體。是則體例未嚴，不免為白璧之瑕矣。」地理雜記之類，書分「考古」「證今」兩部，「考古」者為南昌傳聞然已漸滅之古蹟，如大忠祠、王文成公祠、大梵院、綠雪樓、吏隱亭等；「證今」者為尚能目見之古蹟，如勝王閣、永寧寺、普賢寺等。每則以樓觀祠宇梵剎園亭為標題，列敘故聞，多從史乘地志稗官文集中輯錄如《名勝志》《續博物志》《豫章記》等。因此書重在「古蹟」，故多與史事名士相關，故文中軼事、志怪、詩話之類較多，如《勝王閣》一則，引諸詩數十首；《天寧寺》輯錄僧道軼聞數條。大約此書敘事為多，故《江西文學史》列之於小說名下，敘述雅淡，故備說部之一種，如《考古二》《美魚亭》云：「宋吏部尚書徐忠慜公建於東湖上，山谷詩有：『紫髯將軍不復見，空餘叢桂綠婆娑』之句。蓋德占既殉當時之難，山谷建其地而追憶之耳。」

《寒夜錄》二卷　陳弘緒撰

康熙《西江志經籍志》雜類說部、吳騫校本《千頃堂書目》小說類、《觀海堂書目》雜家類雜說之屬著錄。今有《續修四庫全書》影印北京大學藏清抄本。書中內容包括詩話、文評、考證、軼事、志怪以及博物等，雜家筆記之類。每則無標題，雜說之中多有卓識，如「近時奔競最甚，無如詮選、考試兩端」

「近代名家諸集，莫如序文為盛」「說部諸書如沈存中《夢溪筆談》、洪容齋《隨筆》、王伯厚《困學紀聞》博極載籍，兼之辨析精當，直是案頭三種大書，非他稗官家之可擬也。」其他軼事如晉法顯遊天竺、張鷟不見王羲之、司馬光買僕、張獻忠殺俘、壬申土寇蹂躪江西三縣、晦堂開悟黃庭堅等、志怪如老軍見嬰兒化為灰、彭淵材蛇咒等，或輯錄他書，或得之傳聞，敍述亦真切。卷下「兩年讀書作文都無靜意」條云「壬午七月二十七日將為淮陽之遊」，則此書作於崇禎十五年後。

《留都見聞錄》二卷　　吳應箕撰

　　吳應箕（1594～1645），字風之，一字次尾，號樓山，南直隸貴池（今屬安徽池州市）人，崇禎朝副榜，明亡後抗清兵敗被殺，著有《東林紀事本末》《兩朝剝復錄》《庚辛壬癸錄》《樓山堂集》等。光緒《重修安徽通志·藝文志》史部雜史類、《江蘇地方文獻書目》著錄。國家圖書館藏一卷本，為康熙十九年吳孟堅樓山堂刻本；南京圖書館有同治刻本一冊、清抄本一冊。今有《南京稀見文獻叢刊》本。此書為吳應箕遺著之一。「留都」者亦稱「南中」，即南京。金陵掌故筆記，明周暉有《金陵瑣事》三書，不分類目，軼事志怪、詩話文論，可稱地志小說者。此書原目十三，即「山川」「人物」「園亭」「官政」「科舉」「書畫」「器用」「交遊」「服色」「寺觀」「時事」「宴飲」「音樂」，後散佚，由其五世孫銘道整理，釐為兩卷，上卷為《山川》《園亭》《科舉》，下卷為《河房》《公署》《官政》《寺觀》《服色》《時事》。前有葉方恒、陳維崧、黃虞稷、蔣先庚、夏燮序，後有吳銘道、蕭穆、劉世珩、鄧實、盧前跋。吳氏書雖為殘本，然其中敍金陵地理、風物、科舉及官場軼聞，皆如史筆，洵為地志小說之傑出者，故蔣先庚序云此書「雖偏部短記，可以徵今昔盛衰之感，固足傳也。」《時事》中所記崇禎戊寅民間風傳「羊毛疹」者，類乎《花村談往》之《風雷疾疫》條，或即《聊齋誌異》之《劉海石》所本。又朱彝尊《說鈴序》稱吳氏有《續觚不觚錄》，為說部中之傑出者，未見。

《玉堂薈記》四卷　　楊士聰撰

　　楊士聰（1597～1648），字朝徹，號鳧岫，山東濟寧（今濟寧市）人，崇禎四年進士，官翰林院檢討，入清官至諭德，著有《靜遠堂稿》《甲申核真略》等。《四庫全書總目》小說家類著錄，為一卷本。今有《續修四庫全書》影印《嘉業堂叢書》本，四卷，前有楊士聰自序，後有劉承幹跋。楊序云忝居清華，

而聖情喜怒不定，國事煩亂以致國史有記注、起居之闕，「古來國史所關，或得之雜錄漫記，以補其所不足，亦識其小者之意也」，所記「凡十餘年來世局朝政、物態人情，約略粗載於此，而戲笑不經之事亦往往而在」。全書近 280 則，無標題，所記多為當代時事，類乎雜史筆記，「持論尚少偏倚」（劉承幹跋語），書中多述朝政典故、晚明士風，如兵餉、殿試、講筵、崇禎朝諸相等，間有博物如太白山雪蛆、保德黃河鯉，地理如峨眉山、天壽山山勢，考證如「濫觴」、稀姓，文論如科舉試卷文體，志怪如韓經歷夢亡等，大致以時事為據，然不廢傳聞之疑，敘事委婉，持論有故，在筆記小說中可謂中上之作。此書作於明亡之前三月，當實為明代著作，然清人每以為「國朝著述」，故仍列入本目。

《棗林雜俎》六集十二卷　談遷撰

談遷（1593～1665），原名以訓，字孺木，一字觀若，浙江鹽官（今海寧）人，明諸生，入清不仕，潛心史學，著有《國榷》《棗林詩集》《北遊錄》等。《楝亭書目》說部類、雍正《浙江通志》子部小說家類、《四庫全書總目》雜家類雜說之屬著錄。今有中華書局《元明史料筆記》本，前有崇禎十七年甲申九月高弘圖序、談遷自題識語。全書分《逸典》《科牘》《彤管》《空玄》《炯鑒》《緯候》《名勝》《營建》《器用》《榮植》《頤動》《幽冥》《叢贅》等數門，本為著明史之筆記也，採擷明清筆記、文集、地志多種，里巷異聞亦存錄。四庫館臣云其「多紀明代軼事，而語多支蔓。其《名勝》一門，雜引志乘及里巷齊東之語，漫無考證。《藝贊》亦多疏舛。其餘大抵冗瑣少緒，亦不分卷。疑雜錄未成之本也。」此書為野史筆記之流，不避委巷之談，可謂喻叔虞《國榷》序中云「稗官說家之言」，然談遷本志在著史，故《題詞》云：「說部充棟，錯事見采，事易蕪、采易鑿，捨其舊而新是圖，又任目者憑於好惡，任耳者失於浮浪也。」《逸典》述明代掌故，《科牘》記明代科舉，《先正流聞》記明儒軼聞，《藝贊》為明代士夫詩文輯錄，《彤管》為節義女傳，《技餘》為疇人小傳，《空玄》為僧道異聞，《炯鑒》為刺貶人物亦為鑒借，《緯候》為節令之類，《名勝》為山水古蹟、物人變形之類，《營建》為經營山陵冢墓、臺閣宮觀之類，《器用》為日常用品之類，《榮植》為木植之類，《頤動》為鳥羽蟲蛇之類，《幽冥》《妖異》為志怪之類，《叢贅》為軼事之類。短則叢語，四庫館臣云此書敘述「語多支蔓」，一事數例臚列，然小說敘事較為簡淨，是為清初野史筆記之

較著者。清初野史筆記，犖犖大觀者，有計六奇《明季北略》《南略》，談遷《北遊錄》《南憂錄》《棗林雜俎》，皆以史家敘事為筆記者，亦陶越《五代史補》「雖同小說，頗資大猷」之類耳。黃梨洲《談君墓表》云史體有三：編年、列傳、紀事。三體之外，筆記附焉，亦史家所不可或缺之體。

《棗林外索》三卷　談遷輯

雍正《浙江通志》子部小說家類著錄，云有六卷本。《續修四庫全書》影印清抄本。前有順治十一年甲午談遷《棗林外索序》，云性好涉獵，然家無藏簡，「時閱於市，或乞覽，其犖然當於心者嘗寸紙錄之」，後揀選成書三冊，亦陶宗儀《輟耕錄》之意。輯錄內容自天文地理以及人事物理，莫不載入，每則皆有標題，然所輯之書未明出處，有關故事亦加評說，如《天地》《盤古冢》《燧人氏》《舜妹畫》《攀倒井》《銅柱》《昭明太子墓》《梁山伯》《羊祜碑》《石敢當》等。

《異聞識略》　談遷輯

《中國古籍總目》小說類文言之屬著錄。國家圖書館藏清抄本，1冊。實為第十四卷也，所記共五十則，輯錄他書為野史筆記之流。所記為嘉、萬以來訖明亡君臣軼事，如張居正專權、嚴嵩父子跋扈、海瑞忠直、魏忠賢測字、周延儒納賄等。卷中所述鮮明者，以口語入筆記，如「張居正居父喪，巡撫縗服往弔，自途中號哭至喪次，曰：『死了老太師，何不死了小子！』」明熹宗癖愛木工，「當造作得意時，有急切本章令左右讀之，手執斤削以聽，聽畢命曰：『你們用心做去，我知道了。』所以太阿下移。」「周延儒復相，崇禎親賜宴，退入宮，欣欣喜色曰：『還是他！』故當時所請皆行。」惜所輯之書少有出處，惟闖賊入京大內舞象下淚、回回使者不拜事注明出自李清《三垣筆記》。

《憶記》四卷　吳甡撰

吳甡字鹿友，揚州興化（今江蘇興化）人，萬曆四十一年進士，累官至禮部尚書兼東閣大學士，著有《柴庵疏稿》《寤言詩集》《送老吟》等。《千頃堂書目》史部傳記類、嘉慶《揚州府志》卷六十二子部雜家小說類著錄。《四庫禁燬書叢刊》影印北大圖書館藏清初刻本。前有弘光元年史可法序、弘光元年李清序，序文皆述明末藩鎮跋扈、吳氏盡節之狀，全書共177則，每則皆無標題。筆記之法，所述為明代故實，以今日視之則為自述狀也，故以「憶記」為

名。清初自敘文學除詩歌外，述及時事者則野史雜記，其中多自敘，手法不一，或史法如日記，或委曲如筆記，此書則筆記也，自述身世、入仕及明末為官作為事，語言省淨，頗有史體，可補明史之闕也，如「予以萬曆己丑年生，六歲出就外傅，從單愛愚先生授大學章句，館於西禪林之殿左。每晨入佛殿，見兩旁羅漢手眼具動，不知其土塑也。後稍長，入寺不復見，豈幼時神光相照攝耶？」「垂髫侍父中憲公之韶州司理任，始知發憤讀書。性不好弄，入館，讀之夜分方就寢，府君署英德邑篆，予往省侍。英德署居山頂每平旦山下群雞齊鳴，響振皋野，予霍然心開。」「予撫晉三年而督剿在行間者二年，凡賞功級銀兩皆取之公費，贖鍰及藩司庫貯雜稅等銀不動公帑一錢，所留薪餉共支動七萬有零耳。事完，一一造冊報銷，不知各省動餉輒以數百萬計何說也。自萬曆末年熊廷弼撫遼時加派遼餉四百餘萬、楊嗣昌督剿流寇又加派剿練二餉八百餘萬、雜項事例不下百萬，比國初賦額三倍之，民力已竭，上諭近臣曰：『賊寇未平，小民加派，何時可已！』為之流涕。」

《三垣筆記》三卷、《補遺》三卷、《附識》三卷、《附識補遺》一卷 李清撰

李清（1602～1683），字映碧、水心，南直隸興化（今屬江蘇）人，崇禎四年進士，經崇禎、弘光兩朝，歷仕刑、吏、工科給事中，大理寺丞等，明亡不仕，著有《南渡錄》《澹寧齋集史論》等。《八千卷樓書目》雜史類、《國立中央圖書館善本書目初稿》小說家類筆記之屬著錄。今有《元明史料筆記叢刊》本。前有李清五世孫李詳序、李清自序，後又全祖望、劉承幹跋。此書所記多為崇禎、弘光兩朝目見軼事，從中可見明末吏治之壞、兵將驕懦以及官場傾軋、國家動亂等事，於氣節之士尤多褒揚，全祖望云此書「最為和平」，恐不盡然。所耳聞者亦在在記之，書風亹亹如故老談舊，生動處可資一噱。以筆記之法寫史者，既是野史，也可作小說觀，野史筆記之類也。

《諸史異匯》二十四卷 李清輯

《四庫禁燬書叢刊》分類目錄之雜史類著錄。《四庫禁燬書叢刊》影印舊抄本。此書輯錄以正史為多，間有小說野史如《鶴林玉露》《唐雜錄》之類，所錄以遺聞軼事為多，亦有怪異者。全書共分二十四類，即君臣類、父子類、夫婦類、昆弟類、朋友類、德行類、言語類、政事類、仁類、義類、禮類、智類、信類、憐才類、善誘類、異聞類、前定類、天地類、證贈類、年號類、子

嗣類、形體類、姓名類、物類。摘錄之事皆饒有興味，雖從正史錄出，亦可作小說觀，野史筆記之類也。

《女世說》四卷、《補遺》一卷　　李清輯

《八千卷樓書目》小說家類著錄。上海圖書館藏康熙十五年鈔本。前有李清自序，云：「《女世說》何為乎輯也？蓋追述亡伯維凝先生（諱長敷）言故輯也，亡伯之言曰：『予有世說癖，所惜賢媛一則未飫人食指耳』，行以女世說續，會不祿，志遂廢。」陸敏樹序云：「《女世說》，韻矣，豔矣……今或者獨以天下談兒女子為可教，故輯為是編以告天下女子」云云。例言八條，其中有云：「廿一史中或見本傳，或散見各傳，俱採擷無遺，叢者芟之以資雅觀。」「廿一史外，如《舊唐書》、陸馬二《南唐書》皆摘入，此外一切霸史可參正史考並採。」「稗官野記雋永可諷者俱入，然不過十之四五，恐以蕪穢滋誚也。」「《感幽》一則近於詭誕，故《搜神記》《酉陽雜俎》等書槩削不採，今除正史外，惟《世說》《本事詩》《鶴林玉露》《宋人詩話》《虞初新志》之類稍近雅實，量摘之。」分三十門，為《淑德》《仁孝》《能哲》《節烈》《儒雅》《雋才》《雅量》《毅勇》《俊邁》《高尚》《識鑒》《通辯》《規誨》《穎慧》《容聲》《藝巧》《緣合》《情深》《企羨》《悼感》《春惜》《寵嬖》《尤悔》《乖妒》《蠱媚》《侈汰》《忿狷》《紕繆》《徵異》《幽感》等。清代「世說」類作品甚多，如《玉劍尊聞》《庭聞州世說》《遣愁集》《五茸志逸》《南吳舊話錄》《宋稗類鈔》《今世說》《漢世說》《南北朝世說》《南北史捃華》《州乘餘聞》《豪譜》《晉宋瑣語》《宋瑣語》等，皆其類也，不過沿《唐語林》《續世說》《何氏語林》《明世說》《僧世說》之波耳。案清代仿「世說」之作，雖出於明代故習，然士人一囿於八股制義，一迫於文字之禍，腐儒、道學、考據家輩出，士風日趨卑下，何來灑脫談玄之閒？不過士夫好名之過也。顧炎武《日知錄》卷十三《重厚》引四明薛岡言云：「士大夫子弟不宜使讀《世說》，未得其雋永，先習其簡傲。推是言之，可謂善教矣。」

《外史新奇》十二卷　　李清撰

《欽定續文獻通考·經籍考》小說家類雜事之屬著錄。上海圖書館藏小謨觴仙館舊藏清抄本。前有朱用純序，每卷皆有目錄，每則有題目，共 1800 餘則。此書類於李清他書，不過從經史傳記、筆記傳奇中輯錄奇異之事而縮減至三兩句以成之，甚或有一句一事者，每則所記亦無注處。書中凡軼事、志怪兩

類，大約皆非常人所能經者，如《驚婚》《豬生三物》《十七騎破三千》《上詩成名》《一家樂事》《白髮新婚》《濯手得妻》《盜解詩》《鷹護廉吏》等，故朱用純序云此書為李氏「搜奇書、溯奇人、論奇事、寫其懷」以成之，其中以詩名篇者，事蹟又與褚人獲《堅瓠集》所輯類別相同，全書不過廣見聞、資勸誠之意。

《秋園雜佩》一卷　　陳貞慧撰

陳貞慧（1604～1656），字定生，江蘇宜興（今屬無錫市）人，明廩生，陳維崧父，與侯方域、冒辟疆、方以智並稱「明末四公子」，有《雪岑集》《交遊錄》《山陽錄》《八大家文選》等。《毘陵經籍志》子部小說家類著錄。《叢書集成初編》本。前有順治五年戊子陳貞慧序，後有康熙二十七年戊辰陳宗石跋、咸豐癸丑伍崇曜跋。陳宗石為定生第四子，跋云：「先大人《山陽錄》《秋園雜佩》兩書，宗石十齡時，曾見鏤板，丙申遭先君大故，宗石年甫十三，四壁無存，饑驅渡江，贅雪苑侯公甥館，孑然一身，謹守先大人所撰《皇明語林》《雪岑集》《山陽錄》《書事七則》《秋園雜佩》諸稿，皆先大人手自刪改者。」則此書原刊刻於順治年間，前有侯方域序，卷首有順治戊子陳貞慧序。全書共十六則，有《廟後茶》《蘭》《龐公榛》《竹菇》《南嶽蕈》《香櫞》《書硯》《鸚鵡啄金杯》《時大彬壺》《湘管》《黃熟》《五色石子》《折疊扇》《邱山胡桃》《杜鵑》《永定海棠》，所敘不過山人清供之品，如金杯、折疊扇、香櫞、陽羨茶之類，文風典雅，仍沿晚明清言小品之習，如《蘭》：「蘭龍池銅官間，芊眠峭蒨，離離如積，山人採摘，入衣香欲滿園，杖挑藤束，筐筥登市，累累不絕，每歲正二月之交，自長橋以至大街，鱗次櫛比，春光皆馥也。一幹數花，生於夏月者則名蕙。」陳貞慧自序云不過病中無聊消遣之意，侯方域則稱此書為遺民之以花果寓德之意。

《明代語林》十二卷　　陳貞慧撰

《毘陵經籍志》子部小說家類著錄。此書一名《皇明語林》。未見。

《薛諧孟筆記》二卷　　薛寀撰

薛寀字諧孟，號歲星，江蘇武進人，崇禎三年進士，以刑部郎中守開封，投劾歸，明亡為僧，更名米，別號堆山，著有《堆山文集》等，《居易錄》卷三十二云卒後為歸德城隍，又投生為庶吉士李薛，殊為荒誕。《中國古籍總目》

小說家類著錄，謝國楨《晚明史籍考》亦著錄。上海圖書館藏民國二十八年己卯鉛印本。此書前有錢振鍠序，後有民國十七年薛允中、薛殿跋。此書為明遺民所著，書類似日記，所記為明末清初變亂之事，以崇禎十五年至順治二年事為多，中多云「我明」「今上」「先帝」，此遭時忌之語也，故在清季僅以抄本流傳，民初薛氏從馮秉鈞得之梓行。錢振鍠序云筆記大類鄭所南《心史》，多載明亡時事，惟是山中老衲記載當時事，多出傳聞，故有錯謬之處。此書為野史筆記之流，然書中所記薛氏詩文以及夢寐之語、怪異之談，皆足以見易代之亂、遺民之痛也；其他雜說如《讀鄭太史書稿誌感有引》述祖德如云先世富藏書等，亦是隨筆記錄之體。此書敘事較為徵實，語亦清致，敘事每兼雅懷，故夢寐子女間頗似後之《浮生六記》，如「六月初十夕，夢所居內室墀下種雞冠花，屏間列菊，明窗幾架，殊自楚楚，壁上黏《山海圖》，以絲髮貫珠綴其上，游移不定又如琢玉為小梅蕊等。次日記。」

《爐宮遺錄》二卷　佚名撰

《中國叢書綜錄》雜史類著錄。上海書店《叢書集成續編》本。兩卷共110餘則，無標題，述崇禎自登基至景山自縊十七年間宮禁之事，《適園叢書》本後有張均衡跋，云此書卷後有小字，係錢守俊口述，錢本長樂宮宦官，鼎革後流落金閶為道士，故有口述故國之事。短篇長句，亦故國黍離之思。文風質直，頗有記錄之體，記崇禎生前瑣事亦娓娓動人，如「上嗜燕窩羹，膳夫煮就羹湯，先呈所司嘗，遞嘗五六人，參酌鹽淡，方進御。」「周后顏如玉，不事塗澤，田貴妃亦然，餘不及也。」「西苑黃梅最多，上所好也，花時臨賞，每折小枝簪於小瓶，遍置青霞軒、清暇居等處几案間。」亦郭湜《高力士外傳》、楊德澤《楊監筆記》之類。

《字觸》六卷　周亮工輯

周亮工（1612～1672），字符亮、緘齋，號櫟園、櫟下老人，河南祥符（今開封市）人，崇禎十三年進士，官浙江道監察御史，入清官至布政使、左副都御使、戶部右侍郎等，著有《賴古堂集》等。《借書園書目》小說家、《傳是樓書目》小說家類、《販書偶記》雜家類雜說之屬著錄。《叢書集成初編》本，前有康熙六年方山序、徐芳序，順治六年周嬰跋、咸豐辛亥伍崇曜跋，黎士弘跋。新興書局《筆記小說大觀》本又有順治四年丁亥周亮工《凡例》六則，此書分《廋部》《外部》《晰部》《諧部》《說部》等五部，以「六書」中之「會意」一

體為中心輯錄他書者，如董卓本傳「千里草何青青」之類，叢殘小語，較有故事性。後光緒間桑霖直仿此書為《字觸補》六卷。

《因樹屋書影》十卷　周亮工撰

　　《鄭堂讀書記》雜家類雜說之屬、《借書園書目》子部小說家、《傳是樓書目》小說家著錄。此書成於順治十六年，入《四庫全書》，旋又抽毀，今存有《四庫抽毀提要稿》之《書影十卷》提要云：「記述典贍、議論平允，遺聞舊事，頗足以為文獻之徵，在近代說部中，固為瑕不掩瑜矣。」《續修四庫全書》影印北大館藏康熙六年刻本。前有康熙六年丁未姜承烈《書影序》、黃虞稷《書影序》、雍正三年周在延《書影序》，皆云此書為清初說家（說部）中之佼佼者；書後有張遂辰、鄧漢儀跋。此書為雜家筆記之類，取尚教化，故徐芳《書影序》云「事繫人心，義關名教」，高阜《書影序》云周氏雖在縲絏之中以「安閒」語出之，杜濬《書影序》云：「夫《齊諧》者，志怪者也；《書影》者，志信者也。志怪者為存人耳目之所未經；志信者為存己耳目之所已經，以發人耳目之所未經，則櫟園之書可以傳矣。」全書十卷，每則無標題，內容有明末清初軼事、文評、詩話、考證、經論、博物等，自為注釋，知識頗為宏富，除目見耳聞外，所輯之書多有出處，或列書名，或記人名。全書主以敍事，頗有史筆之致，簡澹古遠，後附議論，亦史家常用之法也，鄭堂云此書「皆歷溯生平聞見，加以折衷，詮次成帙，大抵明末、國初人所著為多，引古書者僅十之一二。然於事之承訛襲舛者，則正其謬戾，於人之闇汶無章者，則發其幽光。以至夫古人深衷苦志，或未白於當時，及不信於身後者，無不為之抉摘而表章之，闡揚之。其網羅甚博，採擇甚精，文筆又甚高古，而又成之請室之因書屋中，亦可以想見其概矣。」

《同書》四卷　周亮工輯

　　《傳是樓書目》小說家類著錄。此書曾入《四庫全書》子部類書類，後被抽毀。《四庫禁燬書叢刊補編》影印順治六年刻本，前有順治六年己丑宋祖謙序、順治六年己丑周嬰序。是書體例，擬一題為一事，下引諸書，一事數則，如《金蓮燭送歸園》引《令狐綯》《史浩》《王珪》《蘇詩》，《亡國之由》引《郭氏》《范中行事》，《炎涼世態》引《廉頗》《孟嘗君》，《以殺止殺》引《西門豹》《陳子亢》，謂一事數同者，故名《同書》。

《閩小紀》四卷　周亮工撰

《四庫全書》史部地理類著錄，為「方志之支流」，後被抽毀。《續修四庫全書》影印康熙賴古堂刻本。前有康熙五年汪楫序、黃虞稷序、康熙丁未范驤序、孫洴如序、羅耀序，後有謝國楨手書跋文。此書亦屈大均《廣東新語》、汪森《粵西叢載》之類風土筆記也，其中博物如《茉莉書》《墨魚》《龍蝦》《江瑤柱》《珍珠傘》《唱龍眼》，名士軼聞如《江皜臣》《林太守元美》《幼年科第》《林僉憲》《謝在杭》《洪都御史》等，風俗如《大清明》《珠娘》，亦有謠歌之類如《閩酒麴》《閩茶曲》等，皆有關福建之地者，短篇叢語，文風清致，張謙宜《繭齋論文》云此書「雅秀絕倫，自是雋品，然較之《老學庵筆記》，猶未免有意為文」，然其敘事頗有章法，後黎定國撰《續閩小紀》，仿其書也。金埴《不下帶編》中列「本朝以來，談部說家」者數種，周亮工《書影》《閩小紀》亦「彰彰在人耳目者也」。

《韻石齋筆談》二卷　姜紹書撰

姜紹書字二西，號晏如居士，江蘇丹陽（今屬鎮江市人），明崇禎十五年以曾祖寶蔭任工部郎中，明亡後為道士，多才藝，著有《無聲詩史》《玉臺畫史》《瓊琚譜》等。《借書園書目》小說家、乾隆《江南通志》子部雜說類、《五萬卷閣書目記》小說家類著錄。今有《叢書集成初編》本，前有順治六年己丑蔣清序、目次，每則皆有標題，共六十餘則，博物志一類，舉凡圖書、鼎彝、玉石、陶瓷、碑帖、書畫、文玩等皆在敘述之列，如《宣和玉杯記》《定窯鼎記》《瑞雲峰》《徽宗高士圖》《墨考》等，間有按語及「野史氏」之評論，書寫清韻可喜，並附名人軼事如孫七峰、黃子久、楊妹子、倪雲林、項墨林等，亦雜家筆記之類。

《南忠記》一卷　錢肅潤撰

錢肅潤字礎日，號十峰、跛足生，江蘇無錫（今無錫市）人，明諸生，卒於康熙間，有《十峯草堂集》《尚書體要》《道南正學編》等。《晚明史籍考》著錄。上海圖書館藏吳興劉氏嘉業堂舊抄本，今有《晚明史料筆記》本。前有庚寅歲（順治七年）自序，共 135 則，每則前有標題，上至將相下至丐流，凡忠義之人皆有記載，亦可補史闕也。自序云：「忠臣義士，何代無之，獨其間有甚不甚耳。明興三百年來，名臣傳中，半有忠義，建文之難，史不勝書矣，思廟崩，從亡二十餘人，甚表表焉，至弘光變而在京死事者少，何者？將以有

為也。逮事不可為,而或死於官,或死於家,或死於兵戎牢犴之中,動以千計。嗚呼,明不可謂無人已!余不能死,見死者而心動焉,喟然曰:『前事不彰,後死之咎也。』故作此編。」野史筆記之類。

《綏寇紀略》十二卷　　吳偉業撰

吳偉業(1609～1672)字駿公,號梅村,別署鹿樵生、灌隱主人、大雲道人,江南太倉(今江蘇省太倉市)人,明崇禎四年進士,曾任翰林院編修等職,入清後曾任國子監侍講等,與錢謙益、龔鼎孳並稱「江左三大家」,編有《太倉十子詩選》,著有《梅村集》及戲曲多種。《文瑞樓藏書目錄》史部雜史類、《四庫全書總目》史部紀事本末類著錄。文淵閣《四庫全書》本。全書所記為明末諸將盧象昇、左良玉等平叛剿寇與農民軍起義事,主以紀事本末,分為十二篇,以三字標題,即《澠池渡》《車箱困》《真寧恨》《朱陽潰》《黑水擒》《穀城變》《開縣敗》《汴渠墊》《通城擊》《監亭誅》《九江哀》《虞淵沉》,每篇後多有「外史氏」評論。四庫館臣考朱彝尊《曝書亭集》中《跋》,知此書成於順治九年壬辰,並云「彝尊又稱其書以三字標題,仿蘇鶚《杜陽雜編》、何光遠《鑒戒錄》之例。考文章全以三字標題,始於繆襲《魏鐃歌詞》,鶚、光遠遂沿以著書。偉業敘述時事,乃用此例,頗不免小說纖仄之體。其迴護楊嗣昌、左良玉,亦涉恩怨之私,未為公論。然記事尚頗近實,彝尊所謂聞之於朝,雖不及見者之確切,而終勝草野傳聞,可資國史之採輯。亦屬公論也。」趙翼《簷曝雜記》卷六「綏寇紀略」條對此書與《明史》比較考究,云蓋從崇禎十七年邸報、奏疏、部議及傳聞中得之成書:「雖不免小說纖仄之體,而記載詳贍,以事繫日,以日繫月,以月繫年,其大者朝章國典、兵制軍餉、勳戚之封建、藩邸之支派,以及國變後諸臣死事之忠節,無一不廣搜博採。」此為遺民之書,雖紀事力求完整,然傳聞異辭亦不廢焉,其中明末亂象往往為小說家所採,如《虞淵沉》為災異怪變之類如《風霾》《晝晦》《火異》《鼓妖》《言妖》《草妖》《疫》《物異》等。又如「河北之謠曰:『鄴臺復鄴臺,曹操再出來。』賊羅汝才自號曹操,而天下大亂。」「(崇禎七年)八月山東雨血」等。要之記述詳實、文筆雅潔,為野史中傑出者,故趙翼亟稱之。

《玉劍尊聞》十卷　　梁維樞撰

梁維樞(1589～1662),字慎可、西韓,直隸真定(今河北正定)人,萬曆四十三年舉人,歷官中書舍人、戶部主事,以黨論削籍,入清為工部郎、武

德兵備，著有《見君子閣日箋》《內閣小識》《群玉錄》《直譽集》《玉樹園詩》《喜聲堂稿》等。《四庫全書總目》小說家類雜事之屬著錄。今有《續修四庫全書》影印順治十一年甲午賜麟堂刻本。前有順治十二年乙未吳偉業序，錢棻序，順治十四年丁酉錢謙益序，順治十一年甲午梁維樞《玉劍尊聞引》。四庫館臣云：「取有明一代軼聞瑣事，依劉義慶《世說新語》門目，分三十四類而自為之注，文格亦全仿之。然隨意鈔撮，頗乏持擇。」元明軼事三十四類，並自為做注，仿《世說》之類也。錢謙益以為此書雖仿《世說》，義從史法，寓史家於說家之中，故云：「斯編臚陳瑣碎，踵附臨川之後塵，其可以史而不史者，良於國史難易之，故精而求之、熟而審之，未敢以嘗試而漫為也。余少讀《世說》，嘗竊論曰：臨川王，史家之巧人也，變遷、固之史法而為之者也。臨川善師遷、固者也，變史家為說家，其法奇；慎可善師臨川者也，寓史家於說家，其法正。世之君子有志國史者，師慎可之意而善用之。」語言清雋，在清代「世說體」小說中可謂佳作，如《任誕》述顧鼎事云：「顧文康微時讀書山中，得一犬剎之，求薪不得，走佛殿揖羅漢曰：『不得已，煩大士。』」因斧其像以爨，犬熟，即呼群兒環坐，擘而大嚼，為之一飽。」《簡傲》云唐伯虎事，「唐寅與客對弈，有給事自浙來訪，入其廳，與寅揖，寅曰：『正得弈趣。』給事趨而出。至黃昏，寅弈罷，始訪給事，舟人告給事已寢，寅曰：『吾亦欲寢。』竟上給事床解衣臥，引其被相覆，給事欲與談，寅酣寐不應。至明日午已過，寅猶未起。給事欲赴他席，呼寅，寅曰：『請罷席歸而後起。』給事登輿去，寅竟披衣還家。」

《陳子旅書》一卷　　陳璸撰

　　陳璸字元卿，號琪園，浙江章安（今台州市）人，康熙九年進士，曾官壽張知縣，著有《寓園文略》《庭書》《良書》《偶書》《寓書》《約書》《陳子約言》。《文瑞樓藏書目錄》子類小說家著錄。上海書店《叢書集成續編》本。前有順治十四年丁酉陳璸自序，云「陳子客歲避暑山園，著有《夏書》二集，志時也；丙申正月之變，火於寇，無留本。今春寓居西泠，蕭寄無事，復著一書曰《旅書》，志地也。倘能長留，亦以佐古今人之所未著。」一卷三十六則，有《風氣》《詩文》《西北海》《開國承家》《德業早成》《軍旅之慘》《代作》《漢四王生》《風雅》《義概》《孤守》《慕古》《奇應》《文士有行》《家學》《初業》《論人》《治目》《戒雜》《定志》《陽明論學》《宋人道學》《世情道念》《為政有體》

《應務》《讀全部書》《工文》《相須為用》《慎交》《解詩》《異才同濟》《盟社》《知止》《寒食重九》，筆記雜說之類，議論豁達，多以論帶史之類，亦有論議當下之語，如《論人》：「君子之論人才，為國家惜人才，為士大夫存大體，慎不可若小人之傾誣人也。」《盟社》一則為批評明末清初文人結社之風：「近代其風乃流於士子，雞壇歃血，人人管鮑雷陳，一涉利害，操戈下石，有市井所不屑為者矣。」

《說鈴》一卷　汪琬撰

汪琬（1624～1691），字苕文，號鈍庵，長洲（今江蘇蘇州市）人，順治十二年乙未進士，授戶部主事，升員外郎，後薦博學鴻詞授編修，與修《明史》，在館兩月，撰史稿七十五篇，後稱疾歸隱，與王士禎、湯斌、施閏章等往還，著有《堯峰文集》五十卷、《鈍翁類稿》《外稿》《續稿》《別稿》八十八卷等，詳見乾隆《長洲縣志》卷二十五。《鄭堂讀書記》卷六十五小說家類雜事之屬著錄。上海圖書館藏雍正十二年刻本，光緒四年刻本，不分卷。《中國古籍善本書目》雜家類雜記之屬著錄兩種，一為一卷本，見上；一為二卷本，抄本，惠棟補注。今有《嘯園叢書》本。前有王士祿順治十八年辛丑序及汪琬順治十六年自序，卷末有康熙六十年林佶跋、雍正八年鮑鉁識、雍正十二年甲寅華育渠識、乾隆十三年劉堅跋、光緒四年葛元煦識。全書共 104 則，無標題，多文人之談，故王士祿序云：「記辨學論文之語及一時朋遊談謔，率矜澹頹唐，直逼臨川語勢，惜不得劉辰翁輩相共尋咀耳。其意穠寫尤在劉比部（即劉體仁，筆者注）阿貽（即王漁洋，筆者注）兩人，阿貽遙秀，公勩曠達，宜為汪所喜也。」涉及時人有宋實穎、金式祖、王士祿、王士禎、王與敕、江天一、吳兆騫、魏象樞、劉體仁、鄺湛若、計東、米漢雯、薛奮生、史兆斗、汪琰、邵燈、董俞、彭而述、曹本榮、孫奇逢、董文驥、陳維崧、徐作肅、李良年、龔鼎孳、葉舒崇、申涵光、朱克生、宋犖、顧炎武、朱茂晭、魏學渠、周亮工、文點、朱彝尊、施閏章、李因篤、朱克生、繆永謀、王弘撰、李敬、梁曰緝、曹溶、徐元文等，皆是清初所謂「名士」。汪氏《說鈴》仿自《世說》，士人神態肖然畢肖，然文中多詩話，甚或全錄詩文，如王漁洋《秋柳詩》，申涵光《毛穎後傳》，葉秀才《誄文》等，可謂文藝界一畫圖也，如「丁大聲軀材拔起，意識豪略，咳如挺鐘，言同奔河。」「王阮亭宦廣陵。一夕雪甚，漏且三十下，風籟窈窈，街鼓寂然。燈下簡篋中故書，得吳賓賢詩，且讀且歎，遂泚筆為序。

明日，走急足馳二百里寄之。吳感其意，為刺舟來郡城，相見歡甚。」「汪鈍翁初未遊西山，逢人輒相諮詢。或曰：『西山雖復崇深，意謂不如東南諸郡清潭鏡澄，層峰屏峙，一花一石，相對饒有勝情。』」此書風格清致，故葛元煦跋云：「此特其筆墨餘事耳，然單詞片語，語雋雅清新，大得晉人清談遺意。」

《明朝怪異雜記》二卷　　石鱗子述

石鱗子，清初襄陽（今湖北襄陽市）人，事蹟不詳。《中國古籍總目》小說家類著錄。上海圖書館藏清抄本。前有序文，惜僅存一句：「順治戊戌（十五年）如月襄陽道人石鱗誌」。卷上歷述明代列朝怪異之事，以雷擊朱元璋為始，以張獻忠屠蜀為終，間雜祥異、死而復生之事蹟；卷下亦以志怪為主，異人如周顛、金碧峰、平陽金箔張等，類乎小傳，其他如臨安錢宰、冷謙、方孝孺等人軼事，亦輯錄之，大抵以洪武、永樂二帝軼聞為多，其他明宣宗、明武宗事似乎附錄。此書所述多見於他書，雖類於野史筆記，然以怪異為主，大約帝王事之委巷之談也。

《中州雜俎》三十五卷　　汪价輯

汪价字介人，號三儂外史，太倉州嘉定縣（今屬上海市）人，諸生，著有《三儂嘯旨》《半舫詞》《三儂贅人集》《草木春秋》等，曾參修《河南通志》。汪價與同邑朱廷選為好友，朱廷選為順治十六年歲貢，則汪價當為順康年間人，事蹟詳見自傳《三儂贅人廣自序》。《四庫全書總目》地理類雜記之屬著錄。《中國風土志叢刊》本。四庫館臣云：「順治（十五年）己亥，賈漢復為河南巡撫，修《通志》，價與其役。逾年書成，復採諸書所載軼聞瑣事關於中州者，薈萃以成是編，分天、地、人、物四函。天函子目五，曰《分野》《圖譜》《餘論》《雜識》《時令》，地函子目十六，曰《建都》《封國》《郡邑》《紀鄉》《紀山》《紀水》《紀室》《紀園》《紀寺》《紀塔》《紀觀》《紀廟》《紀墓》《紀碑》《紀橋》《紀俗》。人函子目二十一，曰《帝蹟》《聖蹟》《賢蹟》《官蹟》《文蹟》《武蹟》《忠蹟》《孝蹟》《義蹟》《節蹟》《隱流》《羽流》《緇流》《術流》《技流》《女史》《老史》《兒史》《凶史》《異史》《人雜》。物函子目十四，曰《禽志》《獸志》《鱗志》《蟲志》《草譜》《木譜》《花譜》《果品》《穀品》《菜品》《飲案》《食案》《器考》《物考》。採摭繁富，用力頗勤，而多取稗官家言，純為小說之體。又事皆不著所出，人亦往往不著時代。編次繁複，漫無體例，可謂勞而鮮功者矣。」齊魯書社《四庫全書存目叢書》影印民國十年辛酉安陽三

怡堂排印本。前有民國十年張鳳臺序、後有張鳳臺跋,《四庫總目》云三十五卷,此本二十一卷,分《地理》(封國、郡邑、山陵、川澤、宮室),《人紀》(帝蹟、聖蹟、賢蹟、宦蹟、文蹟、武蹟、忠蹟、孝蹟、義蹟、節蹟、隱流、羽流、淄流、術流、技流、女史、老史、兒史、凶史、異史、人雜),《物類》(鳥志、獸志、鱗志、蟲志、草譜、木譜、花譜、果品、穀品、菜品、飲案、食案、器考、物考),《詩欒》(附錄)。《中國風土志叢刊》之「中州雜俎」提要云其「仿《酉陽雜俎》體例」,確乎卓識。此書為地志小說中傑出者,輯錄秦漢以來諸書有關中州者,分天、地、人、物四部,四庫館臣云其「純為小說之體」,內容有博物、地理、考證、祥異、叢談等。《地理》為地理、考證之屬,多採軼聞;《人紀》主以軼事、志怪,名流僧道神怪之類;《物類》為博物之類,於中州物產寶器多有敘述;《詩欒》類乎詩話,亦雅藝之類。敘述中每則有標題,採自說部文集、舊志故老之言者為多,然於採擷故書之文未注明出處,此亦地志小說之故習,故《清續文獻通考》卷二百二十四《經籍考》云此書「所採多取諸稗官野史,近於小說之體矣。」

《三儂贅人廣自序》一卷　　汪价撰

《中國叢書綜錄》小說家類著錄。張潮《虞初新志》收錄。一卷共三十餘則,以筆記法述自身遭際,體例頗新,雖半生幕賓,「余行李半天下,所至以客為家」,亦無牢騷之氣,敘事斂放自如,簡潔蕭散,類乎清言小品,憶少時讀書、行路遇虎、鐵臂善沽、「三畏七快」等事,概見秀士風度,散人雅懷。其中所述查伊璜與豪客飲於湖心亭事,亦見《聊齋誌異》等書。此筆記自述之外,並及修身,兼諷儒林粗俗之事,張潮卷後題云「文近萬言,讀之不厭其長,惟恐其盡,允稱妙構。」

《續高士傳》五卷　　高兆撰

高兆字雲客,號固齋,福建侯官(今屬福州市)人,明諸生,入清後布衣終身,為「清初七子」之一,著有《觀石錄》《端溪硯石考》《列女傳編年》《六經圖考》《遺安草堂集》。《文瑞樓藏書目錄》子類小說家著錄。齊魯書社《四庫全書存目叢書》影印中科院圖書館藏清康熙遺安草堂刻本。前有順治十八年辛丑紀映鍾序、李爛序、胡介序、陶澂序、陳日浴序,五卷目錄,共敘及143人。卷一至卷四始自晉皇甫謐,終於明隆慶間石門山人,卷五附見由晉至元之人。每則有題目,但不注出處,傳略之外,附以四言讚語,不過續晉《高士傳》

之作，紀映鍾序云：「吾友高雲客淑身修行、抗志懷古，爰採晉宋以來高士著為《續傳》，鑒別精而義例嚴。歷祀一千三百，取士一百四十有三，重核實也；博搜正史，貴信也；間及文集外紀，廣見聞也；黜稗官，懼失實也；人數百、言名籍，行事必眩，刪繁就簡也；繫以贊志，仰止也；贊必四言，從古也；或傳略而贊詳，紀事詠歌廢一不可也。」高兆表此書為終隱之志，亦有為世法作楷之意，故每傳略之後以附以四言論贊，以盡生平事蹟，如《王冕》：「大冠元肅，俯仰天步。笑彼燕市，行見狐兔。歸與南山，種豆盈圃。時明身死，以副心素。」

《東村匯略》　佚名

未見著錄。《謢聞續筆》卷一輯錄有《左良玉討馬士英檄》一文。大約野史筆記一類。或為明末李呈祥撰。李呈祥（1617～1688），字其旋，又字吉津，號木齋，山東沾化（今屬濱州市）人，崇禎進士，選庶吉士，入清，授編修，累遷少詹事，著有《東村集》等。

《謢聞隨筆》不分卷　張怡輯、顧謙錄

吳縣潘氏舊藏鈔本。張怡（1608～1695）著有《白雲道者自述》一卷，述自身行跡，自述云張氏本名鹿徵，字瑤星，萬曆三十六年戊申生人，明亡後更名遺，字薇庵，後更名說，又更名怡，字自怡，人稱白雲道者，逝於康熙三十四年，著有《金陵私乘》《讀易私鈔》等。《中國叢書綜錄》雜史類著錄。上海圖書館藏抄本，後有庚午年舜年跋（舜年不知何人）。此書多引朱國楨、王世懋、劉仕義、鄭文曉、吳偉業等人之文，剖析明代政治，涉及帝位承續、京營軍制等，為明代政制、掌故、軼聞等，涉及崇禎政事、經濟、南明覆亡及抗清軼事，如「洪武四年命禮官參考歷代帝王但在中原安養民人者合祭之，自三皇至元世祖三十四位」「皇太子膳並廚料每月一百五十四兩九錢，定永二王每月各一百二十兩」「國初天下諸王皆置護衛，有兵權，靖難後遂皆革罷，不許來朝，惟英宗復辟後，從襄王之請一再朝而烈皇時唐王以募兵討賊為撫按所糾，禁高牆。」敘述之中多有反思明亡之因，可見其史識焉，如「治宦寺之法，莫如祖述周官制」「本朝之禮，近於兒戲，既於軍國大事毫無干涉，於君臣情義絕不浹洽」「大臣之義在於體國，小臣之義在於守官」「較士之法至國朝極嚴，然待士亦稍稍薄矣」，野史筆記之類，每則無標題，觀書中紀年及語氣，此書當成於明亡後不久。

《謏聞續筆》四卷　　張怡撰

《中國叢書綜錄》雜史類著錄。臺北新興書局《筆記小說大觀本》本，題「明遺民著」。朱松山《〈謏聞續筆〉作者考》以為此書為張怡撰。此書記晚明清初遺事，無序跋，如農民軍軼聞、「甲申之變」京城亂象、弘光朝、隆武帝、紹武朝諸事，每則前均無標題，並載諸帝詔敕、臣下疏策論議以及明代典章制度、人員變動，敘事詳潔生動，於變節士夫如洪承疇、孫之獬等之惡態多所諷刺，於忠貞殉節之士頗多褒揚，如凌公駉、劉公旦、黃道周，並收錄絕命詩詞多首，其中如袁定之兄昏聵中見崇禎帝亡魂入高帝祠廟哭訴事，頗同志怪，然此類無多，全書除以目見外，兼採他種野史，書中對吳三桂無貶詞，大約此書成書於順治年間。敘事生動，如述清豫王入南京，弘光朝臣無恥下賤之舉：「諸臣望塵迎謁，候於正陽門甕城內，有姜開先者，獨議遠迎，內一人曰：『今日之事，已喪心矣，何遠迎為？』姜曰：『既已喪心，必喪盡乃成豪傑耳。』聞者咋舌。」書中於南明「五偽」案敘述亦詳，即「偽太子案」「偽先帝案」「偽福王案」「偽皇后案」「偽皇姑案」。議論亦鞭闢入裏，如卷一論國變時士風云：「一時臺省，數白道黑，口若懸河，及身遇世變，搖尾乞憐，百醜俱備，真可恥也。」卷三論明代財富，「嘗平心而論，有明之富不在官、不在民，而皆在諸宦寺及藩邸。」此書為野史筆記之類，敘事兼議論，其意既為往者痛，亦為來者鑒也。

《玉光劍氣集》三十卷　　張怡撰

《（英廉奏）全毀書目》、《傳是樓書目》史部、《中華大典・文獻目錄典・古籍目錄分典》子部小說家類著錄。《元明史料筆記叢刊》影印上海古舊書店藏張怡稿本，題「上元張怡瑤星撰，華陽王文燾君復編次。」前有《白雲先生傳》《明末四百家遺民詩小傳》《昭代名人尺牘小傳》《國朝學案》《四庫全書提要》《目錄》。王文燾在《目錄》後云此書為三十卷，為張怡未定之編。今人魏連科先生釐為三十一卷，為通行之本。謝國楨、姚繼榮云此書遠祖《世說新語》、近仿晚明《何氏語林》《四友齋叢說》，亦「世說體」之流，野史筆記之類，四庫館臣云此書成於康熙初年。此書體例，每卷一門，綜以題目，敘以駢文小序（有闕文）為題旨之用，目下列事蹟，每則無標題，《帝治》為有明一代帝王事蹟，多瑣屑事實；《臣謨》為文官武將宦寺事蹟，皆忠良之輩；《法象》述天文曆法、河渠地理、祥異災變，不乏天人感應之說；《國是》為明代軍政事蹟；

《敢諫》皆為排擊迷國罔上怙寵弄權之人以致直言賈禍事，非僅限於諫官之職責；《忠節》《吏治》《武功》《識見》《方正》《清介》《才能》《理學（附勤學）》《孝友》《德量》《義士》《豪爽》《高人》《幼慧》皆為褒獎材藝、讚頌道德之事，其中不乏《世說》雋語風味；《藝苑》述文人詩文書畫之藝，《著述》為羅列明人著作之富者，如楊慎著書百餘種；《嘉言》類語錄、《俳諧》多為雅謔之類；《技術》為醫卜術數之類，多異人之術；《詩話》類明代詩選，論詩之語如錢謙益評萬曆中葉詩壇之類較少；《玄釋》為道流釋氏，其中不乏國變後出家者。《列女》為婦女節孝才藝之類，《懲誡》為姦佞之臣受懲處事。《徵異》《類物》多為志怪、博物，《雜記》軼事之類，似可分入前類中。觀此書，聞見之外（如壬申登州兵變、黿齪和尚傳），多從明人文集、小說、筆記、傳記、野史、方志乃至碑文中輯錄成文者，然少注書之舉（注明者有《酌中志略》《雙槐歲抄》《青溪暇筆》《寓圃雜記》《烏衣佳話》《西園聞見錄》《雙槐歲抄》），亦宋《五代史補》、明《萬曆野獲編》野史筆記之類可補史乘者。敘事首列朝廷政事，繼之以文士、鄉里，此亦唐宋筆記之通例，故仿傚非限於一書，至於細分類目，則始自《世說》。敘事之中每有黃虞稷、周在浚、張怡批語，亦評點之類，評論人物得失、慨歎世情、辨析史事，可以逸文視之。

《野老漫錄》一卷　佚名

　　本書《嘉業堂鈔校本目錄・天一閣藏書經見錄》子部小說家類著錄，舊抄本，一冊。1911 年《國粹學報》第七卷刊本，云據風雨樓所藏舊抄本刊。本書謝國楨《晚明史籍考》著錄，云「是書記明崇禎間朝政、疆事得失，李自成及山東李青山農民起義事蹟，與南都建立左懋第北使等遺事。兼記明代軍事、漕運等制度，言頗詳賅。惟國粹學報第七年叢談僅刊一卷，惜不全耳。」此書亦晚明野史之類，所述有袁崇煥毛文龍始末、清兵入寇、周延儒溫體仁朋黨、崇禎誅魏忠賢、吳三桂降清、甲申之變、農民軍水灌開封、崇禎朝法網漸密、崇禎殉國、宏光朝政治等，敘述中兼有議論，亦見傷懷憂國之心，「京師有神數者，無不驗。一日謂傅都給鍾秀曰：『公將分房會場。』傅笑曰：『吾衙門例得三人。今某三人資在吾前，顧安得四人乎？』數者曰：『公勿疑，其會狀皆在公本房，後當驗。』傅益怪之，不二旬而阮震亨被逮，傅竟得分房。楊會元瓊芳、魏狀元藻德盡出傅本房，雖管公明邵堯夫不能過也，惜失其名。」「吳銓部昌時之招權納賄，不可勝誅矣，芟除科道之後，又欲盡逐詞臣之異己者，密

以屬時給諫敏，而林編修增志李編修士淳俱被糾矣，或曰：『代定王講官方檢討以智驅除，為分房會場地也，然增志等有辯疏，俱留供職，而敏疏奉嚴旨，心勞日拙，亦何益之有？』」

《坤輿外紀》一卷　南懷仁撰

南懷仁（P・Ferdinandus Verniest）（1623～1688），字勳卿，比利時人，1657年東渡來華傳教，後為欽天監監正，著有《教要序論》《聖體答疑》《道學家傳》《天主教喪禮問答》《坤輿圖說》等。《四庫全書總目》史部地理類外紀之屬著錄。吳震方《說鈴》本。晚明以來，來華傳教士為便於傳播教義而採取中土文學形式（筆記、章回）以成小說，如《況義》《儒交信》等，此類作品宋莉華先生《傳教士漢文小說的發展及其作為宗教文學的啟示意義》一文稱之為「傳教士漢文小說」。本書大約為開闊中國人視野而作，然所述未必皆實，故不免為博物之奇書也，或以為即清代之《山海經》。所述有三十餘則，即《人奉四元行》《巨鳥異獸》《石人》《人異》《把梁耳》《小自鳴鐘》《冬至日短》《聾石三奇》《亞既刺》《騾能傳種》《亞爾加里亞》《無核果》《樹膏鳥卵》《懶面》《長人》《異雞》《無對鳥》《獨角獸》《鼻角》《乳羊》《般第狗》《大懶毒辣》《獲落》《撒刺漫大辣》《狸猴獸》《獅》《意夜納》《蘇》《長吻鵲》《無目蛇》《駱駝鳥》《四絕》《七奇》《海族》等，書中所述可與《坤輿圖說》《職方外紀》相參看。西儒所述未必皆為親歷，大約傳聞為多，故於中土看來不異奇談，語皆簡淡，寥寥數筆即為一事，如《無核果》云：「聖多默島產百果，俱無核。」《四絕》云：「墨是可國有四絕：一馬二屋三街衢四相貌」，《無目蛇》云：「伯西爾有蛇大而無目，盤旋樹上，凡獸經過其旁，聞氣即斃，縛之樹間而食。」此為西儒採用筆記形式表述見聞者，可備筆記小說之一種。

《陶庵夢憶》八卷　張岱撰

張岱（1597～1689），字宗子、石公，號陶庵、蝶庵、會稽外史等，山陰（今浙江紹興）人，著有《夜航船》《史闕》《於越三不朽圖贊》《琅嬛文集》等。《觀古堂書目》小說家記載之屬、《藏園訂補邵亭知見傳本書目》小說家類著錄。此書亦《東京夢華錄》之類，頗多故國懷思。明末小品之法，回憶往常，不免傷感。小品與筆記有相通，惟品格不同耳。筆記小說與清言小品形式相同、內部亦無邏輯性可言，二者所別者，在於筆記樸質，而小品在於書寫性靈，如《張東谷好酒》中所云「字字板實」者即是筆記家所為也：「余家自太僕公稱

豪飲，後竟失傳，余父余叔不能飲一蠡殼掌，食糟茄，面即發頳，家常宴會，但留心烹飪，庖廚之精，遂甲江左。一簋進，兄弟爭啖之立盡，飽即自去，終席未嘗舉杯。有客在，不待客辭，亦即自去。山人張東谷，酒徒也，每悒悒不自得。一日起謂家君曰：『爾兄弟奇矣！肉只是吃，不管好吃不好吃；酒只是不吃，不知會吃不會吃。』二語頗韻，有晉人風味。而近有傖父載之《舌華錄》，曰：『張氏兄弟賦性奇哉！肉不論美惡，只是吃；酒不論美惡，只是不吃。』字字板實，一去千里，世上真不少點金成鐵手也。東谷善滑稽，貧無立錐，與惡少訟，指東谷為萬金豪富，東谷忙忙走訴大父曰：『紹興人可惡，對半說謊，便說我是萬金豪富！』大父常舉以為笑。」周鄭堂見《硯雲甲編》一卷43則，「皆載明代方言巷詠，嬉笑瑣屑之事，文極詳贍，娓娓動聽。雖卷帙不多，而頗有周草窗《癸辛雜識》之遺意。」

《快園道古》二十卷　張岱撰

乾隆《紹興府志》卷七十八集部著錄。紹興魯迅圖書館藏清抄本（殘缺），浙江古籍出版社1983年版、2013年再版，《出版說明》云：「本書分二十門類，類各一卷，現存一、三兩冊，即卷一至卷五，卷十二至卷十五。」前有張岱順治十二年乙未年小序，光緒三十三年戊申董金鑒序。此為小說之類，類《世說》，記明代軼事也，記錄耳聞之外，多有選輯他書如《玉劍尊聞》者，分二十部，每部一卷，即《盛德部》《學問部》《經濟部》《言語部》《夙慧部》《機變部》《志節部》《識見部》《品藻部》《任誕部》《偶雋部》《小慧部》《隱佚部》《戲謔部》《笑談部》《志怪部》《鬼神部》《紕漏部》《詭譎部》《博物部》，其中《機變部》《志節部》《識見部》《品藻部》《任誕部》《偶雋部》《志怪部》《鬼神部》《紕漏部》《詭譎部》《博物部》缺佚。《夜航船》為雜學，此書為敘事之書，語亦清致可喜。

《西湖夢尋》五卷　張岱撰

《四庫全書總目》地理類山川之屬著錄。齊魯書社《四庫全書存目叢書》影印清華大學館藏光緒九年本，前有王雨謙、祁豸佳、查繼佐、李長祥、辛亥年張岱序。全書共67則，亦地志小說之流，首列《西湖總記》，內分《北路》《西路》《南路》《中路》《外景》五門，雜採詩文入內，清致可嘉，書作於明亡之後，頗有《洛陽伽藍記》《東京夢華錄》之黍離意，四庫館臣云「其體例全仿劉侗《帝京景物略》，其詩文亦全沿公安、竟陵之派。」

《夜航船》二十卷　　張岱撰

　　《清史稿藝文志補編》小說家類、嘉慶《山陰縣志》書籍部著錄。《續修四庫全書》影印天一閣藏清鈔本。前有張岱自序，以為「天下學問惟夜航船中最難對付」，百科全書增益知識之意，故書中所列知識多種，分《天文部》《地理部》《人物部》《考古部》《倫類部》《選舉部》《政事部》《文學部》《禮樂部》《兵刑部》《日用部》《寶玩部》《容貌部》《九流部》《外國部》《植物部》《四靈部》《荒唐部》《物理部》《方術部》等，從經史子集中輯錄，分類編排，亦說部之書也，其中涉及有志怪、軼事、博物志類，如《政事部》多為軼事，《荒唐部》為志怪，《寶玩部》為博物等，叢殘小語，皆列標題，間云出處，語雋有味。此書之意旨，非僅以廣見聞，而為經濟實用計也，故羅列多種，以供士庶備覽耳。

《春寒閒記》一卷　　不題撰人

　　《四庫全書總目》雜家類雜說之屬著錄。齊魯書社《四庫全書存目叢書》影印上海圖書館藏清初鈔本，後有辛酉年德水跋，德水云：「一春酷寒，風又顛甚，每飲酒數杯以敵之，薄醉小狂間，命硯寫三兩條，或意有所觸，亦綴一膚語，錯雜不倫，以表吾閒而已。」厲鶚跋云：「雍正甲辰九月一日在京師遊慈仁寺，集上買得此帙，瑣綴前人說部中語，亦有可觀。寓舍無書，正如空谷足音，輒為心喜。」四庫館臣疑此書為德州盧世㴐撰，云：「案《御史題名》曰：盧世㴐，山東德州左衛軍籍，直隸淶水人。前明進士。順治元年起福建道御史，以病乞歸。其書多錄前人佳事雋語，然頗推重李贄。」文筆雅致，如「文彥博目文與可襟韻灑落，如晴雲秋月，塵埃不到。」「淵明嘗聞田間水聲，倚杖聽之，歎曰：『秔稻已秀，翠色染人，時剖胸襟，一洗荊棘，此水過吾師丈人矣。』」頗類小品瑣語，語言清致。

《客途偶記》一卷　　鄭與僑著

　　鄭與僑字惠人，號確庵，一號菏澤，濟寧（今山東濟寧市）人，崇禎九年丙子舉人，明亡後抗清失敗，教授鄉里，著有《確庵集》《丹照集》《爭光集》《濟寧遺事》《秦邊紀要》《譽難偶記》等，八十四歲卒。《清史稿》卷五百列傳二百八十七《遺逸一》有傳。《四庫全書總目》小說家類雜事之屬著錄。此書未見傳本，四庫館臣云：「是編述明末所見聞者二十五篇，多忠義節烈之事。

所謂《義犬》《義貓》《義象》諸記，疑寓言以愧背主者。《敗節紀》一篇，亦為守義不堅者諷也。《雜說》十篇，多借事以寓憤激。《遊記》一篇，則遊河南所作，多敘流賊殘破之狀。其中《濟寧守禦紀》《濟寧倡義紀》二篇，序當時方略頗詳。《折奸紀》則與無賴小人交易，偶失簿籍，復偶然得之。事至瑣瑣，殊不足記也。」觀四庫館臣提要，此書所記多類散文，大約亦丁耀亢《出劫紀略》之類。

《讀史隨筆》六卷　　陳忱撰

陳忱字暇心、敬夫，號雁蕩山樵、古宋遺民，浙江烏程（今湖州市）人，明遺民，曾與顧炎武、歸莊結「驚隱詩社」，有《雁蕩詩集》《水滸後傳》等。《四庫全書總目》小說家類雜事之屬著錄。四庫館臣云：「是書前四卷雜論黃帝至宋、元事，後二卷皆論明事，敘述獨詳。蓋年遠則紀載多略，世近則見聞易悉，其勢然也。然其中多採掇瑣屑，類乎說部。如敘黃帝夢風后、力牧，武丁夢傅說事，斷之曰：以夢求賢，為後世不能數有之事。敘齊代女子婁逞事，斷之曰：觀此則木蘭從軍不足異也。又或但書其事。如敘成化十三年樂安王奏寧王奠培慘酷貪淫不軌等事，命太監羅吉祥往勘多實，擬罪姑從寬典，革去祿米一年。更不論斷一字，亦不知何所取。蓋其立名似乎史評，實則雜記之類也。」上海圖書館藏有《讀史隨筆》鈔本，無卷數，為讀《後漢書》時摘抄之本，與四庫館臣所論不合。

《不出戶庭錄》　　陳忱撰

光緒《嘉興府志》卷八十一小說家類著錄。未見。

《鴛湖軼聞》八卷　　舊題錢謙益撰、柳如是校錄

《中國古籍總目》著錄，上海圖書館目錄列其入小說家筆記之屬。上海圖書館藏鈔本，兩冊。全書共八卷，為錢牧齋、柳如是合著，每卷下署兩人姓名「牧齋」「如是」鈐於名下，並有「吳越世家」鈐印。首冊前有錢謙益序文、張照序，後又錢謙益跋。下冊書尾有記云：「戊寅春三月二十日，柳如是錄畢」數字。錢謙益（1582～1664），字受之，號牧齋，晚號蒙叟、東澗遺老等，江蘇常熟（今屬蘇州市）人，萬曆三十八年進士，歷官右春坊右中允、禮部侍郎等，明亡降清。錢氏為明末清初文壇領袖，著有《牧齋集》《初學集》《有學集》《列朝詩集小傳》等。柳如是（1618～1664），本姓楊，名愛，又名雲娟、影

憐等，改姓柳，名隱，字蘼蕪，後改名是，字如是，又稱河東君，號我聞居士，浙江嘉興（今嘉興市）人，早年流落風塵，終歸錢謙益，明亡勸錢殉國，未果，後錢逝家變，自縊而亡，清鈕琇《觚賸》之《吳觚》有《河東君》今人陳寅恪有《柳如是別傳》，敘事較詳。張照（1691～1745），字得天，又字長卿，號涇南、梧囪、天瓶居士、天瓶齋、法華庵、南華山人，江蘇華亭（今上海市）人，康熙四十八年進士，累官至刑部尚書，為康雍時期著名書畫家，著有《天瓶齋題跋》等，《清史稿》卷三百四有傳。張照云：「牧齋先生善修詞藻，夙負勝名，健筆凌雲，揮毫落紙。此雖豔情，兼寫俠義。而軼聞故事足補稗史野乘。又有河東書成端楷稱為合璧，以永生傳不亦宜乎。爰誦讀至再，加朱以誌不忘。」錢謙益序云：「昔湯義仍先生云情之所至，可以死，可以生。生者可以死，死者可以生。亙古迄今，蟠天際地。凡忠孝節烈、至賢仙佛，要皆一情之證果而已。奚獨男女之悲歡離合哉。唯是造化小兒，往往幻成狡獪。而男女之悲歡離合，尤多不可思議之巧。於是供人世之文人墨士，興感淋漓，垂諸不朽。一重公案，遂為千古情場矣。鴛湖軼聞八卷，老友何求老人所述，方生其與愛姁事，栩栩欲活，悉於其情。爰以駢儷之詞寫之成為文章。殆有得於興觀群怨之微旨歟。崇禎十年丁丑冬十二月十三日，牧齋錢謙益自序。」此書為行草抄寫，雖名為柳如是鈔，且有錢、柳、張鈐印，但紙張如新，不類三百年前物；細讀文本，方知此書所抄為陳球之《燕山外史》也。《燕山外史》八卷，為乾嘉時人陳球所作駢體小說，《八千卷樓書目》小說家類著錄，其版本狀況詳見潘建國《新見〈燕山外史〉清稿本考略》（《明清小說研究》2008 年第 1 期）。依據紙張狀態及文本內容可知，此書應為書賈託名錢謙益、柳如是、張照，偽造古本以圖利也。

《邛竹杖》七卷　施男撰

施男（？～1672），字偉長，吉水詩坊（今江西吉水市）人，順治初年從征廣西，有功，授按察副使，著有《崀黎風土記》《爾雅合鈔》《琴川吟》《形家言》《一家言》等。詳見光緒《吉水縣志》卷三十七。《四庫全書總目》小說家類雜事之屬著錄。《續修四庫全書》影印清初留髡堂刊本。前有錢謙益序、來集之序、文德翼序、李來泰序、徐世溥序。每卷之前皆有施男《自弁》一篇。各序不過稱許施男文韜武略之長，徐序云「施子偉長《邛竹杖》數卷，雖微寓隨筆，然峒陬風土物產氣候名賢沿革略具矣。」四庫館臣云：「是編前三卷為男官桂林時所作，記峒黎風土，並所自作詩句。卷四、卷五則遊於江、浙、吳、

楚間所作，多記山川名勝。卷六為自著詩集。卷七則錄劉湘客、楊廷麟、劉大璞、劉日襄、倪元璐五家之作。其所著詩文，詞多險僻，蓋猶沿明末『公安』、『竟陵』之餘習也。」此書風土筆記之類，行程紀日，類乎日記、遊記之體，語詞清麗，山水之外，間有詩詞家書之類，亦有遺聞軼事。周中孚《鄭堂讀書記》仍沿四庫之目，云：「此書似小說而不皆屬小說，似別集而不皆屬別集，所作皆詞意纖佻，尚沿公安、竟陵之末派，而又不諳著作體例，則竟是一無可取之書耳。」

《（補）明逸編》十卷　江有溶撰、鄒統魯補

江有溶字彙伯，一字谷尚，湖南長沙（今長沙市）人，崇禎八年拔貢，十五年順天副榜，授推官，不就，入清為湘鄉教諭，晚忽剃髮，號本易和尚，著有《勿躁齋集》。鄒統魯字大系，人稱艮崖先生，一字近野，號艮齋，湖南衡陽（今衡陽市）人，寄籍酃縣，明崇禎八年拔貢，十五年舉人，入清隱居。光緒《湖南通志》小說家類雜事之屬、《四庫全書總目》小說家類雜事之屬著錄。未見。四庫館臣云：「是編搜訪有明一朝逸事，以《世說新語》原目分錄，本名《明世說補》，會其友江有溶先著《逸編》一書，因次第補入，仍名《逸編》。自序云：『示弗自專也。』統魯之子定周，有溶之子度，注之。前列釋名一篇，著諸人官爵謚號稱名之不一者，蓋仿宋汪藻校《世說新語》例也。其書疏略太甚，誣妄尤多。如仇隙內載仁宗葛妃進毒一事，信螭頭密語所紀之言，遽筆之書。使洪熙令主，遭此冤謗，又不止黃公酒壚作裴郎學矣。」

《原李耳載》二卷　李中馥撰

李中馥字鳳石，天啟四年甲子舉人，道光《太原縣志》云：「李中馥，字鳳石，天啟舉人，性剛耿，進退不苟，為孝廉五十年，未嘗一入公府，直指使者薦，不赴。甲申闖寇遣人授偽官，怒曰：『乃公向不趨召，今寧為賊屈也！』閉門臥不起，比姜逆亂，登陴畫守禦方略，縣令恃以無恐。雅嗜讀書，晚年益勤，所著有《從好集》《石鼓考》《本草目錄》《銀杏園文集》。」《中國叢書綜錄》小說家類、《山西大學線裝書目錄》小說家筆記類著錄。今有《元明史料筆記叢刊》本、周光培《歷代筆記小說大觀（明代）》本。此書前有孫闓達、殷嶧、陳俶序，乾隆三十二年李道基序，李中馥自記，乾隆二十一年李從龍謹誌。每則有小標題，分上下兩卷，上卷講軼事，下卷為志怪，多明末清初山西地方之事。上卷如《糧徵本色》《兩賢異用》《忠臣紀烈》《袁公始末》《尋親誠

感》《理奪巡方》《不樂多金》《指窖止貪》《為師白怨》等，多為明末動亂事，旨在闡揚忠烈；下卷如《文昌現象》《魁星現象》《大士昭報》《披雲仙去》《雲遊異術》《扶乩招異》《點金代府》《火化成佛》《前身行僧》《擊磬回生》《星夜飛龍》《夜席龍飛》《潭險龍升》《西山移步》《樓飛無迹》《雲中井異》《石佛之異》《地獻石英》《女變男形》《木菌突生》《怪石生蛇》《點鐵隱身》等為志怪，不乏因果報應之類。敘事多據事實，故許道基云此書「未嘗不標新領異，要皆目前常事，轉後至奇以見。」文風質直，雖有驚駭之事，不過在於勸誡而已。

《牧齋蹟略》 不著撰人

孫殿起《清代禁書知見錄》、謝國楨《晚明史籍考》、《江蘇地方文獻書目》著錄。今存有《虞陽說苑》甲編本。《虞陽說苑》為民國虞山丁祖蔭所輯之叢書，分甲乙兩編，復旦大學圖書館館藏，共 2 冊三十七卷，其中甲編 8 冊 20 種（輯於民國六年），乙編 4 冊 12 種（輯於民國 21 年），所收錄書有《虞山妖亂志》《鵲南雜錄》《後虞書》《張漢儒疏稿》《牧齋先生年譜》《七峰遺編》《過墟誌感》《筆夢》《虞諧志》等。今人曹培根以為本叢書據《虞陽說匯》及瞿氏鐵琴銅劍樓所藏鈔本之書而成，見其所著之《瞿氏鐵琴銅劍樓研究》。《虞陽說匯》清抄本五冊，題菰村漁父編輯。常熟圖書館藏鈔本，收書三十種，所述皆為明清常熟人文事蹟者。其中有《牧齋蹟略》一種，又名《牧齋遺事》，丁氏云據瞿氏菰村漁父鈔本、舊抄本參校，前有錢謙益小傳，後有《俞嘉言》一篇，俞嘉言亦華佗之類，又附《河東君傳》《趙水部雜誌》《八十翁評初學集柳姬小傳》。其中所記錢謙益軼事 26 則，大約鄉里傳聞，較有小說意味。

《虞山雜志》一卷 佚名撰

《江蘇地方文獻書目》著錄。《虞陽說苑》乙編本。今有《明清史料叢書續編》本。本書主要敘述常熟所謂怪異之事，間有逸事，無標題，共 29 則。地志小說之類。

《冥報錄》二卷 陸圻撰

陸圻（1614～？），字麗京、景宣，號講山，貢生，順治貢生，「西泠十子」之一，所為詩號「西陵體」，「明史案」後出家為僧，法名德龍，字誰庵，一字與安，著有《威鳳堂文集》二十卷、《詩集》十四卷、《口譜》十卷、《靈蘭墨守》十卷、《詩經吾學》三十卷、《醫道十篇》二卷、《傷寒捷書》二卷、《醫案》

一卷等。《四庫全書總目》小說家類異聞之屬著錄。吳震方《說鈴》本。四庫館臣云「此編皆記冥途因果之事，意主勸善。其真妄不可究詰也。」此書前有曹序《序》，順治十八年陸圻《自序》，共 28 則，每則有標題，如《李華宇》《鍾遇哉》《崔四官妻》《陳文學妻》《逆子逐母》《僧天香》《阮大鋮》等，每多離魂入冥之事，以寓勸懲之意。書中多有敘事曼長不下《聊齋》者，如《沈自玉》《黃景範》《漏志高》《凌氏女》《郭天生》等。曹序云此書為陸麗京「目治耳謀、聞見真確者」，陸氏亦云「司馬徽動輒言佳，夏侯玄焚棄筆墨，正予所自託，而不敢作人史而作鬼史，此《冥報錄》之所為著也。」大約此書亦寄託之書，敘述質實有據，堪稱「鬼史」。清初志怪集中敘事曼長者，《聊齋》之外，有此書焉。

《纖言》三卷　　陸圻撰

　　《中國叢書綜錄》雜史類瑣記之屬著錄。陸圻傳見《冥報錄》條。今有《中國歷史資料研究叢書》本，上海書店 1982 年版。此書分上中下三卷。上卷為「梃擊案」「移宮案」「紅丸案」始末；中卷述南明弘光朝事，尤以永王、太子、童氏妃三案為詳細；下卷述南明滅亡始末及魯王、唐王相繼覆滅始末，間有忠臣殉節記錄。共 61 則，每則前有標題，大約皆是傳聞，寥寥數筆者多，如《此不當耍》為錢謙益事：「乙酉五月十一日，宏光聞大清兵至龍潭，五鼓，從宮避出。辰刻，民間入宮劫盡乘輿服御諸物。忻城伯趙之龍砍殺川馬如洗，示無攖城之意。十二日，清使自城上縋入，手捧大清年號龍包袱進內城。十三曰，忻城伯遣近侍鐵騎欲用炮破大內，蓋急於除王之明也。十四曰，清騎到紫金山紥營。十五曰，豫王祭陵，行君臣禮。十六日，先撥二十騎同錢謙益閱城內事理，騎云：『得毋有伏兵耶？』錢以扇撲之曰：『此不當耍。』」既為野史筆記，短則叢語，敘事生動，甚為可觀。

《筆史》二卷　　楊忍本撰

　　楊忍本，一作思本，字因之，江西南城（今屬撫州市）人，明末清初人，著有《榴館初函集選》十二卷等。《四庫全書總目》小說家類瑣語之屬著錄。今有齊魯書社《四庫全書存目叢刊》影印國家圖書館藏清抄本。云「大旨由韓愈《毛穎傳》而推衍之，雜引故典，抄撮為書，不以著作論也。」內容分《原始》《定名》《屬籍》《結撰》《效用》《膺秩》《寵遇》《引退》《考成》《徵事》《上下》《述贊》九類，遊戲之文也。又梁同書亦撰《筆史》，一卷本。梁同書

（1723～1815），字符穎，號山舟，錢塘（今杭州市）人，官至翰林院侍講，書法與翁方綱、劉墉、王文治齊名，有《頻羅庵遺集》等。《叢書集成初編》本，今有中華書局據楡園叢刻本排印本。此書抄撮他書有關毛筆之事者，分條列舉，兼有敘事。

《諾皋廣志》一卷　　徐芳撰

徐芳字仲庵，號愚山子、拙庵，江西南城（今屬撫州市）人，崇禎十三年進士，官山西澤州知州，明亡後入南明隆武帝政府，與當政者不諧，謝病歸隱，著有《懸榻編》等，事蹟詳見光緒《江西通志》卷一百五十五。《八千卷樓書目》小說家著錄。上海書店《叢書集成續編》本。共44則，每則後多有評論。每則均有標題，多因果報應之類，如《鶴復仇》《鬼赴訊》《孝童》《寒空僧》《訴冤》《神鉞》《蟹報冤》《驟報怨》《康進士夙因》《史狀元前因》《馬秦二生夙因》《報恩僧再生》等。所述故事多有紀年，有明代萬曆、天啟年號，無清代年號，大約明遺民之意，徐芳《懸榻編》之《拙庵銘》云：「予壬午冬奉書馬素修先生……予得書再拜，會先生殉甲申三月難，予因改號拙庵，既自勉且終身不敢忘先生，遂為銘。」即此之故。書中《鬼化虎》云「予甲辰春自綏安買舟趨延津」，事在明亡以後之「甲辰」即康熙三年，故知此書成於康熙初年。其中《鶴復仇》亦見《聊齋誌異》之《禽俠》，《雷州盜》類《九籥集》之《俠客》、《咫聞錄》之《謝應龍》，大約傳聞異辭耳。語言樸質，皆有憑據，志怪而外，亦有軼事，如《李卓吾讓罵者》：「頃錢牧齋宗伯語予云：十數年前，吳郡秦生某同載北，舟中往往罵李卓吾不置。宗伯笑曰：『卓吾非可輕罵之人也。』至京師，生忽大病，見一人前讓曰：『我卓老也，子何人斯，而亦罵我！』生大懼。翌日市楮幣羹飯，祭而拜之以謝愆焉，病尋愈，語宗伯曰：『卓老真異人！』愚山子曰：生何前倨而後恭也？或曰：卓老生平罵人，乃不許人罵，可謂恕乎？愚山子曰：有卓老之胸與眼者，罵卓老可也。世之罵卓老者，皆卓老之所謂子何人斯者也。」王漁洋《居易錄》卷十二有輯錄《懸榻編》中神化虎事。

《藏山稿外編》不分卷　　徐芳撰

《八千卷樓書目》小說家類著錄。南京圖書館藏有鈔本，楷書，24冊，不分卷，卷段題「南城徐芳仲元著，邘上鄭俠如士介閱。」全書所記為目擊耳聞之作，時間跨度為晚明清初，共470則（篇）。文風樸實，篇幅有長有短，

篇幅長者多以「記」、「紀」為名，如《徐翁還金記》《金陵翁還金記》《紀澤宗室再生事》《雷震劣生紀》等，篇幅短者直書其名，如《任乞兒死義》《安豐火箭》《雷震三異》《蔽天鳥》《塞河魚》《三歲白髮》《雷洗殿》《蟲書》《蘇空頭》《今之民賊》《灶神》《御史》《換轎》《戎卒慘報》《大哭》《胡婦》《三足雞》《鬼攻城》等。全書以篇幅長者居多，多講鬼神報應，涉及扶乩、魂靈、科場、夢異、禽獸、僧徒、再生等事，也夾雜有專論和吟詩之作。以「記」、「紀」名篇者又加以「野史氏」等評論，頗有文章之法。

《虞諧志》一卷　　尚湖漁父撰

尚湖漁父事蹟未詳。《中國叢書綜錄》小說家類著錄。復旦大學館藏《虞陽說苑》乙編本。虞山一代遺聞軼事，官場之事居多。復旦大學圖書館館藏。前有序云：「虞諧，志怪之書也。」是為記載明代官場黑暗之事，本書分四部，《訪行傳第一》載錦衣衛之事，《漕蠹傳第二》《糧胥傳第三》為常熟漕糧內幕運作之事，《衙役傳第四》為常熟衙役橫跋之事。每部數則，有論有記，並非如序所言僅為「志怪」之事，而是「怪現狀」之「怪」。

《香天談藪》一卷　　吳雷發撰

吳雷發，江蘇震澤（今屬蘇州市吳江區）人，康雍間人，據同治《蘇州府志》卷一百六引《江震續志稿》及《松陵詩徵》云：「吳雷發，字起蛟，諸生，性倜儻，為詩文清矯拔俗，李重華謂『如水鏡空明、不染纖滓』，……中年復潛心理學」，著有《說詩菅蒯》《晨鐘路》《琴餘集》《寒塘詩話》等。《八千卷樓書目》小說家著錄。上海書店《叢書集成續編》本。全書共 41 則（條），無標題。小品之類，多名花及女子品題之類，間有文人軼事、俠客、女伎等，間引他人著作如《在園雜誌》《珍珠船》等。其中揚州名妓沈素瓊與夏子龍事、萬曆官浙者遇俠客事，皆有傳奇意味，不過篇幅簡短耳。

《張氏卮言》一卷　　張元賡撰

張元賡字皋載，江蘇崑山（今屬蘇州市）人。《八千卷樓書目》子部小說家著錄。上海書店《叢書集成續編》本，又名《述異卮言》。內容軼事、志怪、博物之類，共 23 則，每則前有小標題，即《徐雲拂》《火雞》《老人捕虎》《葉先生冥錄》《捕虎》《瓊州火現》《殺倭》《陳友石》《藕絲帳》《縣令虎傷》《孽報》《破山和尚》《武則天墓》《王畹蘭》《八卦田》《姚孟長先生》《夏太常》《夷

光土地》《蔣莘田》《左良玉》《樹蘭》《岳武穆王擒楊么》《王甫瞻》《任翁》。
軼事多明代軼聞，文風質直，所言多有憑據。

《說夢》二卷　曹家駒撰

曹家駒字千里，號茧客，江南華亭（今上海市）人，明諸生，與夏允彝為
友，卒於康熙間，事蹟見《一瓠集》及《墨餘錄》。《中國叢書綜錄》雜史類著
錄。來新夏《清人筆記隨錄》有考訂。新興書局《筆記小說大觀》本。此書多
敍明末往事，多所目經身歷。書前有咸豐五年下五月昨非庵道人陳錦繡《敍》，
曹家駒撰《說夢敍言》。曹家駒云老儒談往事，以往所見似在夢中，陳錦繡云
此書「是書可以資考訂，可以備勸懲」。卷一中有《明代運曹法之變遷》《林巡
撫均糧》《畢亨築松江海塘》《均糧發端於徐南湖》《三大事原委》《雜差》《松
江海塘》《紀吳繩如殉節事》《紀夏瑗公殉節事》《紀侯懷玉殉難事》《沈司馬草
率舉事》《沈司馬出身本末》《黃文麓兵敗於金家灣》《何愨人請練義兵》《吳提
督之叛》《謝堯文》《顧景雲父子之天文》《王又玄之被禍》《紀歷任巡按》《紀
歷任理刑》《紀歷任督學》《考童慘禍》《嘲應試諸生》《嘲試題》《紀保留張石
林事》《鄭章兩令善斷疑案》《方郡守批斥捐田助役》《陸文定不入鄉賢祠》《顧
青字捐田助役》《漕涇四巨姓》；卷二有《士大夫當以利濟為心》《錢機翁處置
毛文龍》《錢成甫善於封值》《徐七官代人受杖》《董思白貽謀不善》《紀陳眉公》
《董癸初先榮後枯》《吳明谷》《謝克齋居鄉暴橫》《乞吳姓子之殷鑒》《仕宦攜
厚貲之不永》《道旁童》《黑白傳》《雙真記》《擲杯記》《南花小史》《程峋之輕
薄》《沈休文因花案杖斃》《張明所惡跡》《漕涇張氏遺坊》《睚眥必報》《范文
若為陸姓子之疑案》《連譜惡習》《士大夫居鄉宜有風骨》《老爺之濫》《拐匪破
案》《男女變易》《隱宮》《蝗災》《上海之風氣》《紀松江園亭之興廢》《墳地有
定數》《三十年一夢》《陰謀為鬼神所忌》《娶婦貪奩資之殷鑒》《葛誠顏佩韋》
《紀媚魏璫諸人》《喬公子》《紀顧玉川家異物》《華亭縣均田均役碑記》《募建
均田均役碑亭小引》《論開國功臣》《論靖難功臣》。共 73 則，多明末清初見
聞，應入小說家雜事之屬。

《塵餘》一卷　曹宗璠撰

曹宗璠字汝珍，號惕咸，金壇（今屬常州市）人，崇禎辛未進士，歷任黃
岩、封丘知縣、上林監丞，著有《昆禾堂集》。《八千卷樓書目》子部小說家、
《中國叢書綜錄》小說家類著錄。上海書店《叢書集成續編》本。史體之法，

據史書說部而敷衍成文，有《荊軻客》《翟公客》《豢龍氏》《獄吏貴》《梁罍樽》《弋視藪》《驚伯有》《大椿》《花蝶夢》《故琴心》等十篇，篇末皆有贊，史體而寓言、故事而演理之書。

《慟餘雜記》一卷　　史惇撰

　　史惇，乾隆《鎮江府志》卷三十六云：「史惇字子有，金壇人，以崇禎庚午舉於鄉，庚辰特用第一授戶部山東司主事，……歷員外郎中，升九江知府……尋以直忤大吏歸。」上海圖書館藏鈔本兩種，據上海圖書館所作題記云：「此書向未刊行。我館藏鈔本兩種：一種尾有同治十一年補道人和光緒五年佚名所作二跋，前跋係抄錄，後跋為手跡。一種為虞山周氏鴿舉草堂鈔本。」今有《晚明史料叢書》本，雜記明末清初朝廷遺事，有《東林緣起》《立碎玉杯》《黃石齋（鄭鄤）》《劉念臺》《二十四氣》《錢牧齋》《陳演》《張羅彥》《東廠》《梁廷棟》《歇後鄭五》《吳暄山》《言路伎倆》《天厭之報》《梃擊一案》《鄭玄獄》《鄭鴻訓》《東林經濟》《吳來之》《癸未翰林》《用內臣》《袁崇煥》《韓爌》《典史亦做》《真好吏部》《門戶坐位》《老聲氣》《雷演祚》《賄賂之變》《陳新甲》《刑曹韻語》《黃元功》《登州水城》《仙霞嶺》《余武貞》《陳于鼎》《張存仁》《立君》《周鑣》《夫子》《宜興十相公》《清通簡要》《庚辰特用》《許定國》《金正希》《鄭鴻逵》《浙東》《于華玉》《張文光》《圈田》《周介生始末》《周春臺》等，共 54 則，內缺《周鑣》《周春臺》兩則。此書為史部中有小說意味者，野史筆記之類。野史筆記者，分條臚列，內容叢殘瑣語，近史為史餘，志怪為荒誕；非高冊大典，形式靈活，筆記方式，長為數十卷，短為數則，上至帝王將相，下至販夫走卒，皆可入列。此書較有史筆，於明清之際社會動亂之象記述真切，語言平直，故備野史筆記之一種云。

《談往》二卷補遺一卷　　題花村看行侍者撰

　　此書又名《花村談往》《談往錄》，花村看行侍者未詳何人，李勤合為《續修四庫全書總目提要》之「談往錄」條所作提要中，云見蘇州圖書館藏《未刻談往》一卷，題清汪文柏撰。未詳。《中國叢書綜錄》雜史類著錄。今有吳震方《說鈴後集》本。來新夏《清人筆記隨錄》有考訂。原書四卷，吳震方《說鈴》本為一卷，前有作者《談往錄序》，言情緒各別，有時則書之，以現當年情景。張均衡云「《說鈴》本一卷 26 條，丁氏鈔本二卷共四十一條」，則上海

書店《叢書集成續編》本「共六十篇」，實則 53 篇。《四庫全書總目》雜史類著錄。此書記明末朝中軼事 27 則，每則前有標題，有《改元宜慎》《門額兆讖》《搗錢造鈔》《兩讞翻案》《兩朔無臣》《地壇社祭》《好奇滋弊》《公座爭軋》《孟夏護日》《票擬部覆》《韓城賜死》《風雷疫癘》《福祿豪飲》《江夏三異》《宜興再召》《烏程厭錢》《飛黃始末》《魁楚厚橐》《黑頭爰立》《心葵囈語》《西洋來賓》《項周惡遇》《甘夢梟首》《燈廟二市》等。語多詳實，不知作者從何取材，以筆記記錄亂世之象，《緣起》云「消磨此永晝」、「開塞吾悶腸」，大約亦崇禎朝當事中人。《春漪齋雜識》卷六云：「觀其筆鋒所對，恣肆瀟灑，想其人必善於詼諧者也。」

《惕齋見聞錄》一卷　蘇淵撰

蘇淵字眉函，嘉定（今屬上海市）人，明亡隱居不仕，著有《惕庵稿》《續練音集》等。《中國叢書綜錄》雜史類著錄。上海書店《叢書集成續編》本。後有盧龐翬識語、王大隆跋。全書共 38 則（篇），述崇禎甲申至乙酉事，多所見聞，故又名《申酉聞見錄》，王大隆跋云：「是書記明末江南防禦之事頗多佚聞，而於當時從賊之士大夫魑魅狀態揭載無諱。」

《唇亭雜記》一卷　虞山趙某撰

趙某為楊士聰弟子，事蹟不詳。《國立中央圖書館善本書目初編》小說家類筆記之屬著錄。新興書局《筆記小說大觀》本。共 87 則（篇），多記明末清初怪異之事，除親所見聞外，亦取材於當時邸報及近世記錄入《酌中志》《表忠記》《玉堂薈記》等，故每事記載，多有日期。誌異之外，亦有佚事，如「曹欽程」事：「曹欽程以逆案論死，十餘年來遂為牢頭，每一縉紳入獄，需索萬端，必大有所獲而後已。乙亥滋陽令成德入獄，欽程亦如例需索，成大怒拳擊之數百，一無所得而身負重傷，月餘乃愈。在獄縉紳莫不稱快。」街談巷議如童謠，也在記載之列，如「黃州童謠云：『月亮兒光光，騎馬兒燒香，二個女兒齊拜，拜到來年好世界。』澹岩為余言：『月亮者，弘光，騎馬者，馬閣老也，二女者，某字也，拜到者，明朝拜倒也。』蘇州向有童謠云：『若要蘇州亂，除非楓橋攤。』乙酉二月忽壞，傷百人，人以為奇兆云。」「乙酉正月，蘇州童謠云：『大人家莫造屋，小人家莫吃粥，到四五月大家一個鰍漉禿。』五月果清兵至，官遁城降。」

《旅滇聞見隨筆》一卷　佚名撰

謝國楨《晚明史籍考》著錄。《國粹學報》第63期叢刊本，云為雍正八年鈔本，黔省衡古堂主人藏，後有雪生跋。全書一卷12則，無標題，所述多為明末變亂之中雲南省內忠節之士，類乎小傳，仿自史體，如「王開，字升如，寧州貢生，給諫王元翰子也，官國子監博士，寓居昆明，甲申聞京師陷，出家資充餉，謁巡撫吳文瀛指陳方略，善其言而不能用，開買舟趨海上，會大兵南下，其母與妻赴水死，開被執不屈，亦死之，王宗遂絕，悲哉伯舉先生也！」

《操觚十六觀》一卷　陳鑑撰

陳鑑字子明，廣東代州（今屬茂名市）人，明末清初人，曾於順治十二年寓蘇州，其他事蹟不詳，著有《虎丘茶經注補》《江南魚鮮品》等。《五萬卷閣書目記》小說家類著錄。今有《檀几叢書》本，卷端自序云：「浮屠修淨土，有十六觀，雲間陳仲醇仿之作《讀書十六觀》，予謂士之有文章，如山川之有煙雲、草木之有華滋，操觚其可苟乎？……因取往事作操觚十六觀。」共十六則，每則無標題，有「詹和對楚王」「韓娥東之齊」「伯牙學琴於成連」「凌歊臺工匠精巧」「黃知微壁畫」「黃荃畫鍾馗」「唐荊川酒後作文」「蘇長公記文與可畫竹」「黃魯直論畫當觀韻」「李獻吉《題癡叟江山圖》」「郭熙《山水畫論》」「張耒《答李推官書》」「白居易《記太湖石》」「沈先《記太白酒樓》」「祝允明《記譙樓鼓聲》」「袁中郎《虎丘遊記》」等，借稗官故事、名人心得以論作文之法，實為以筆記為文話之類。

《東皋雜記》　佚名撰

《浙江採集遺書總錄》說家類、《四庫全書總目》雜家類雜考之屬著錄。未見。四庫館臣云：「所載皆有明朝野雜事，間及經義及《音律詩話》。其中若辨康定易儲，薛禩不諫。謂崔銑修《孝宗實錄》，親見秘閣舊案，禩銜下注以公出，則禩乃未嘗與其事，非不諫也。此類頗有關於史事。至所論樂律，謂六十調仲呂所生之黃鐘，僅能得黃鐘之半而差強焉。考黃鐘無半聲，旋宮所用之半聲乃變半聲也，止得四寸三分有奇，則得黃鐘之半而猶弱焉。此書云差強，殊不可曉。其他亦率多膚末，無足採擇。」此書未詳年代，為乾隆間浙江進呈之書。大約為清初作品。

《正續雲谷臥餘》二十八卷　　張習孔撰

張習孔（1606～？）字念難，號黃嶽，安徽歙縣（今屬黃山市）人，順治六年（1649）進士，官至山東提學僉事，著有《張氏家訓》《大易辨志》《禮記檀弓問》《貽清堂集》等。《文瑞樓藏書目錄》子類小說家、《四庫全書總目》雜家類著錄。齊魯書社《四庫全書存目叢書》影印中科院圖書館藏順治十八年自刻本。前有周亮工序、黃澍序，每卷有目錄，每則有標題。二十八卷近六百則（篇），經史劄記之類，論說如《鍾譚詩》《采薇諸詩》《宋書不載世說》《庾信詩非古韻》《漢得天下之功》《樂府》《張儀說韓文疑偽》《戰國策文疑偽》《辨種英蘇冠事》《史筆亦得實》《自刻書籍》、考證如《噬臍》《落度》《釋親》《元元》《落酥》《西瓜》《用銀之始》《賜民爵》《西廂用韻》《升菴往來滇蜀》，此大多從讀書中來，間有考察者如《泰山頂》《墓中蜃畫》《紙》。論考有詩文、文字、風俗、古今人物、書畫、古籍、器物、制度、神怪等，每有自得之語，如《官府用字》中云「今官府用字多不合古義，殊為可笑」、《秦始之功》云王世貞稱頌嬴政之過等。《雲谷臥餘續》卷一《自刻書籍》嘲今人書多自刻以傳，非古人自重之意，然此書即為自刻，非「藏之於家，或當時或後世人見而愛之為之鏤刻、與眾同好」者也。

《先朝遺事》一卷　　程正揆撰

程正揆字端伯，晚號青溪道人，湖廣孝感（今湖北孝感市）人，寓居金陵，明崇禎四年辛未進士，清順治初入京，官工部侍郎，順治十四年丁酉掛冠歸，著有《青溪遺稿》《甲申紀事》《滄州紀事》《讀書偶然錄》等。《竹崦庵傳抄書目》子部小說家類著錄。此書為野史筆記之類。《稀見明史史籍輯存》影印清鈔本。一卷六十餘則，有明熹宗遺詔、信王入繼大統、崇禎帝誅魏忠賢及其黨羽、崇禎朝黨爭、朝中典制、國內民亂、京師異變等事，敘述簡練，其中敘吳姓受崇禎恩厚而遲留畏怯事甚詳。書中多為程氏目擊之事，如「熊、姜廷杖日，予同曹秋岳溶、廖孟符俱在沈直門，同入午門視之，適兵科曹良直，互相與嗟惋。曹遂向宜興云：『程、廖、曹，誠熊黨也，不則何齊集看杖耶？』不旬日，廖革職，刑部提問；曹秋岳降二級；予為御史鄭封糾參；下部院勘議。」書中稱崇禎帝為「先帝」，則已是鼎革之後所書。

《耳譚》一卷　　葉承宗撰

葉承宗（1602～1648），字奕繩，號灤湄嘯史，別署稷門嘯史，原籍浙江

麗水，山東歷城（今濟南市）人，明天啟七年舉人，清順治三年進士，官江西臨川知縣，死於順治五年江西總兵金聲桓亂，曾補纂《歷城縣志》，著有《葉氏譜》《濼函》及雜劇、傳奇多種。宣統《山東通志》小說家類瑣語之屬、《山東文獻書目》小說家類著錄。北京出版社《四庫未收書輯刊》本（據清順治十七年葉承祧友聲堂刻本影印）。此書收入葉承宗《濼函》卷五，七十餘則，筆記小品之類，如「蚊蠅擾案」條云：「生暑月坐觀書，蚊蠅擾案，左右毆逐，遽止之，曰：『鸚鵡飼以菽而始鳴，蟋蟀引以草而始躍，之二蟲又何知？吾愛其日鳴日躍於吾前而不費吾之菽草也。』」「耳生」條云：「耳生嘗欲往弔一友，至門檻已發矣，乃悵恨久之。他日見友有病者即日過其門，而陰蓄錐梃以待。」小說瑣語之類，可謂清初之「世說」，如「博山爐」條云：「幾置博山爐，不炷火，卻貯花。或問何故。生曰：『為其不爇而香。』」葉承宗效魏晉高情，蓋張岱一流人物。

《春明夢餘錄》七十卷　*孫承澤撰*

　　孫承澤（1593～1676），字耳北、耳伯，號北海、退谷，別號退谷逸叟、退谷老人，順天大興（今屬北京市），祖籍益都（今青州市），崇禎四年進士，官至刑科給事中；入清為吏科左侍郎等職，著有《庚子銷夏記》《尚書集解》《五經翼》等。《四庫全書薈要總目》史部地理類、《四庫全書總目》子部雜家類雜說之屬、《書目答問》史部雜史類瑣記之屬著錄。世界書局《景印摛藻堂四庫全書薈要》本。前後無序跋，有目錄。此書雜列於雜史、地志之間，《薈要總目》云：「以記有明一代都城掌故。首以建置、形勝，次及城郊、宮殿、壇廟、公署，而終之以名蹟、寺觀之屬。因地以紀人，因人以徵事。其於天啟、崇禎間建言諸臣，章疏召對，尤語焉而詳。昔宋敏求有《春明退朝錄》，孟元老有《東京夢華錄》，承澤蓋兼仿其體，而所記載差為有關文獻，是其長也。」《總目》云此書「體例頗為龐雜」且引據有失實，「然於明代舊聞，採摭頗悉，一朝掌故，實多賴是書以存，且多取自實錄、邸報，與稗官野史據傳聞而著書者究為不同。故考勝國之軼事者，多取資於是編焉。」館臣云此書「因地以紀人，因人以徵事」，頗合此書書寫實際，所述有建置、形勝、城池、畿甸、宮闕、宮官、內官監、正殿、殿門、文華殿、文華傍室、武英殿、仁智殿、文淵閣、皇史宬、天壇、祈穀壇、神樂觀、犧牲所、山川壇、神祇壇、太歲壇、先農壇、旗纛廟、地壇、朝日壇、夕月壇、太廟、奉先殿、景神殿、玉芝宮崇先殿、社稷壇、先蠶壇、高禖臺、西海神祠、帝王廟、文廟、三皇廟、都城隍廟、

漢壽亭侯廟、宋丞相文信國祠、于少保忠肅祠、內閣、六科、尚寶司、光祿寺、中書科、宗人府、五軍都督府、戎政府、翰林院、詹事府、吏部、戶部、禮部、兵部、刑部、工部、都察院、通政司、大理寺、太常寺、四譯館、太僕寺、國子監、府學、首善書院、太醫院、欽天監、鴻臚寺、行人司、上林苑、錦衣衛、名蹟、寺廟、石刻、岩麓、川渠、陵園等七十九處，敘述中地理、官制之外，凡朝廷故事、典制、軼聞、服飾、科舉等皆為描述，史事類乎正史風格，大約皆從正史、實錄中輯錄。此書為朱彝尊《日下舊聞》之濫觴，「較之劉同人等《帝京景物略》，實遠出其上矣。」（《鄭堂讀書記》卷五十七）

《山書》十八卷　孫承澤撰

本書有《四庫禁燬書叢刊》史部第 71 冊影印清鈔本，前有康熙四年上諭，云「纂修明史缺少天啟四年實錄及崇禎元年以後事蹟，令內外衙門速察開運」等等，意在搜訪前朝史事也，所記為崇禎朝史事，然用筆記之法，共 267 則，所述有關明代崇禎年間政治、經濟、軍事諸方面，至為詳細，如崇禎帝勤政、陝西變亂、廷臣傾軋、星月變異等，始崇禎登極，終崇禎十七年三月北京不守事。

《西神叢語》一卷　黃蛟起撰

黃蛟起字孝存，江蘇無錫（今無錫市）人，諸生，吳承謙友，大約為明末清初人。《八千卷樓書目》史部地理類、上海圖書館古籍書目小說家類筆記之屬著錄。上海圖書館藏清抄本，前有金匱沈悫堃《序》，即今上海書店《叢書集成續編》本吳江沈懋德《跋》。此書分《師生》《品行》《達識》《神童》《才幹》《智略》《古道》《曠逸》《明鑒》《解經》諸目，似為未成之書，故忠孝節烈處未盡合目。所述為元明間無錫名人軼事，類乎小傳，涉及近百人，大約備志乘之用，類目與標題相間，亦地志小說之類。敘述簡潔，其中關乎倪瓚之事稍多，雅品高潔，可謂欽慕有人。

《呂齋胵語》《函山偶筆》《藥房瑣錄》《碧落山房閒筆》，卷數不詳　朱儼鑲撰

朱儼鑲字伯麈，江陵（今湖北荊州市）人，明遼藩宗人，其所撰《江陵志餘》有陳弘緒序，則為清初人。民國《湖北通志》小說家類雜事之屬著錄。未見。

《聞見集》三卷　蔡憲陞撰

蔡憲陞事蹟不詳。《四庫全書總目》小說家類雜事之屬著錄，未見，據四庫館臣云：「國朝蔡憲陞撰。憲陞字江雲，南昌人。是書皆紀明末雜事，其偶及明中葉者，僅謝榛、桑懌、徐渭等數條耳。所記多與史合。如劉綎之父顯，本龔氏子，其祖岷養以為子，遂冒其姓，則史所未及也。然中亦有傳聞失實之說。如云天啟辛酉諸名士觴雪滕王閣，賦詩得滕字，一漁父往來閣下，若有所思。諸名士戲曰：『爾能詩耶？』曰：『公等吟詠，某適憶滕王蛺蝶圖耳。』即朗吟其句『鸊鵜夜亂功收蔡，蛺蝶春深戲試滕』云云。是乃宋末呂徽之事，載於陶宗儀《輟耕錄》中，但改易數字，即別撰一人，何其誣也。其云『李贄官姚安時，以削髮為上官所劾，下詔獄』，與『明末李自成陷揚州』，亦均無其事。」

《黔陽雜俎》，卷數不詳　徐鵬摶撰

徐鵬摶，江西鄱陽（今屬上繞市）人，事蹟不詳，據《潘陽縣志》云其字健翎。本書光緒《江西通志》卷一百六小說家類雜事之屬著錄，未見。或為地志小說之類。

《見聞輯略》，不詳卷數　涂日章撰

涂日章字大章，江西奉新（今屬宜春市）順治八年辛卯舉人，著有《六經參契》《讀史偶論》《閒襟文集》《竹疆園詩文集》等。光緒《江西通志》卷一百六小說家類雜事之屬著錄。未見。

《江樵雜錄》四卷、《壯非瑣言》五卷　丁文策撰

丁文策字叔範，號固庵，學者稱江樵先生，浙江錢塘（今杭州市）人，與陸圻同舉文社，著有《高寄軒詩集》。光緒《杭州府志·藝文志》子部小說家類著錄。未見。

《科名炯鑒》無卷數　陳雲駿撰

陳雲駿，監生，明末清初人，浙江海寧（今海寧市）人，具體事蹟不詳。光緒《杭州府志·藝文志》子部小說家類著錄。王璜亦有《科名炯鑒》，二者未知孰是。均未見。

《聞見錄》不分卷　袁文超撰

袁文超字產穎，福建建陽（今屬南平市）人，順治五年舉人，官河北曲陽縣令，著有《旅嘯集》等。《福建藝文志》存目子部小說家類著錄，未見。

《宣齋隨筆》《芥園實錄》，卷數不詳　勞大輿撰

勞大輿字貞三，或云會三，或云曾三，未詳孰是，號宣齋，浙江石門（今屬嘉興市）人，順治八年辛卯舉人，曾任永嘉教諭、海寧教諭，著有《經世要略》等。上兩書光緒《嘉興府志》卷八十一小說家類著錄，未見。

《雷譜》一卷　金侃撰

金侃字亦陶，江蘇吳縣（今屬蘇州市）人。《四庫全書總目》小說家類異聞之屬、《藏園訂補郘亭知見傳本書目》「卷十下·子部十·雜家下」著錄。四庫館臣云：「其書雜錄雷之典故與雷之果報。雖意主戒惡，而所攄皆小說家言。」《藏園訂補郘亭知見傳本書目》云：「《雷譜》不分卷，清金侃撰。雜輯雷之典故。清寫本。余曾傳抄一本，惜多誤字，須覯其原書，逐條校正，始克行世。」未見。

《寤言》一編　顏象龍撰

顏象龍字三惕，江西永新（今屬吉安市）人，順治十五年進士，歷官寶慶府推官、景陵知縣，著有《易解》等。光緒《江西通志》卷一百六小說家類雜事之屬著錄。未見。

《南中雜說》一卷　劉崑撰

劉崑字隱之，江西南昌（今南昌市）人，順治十六年進士，累官至常德知府，著有《太陽老人集》等。光緒《江西通志》卷一百六小說家類雜事之屬著錄。未見。

《蠡海猥談》四卷　李銓撰

李銓，一名在銓，字當衡，號石逬，安徽桐城（今桐城市）人，崇禎庠生，著有《映月軒詩》四卷等。光緒《安徽通志》卷三百四十二小說家類著錄。未見。

《休夏篇》　余順明撰

余順明字麗生，號百莊，湖廣大冶茗山（今屬黃石市）人，明崇禎六年癸酉副榜舉人，選深州州判，清初起補知華容縣，著有《河洛定解》等。宣統《湖北通志》小說家類雜事之屬著錄。未見。

《榆收記》，卷數不詳　龍納銘撰

龍納銘字熙載，湖北漢川（今屬孝感市）人，順治七年進士，歷官都勻知府。宣統《湖北通志》小說家類雜事之屬著錄。未見。

《菊廬快書》　楊繼經撰

楊繼經字傳人，湖北蘄水（今屬蘄春縣）人，順治十二年進士，累官刑部員外郎。宣統《湖北通志》小說家類雜事之屬著錄。未見。

《清湖放言》　劉繼昌撰

劉繼昌字念生，湖北江陵（今荊州市）人，順治十四年舉人。宣統《湖北通志》小說家類雜事之屬著錄。未見。

《襄陽遺話》　凌哲撰

凌哲字元亮，號榴園，湖北襄陽（今襄陽市）人，順治諸生，工詩古文辭。宣統《湖北通志》小說家類雜事之屬著錄。未見。

《枕略》　樊齊敏撰

樊齊敏字退園，湖北黃岡（今黃岡市）人，順治諸生。宣統《湖北通志》小說家類雜事之屬著錄。未見。

《高齋展謔》　李見瑗撰

李見瑗字悅泉，一字劍峰，一名李之泌，先世蘄水人，徙居黃岡，明末清初人，著有《夙知錄》《讀易緒言》等。宣統《湖北通志》小說家類瑣語之屬著錄。未見。

《長平小史》、《綸城稗史》一卷、《箕城雜記》、《沙隨寄寄樓中語》二卷　金闕颺撰

金闕颺，河南西華縣（今屬周口市）人，明末舉人，曾官虞城教諭、睢州

學正。民國《河南通志》小說類雜事之屬著錄。未見，今《中州文獻總錄》云此四書皆「本邑之事」，如長平、虞城、箕城、寧陵，並云《中州志》載「長平小史」為「長壽小史」，誤。

《隨園隨筆》　平志奇撰

平志奇字士常，號煙水漁人，河南扶溝縣（今屬周口市）人，諸生，明末清初人。民國《河南通志》小說類雜事之屬著錄。未見。

《四竹堂記異》二百四十卷　趙映乘撰

趙映乘字涵章，河南祥符縣（今開封市）人，猶太人，順治三年進士，由刑部郎中薦湖廣按察使。民國《河南通志》小說類異聞之屬著錄。未見。

《新安外史》　許楚撰

許楚（1605～1676）字芳城，號旅亭，又號青岩，歙縣（今屬黃山市），明諸生，入清歸隱黃山，著有《黃山圖經考》《青岩集》等。著有《士窮錄》。民國《安徽通志稿》小說家類敘述雜事之屬著錄，云「楚嘗以為程克勤輯《宋遺民錄》，彰忠激俗，足以裨正史、增兩宋之光。若明代養士，深仁愈兩宋，乃甲申之變，除長逝者數公外，豈無沉淵賤士、恥粟餓夫、名不著於人間者乎？乃搜採鄉先民耆舊軼事，不憚齎油素裹糧，走數千里訪求故老遺跡，或從敗紙破壁中得一事，矜異作數日喜，使幽忠奇烈賴以不沒，於是輯成《新安外史》一編，大旨非關風節、資掌故者不錄。」未見。

《揮暑清談》　張道湜撰

張道湜字子礎，山西沁水（今屬晉城市）人，順治六年己丑進士，曾參修順治十六年《沁水縣志》，著有《吏鑒集》等。光緒《山西通志》小說類雜事之屬著錄。未見。

《梅窗小史》　成晉徵撰

成晉徵字昭其，山東鄒平縣（今屬濱州市），順治六年進士，歷官浙江衢州府西安縣知縣、山西太原府管糧同知，著有《周易心解》等。宣統《山東通志》小說家類雜事之屬著錄。未見。

《筆錄》　朱龍光撰

朱龍光字壽鵬，山東長山（今屬濱州市）人，順治九年壬辰進士，官涇縣知縣。宣統《山東通志》小說家類雜事之屬著錄。

《奇報錄》　陳益修撰

陳益修字偉如，山東濟寧（今濟寧市）人，順治三年丙戌進士，官貴池知縣。宣統《山東通志》小說家類異聞之屬著錄，云是編見施閏章《鉅齋雜記》。未見。

《生生果同善錄》　阮述芳撰

阮述芳字岸夫，山東威海衛（今威海市）人，順治五年戊子副貢，官揚州府河防通判，著有《南遊籍》《治河條議》《感應篇纂注》。宣統《山東通志》小說家類異聞之屬著錄。未見。

《五陵源記》　史襄明撰

史襄明字岱雲，山東昌樂（今屬濰坊市）人，邑增廣生，明清之際隱居東海，著有《養蒙集》《史氏雜傳》等。宣統《山東通志》小說家類瑣語之屬著錄。未見。

《夢餘錄》　于起泮撰

于起泮，字號不詳，山東德平（今屬德州市）人，順治五年戊子恩貢，官溫州同知。宣統《山東通志》小說家類瑣語之屬著錄。未見。

《北窗清言》　吳道煥撰

吳道煥字文卿，號景留，人稱文卿先生，山東菏澤（今菏澤市）人，明崇禎貢生，著有《要津十集》《津梁家課》等。宣統《山東通志》小說家類瑣語之屬著錄。未見。

《雜物叢言》　於國光撰

於國光事蹟未詳，大約為明末清初人。孫詒讓《溫州經籍志》卷十八小說家類瑣語之屬著錄，云「已佚」。

《七松遊》 范光文撰

范光文字潞公，浙江鄞縣（今屬寧波市）人，順治六年進士，授禮部主事，遷吏部文選司，八年典試陝西，康熙十一年卒。張壽鏞《四明經籍志》子部十二小說類著錄，云據《天一閣書目》。未見。

《續世說新語》 李業嗣撰

李業嗣字呆堂，浙江鄞縣（今屬寧波市）人，明遺民，著有《呆堂集》，曾輯《甬上耆舊詩》。孫詒讓《溫州經籍志》卷十八小說家類瑣語之屬著錄，一名《補世說》。未見。

《客言》 何紘度撰

何紘度字即潘，號石湖，浙江臨海（今屬台州市）人，順治九年壬辰進士，官山西臨晉知縣，著有《四書匯次清解》等。吳興劉氏嘉業堂抄本《台州經籍考》小說類著錄。未見。

《心齋逸談》 何紘度撰

吳興劉氏嘉業堂抄本《台州經籍考》小說類著錄。未見。

《枝談集》一卷 李際時撰

李際時字清苑，浙江黃岩（今屬台州市）人，康熙末年在世。吳興劉氏嘉業堂抄本《台州經籍考》小說類著錄，云：是書雜論詩文瑣事，間採格言，凡三十四條，有林之松序，末有趙嘉及門人應振聲跋。未見。

《桑綱匯紀》三卷 原良撰

原良事蹟不詳。康熙《西江志經籍志》雜類說部著錄。未見。

《榆溪外紀》、《雨稗新謳》一卷 徐世溥撰

徐世溥（1608～1658），字巨源，號榆溪，江西新建（今屬南昌市）人，明諸生，明亡隱居，著有《江變紀略》《夏小正解》《韻叢》等。康熙《西江志經籍志》雜類說部著錄。兩書皆未見，光緒《撫州府志》、同治《南昌府志》皆有輯錄《雨稗新謳》數則，為災祥之類。

《無名高士傳》　甘京輯

甘京字樨齋，原名鵬舉，字上卿，江西南豐（今屬撫州市）人，明末諸生，遺民，「程山六君子」之一，著有《通鑒類事鈔》《軸園稿》等。康熙《西江志經籍志》雜類說部著錄，未見。屈大均《王蒲衣詩集序》云此書「自舜時至宋，凡得四十有三人，以蒲衣為首。」

《怪山談錄》　王猷定撰

王猷定（1598～1662），字於一，晚號軫石，江西南昌（今南昌市）人，拔貢生，明遺民，著有《四照堂集》等。康熙《西江志經籍志》雜類說部著錄。未見，褚人獲《堅瓠廣集》卷三輯有《梁間老叟》一則，大約志怪之類。

《山居筆語》　李日滌撰

李日滌字亦白，江西臨川（今屬撫州市）人，崇禎歲貢生，明遺民，著有《竹裕園筆語集》等。康熙《西江志經籍志》雜類說部著錄。未見。

《續高士傳》　謝適撰

謝適（1617～1661），初字士介，更字怡古，江西瑞金（今瑞金市）人，廩生，著有《蓮峰樓詩集》《兩閒吟》等。康熙《西江志經籍志》雜類說部著錄。未見。

《有用錄》　曾曰都撰

曾曰都字美公，自號體齋，江西南豐（今屬撫州市）人，諸生，「程山六君子」之一。康熙《西江志經籍志》雜類說部著錄。未見。

《讀書摘疑錄》二卷　尹當世撰

尹當世，江西泰和（今屬吉安市）人，事蹟不詳。康熙《西江志經籍志》說部類著錄。未見。

《胭脂紀事》一卷　伍端龍撰

伍端龍字國開，事蹟不詳；或云清初人伍瑞隆，未詳孰是。《八千卷樓書目》小說類瑣語之屬著錄，云伍瑞隆撰，昭代叢書本。述汾陰女秦子都善製胭脂，死後為神，土著拜望求得胭脂製法事。

《谷水談林》六卷　胡夏客撰

胡夏客字宣子，一字薜知，號穀水，浙江海鹽（今海鹽市）人，順治諸生，著有《穀水集》等。《傳是樓書目》小說家類著錄。未見。

《三餘漫筆》　顧萬祺撰

顧萬祺字庶其，江蘇吳江（今屬蘇州市）人，諸生，《雙桂軒詩鈔》《玉臺遺響》等。《傳是樓書目》小說家類著錄。未見。

《酒史二編》　佚名撰

《文瑞樓藏書目錄》子類小說家著錄。未見。此書或續明馮時化之《酒史》否？

《明遺事》三卷　佚名撰

《欽定續文獻通考·經籍考》小說家類雜事之屬、《四庫全書總目》小說家類雜事之屬著錄。四庫館臣云：「皆記明太祖初起之事。始於壬辰六月，為元順帝之至正十二年，止於洪武元年四月壬戌，至正之二十八年也。編年紀月，亦頗詳悉。而多錄小說瑣事，如以酒飲蛇之類，皆荒誕不足信，非史體也。」未見。野史筆記之流。

《安邑性宗》《絳陽正傳》　田雲撰

田雲，字號不詳，山西太平（今屬臨汾市）人，歲貢生，清初與屈擢升、賈中同講學於弘孝書院。雍正《山西通志》雜類說部著錄。未見。此書或為雜說之類。

《隨見錄》　屈擢升撰

屈擢升，山西人，事蹟不詳，僅知清初與田雲、賈中同講學於弘孝書院。雍正《山西通志》雜類說部著錄。未見。

《希賢錄》　周啟撰

周啟事蹟不詳。雍正《山西通志》雜類說部著錄。未見。

《日新編》　王之旦撰

王之旦字元夫，山西曲沃（今屬臨汾市）人，順治甲辰進士，官贛榆知縣，著有《改過格》等。雍正《山西通志》雜類說部著錄。未見。

《藥言》　王大作撰

王大作字遽子，號慕山，山西曲沃（今屬臨汾市）人，順治己亥進士，官洧川知縣，著有《鐸書》等。雍正《山西通志》雜類說部著錄。未見。

《冰壑全書》　黨成撰

黨成，山西新絳（今屬運城市）人，著有《學庸澹言》《學庸學思錄》《致知階略》《朱陸異同書》等。雍正《山西通志》雜類說部著錄。未見。

《寒窗清紀》《秉燭遊》　左光圖撰

左光圖字翼宸，山西應州（今屬朔州市）人，天啟辛酉舉人，任河南嵩縣知縣，入清隱居，著有《知非集》等。雍正《山西通志》雜類說部著錄。未見。

《古今見聞錄》　劉鴻聲撰

劉鴻聲，浙江奉化（今屬寧波市）人，順治十一年拔貢，有《左傳考言》等。孫詒讓《溫州經籍志》卷十八小說家類瑣語之屬著錄。未見。

《韓氏庭訓》　韓名世撰

韓名世字友生，湖北黃安（今屬黃岡市）人，明末清初人，有《類解》三十卷。光緒《黃州府志》小說家類著錄。未見。

康　熙

《浮生聞見錄》不分卷　　沈謙撰

　　沈謙（1620～1670），字去矜，號東江，仁和（今浙江杭州市）人，崇禎
十五年補縣學生員，明亡後絕意仕進，為「南樓三子」「西泠十子」之一，著
有《東江集鈔》《東江別集》等。《清史稿》有傳。本書為上海圖書館古籍書目
雜家類著錄。上海圖書館藏康熙元年稿本，前有康熙元年壬寅沈謙自序，云「余
以杖鄉而外之年，猶為旅館舌耕之事……隨舉生平之所記憶，聊供几案之發
抒，而善敗昭焉，而勸懲寓焉，至若曩時坎坷之遇，固略見其一班，以示人亦
幸無飾說。」《目例》六條，云「首祖德者，示不忘本也」、「志蹇遇也」、「嶺
下一支，至余而十世矣……其間續學礪行卓卓於時者，代有其人，此余積年所
聞而憾不及見者，敢不亟為表之」，「敘里黨者何？懷桑梓也」，故全書分為《祖
德》《蹇遇》《宗範》《里黨》四部分，每部數則，無標題，間雜奇異之事，如
凡例所云「鬼異之談，聖賢不尚，然神道設教，莫之廢也。」

《寧古塔志》一卷　　方拱乾撰

　　方拱乾（1596～1667），初名若初，字肅之，號坦庵，晚號蘇庵，安徽桐
城（今屬安慶市）人，崇禎元年戊辰進士，入清曾為弘文院學士，康熙《桐城
縣志》卷四有傳。《八千卷樓書目》史部地理類邊防之屬著錄。來新夏《清人
筆記隨錄》云：「是書為道光《昭代叢書》丙集第五帙本。《說鈴》前集嘉慶本
及《小方壺齋叢鈔》卷三、《小方壺齋輿地叢鈔》第一帙均題作《絕域紀略》，
為同書異名也。」《絕域紀略》今有《說鈴》本，後有曹序跋；《黑水叢書》本

前有康熙元年壬寅方拱乾自序。方氏以「江南科場案」流放寧古塔，故皆見聞實錄也，書中分《流傳》《天時》《土地》《宮室》《樹畜》《風俗》等，對東北地區氣候、物產及民族風俗皆有生動描述，如滿洲跳神、土人淳樸，雖寥寥數筆，亦如在目前；後之《柳邊紀略》《陪京雜述》《遼左見聞錄》等，皆其流亞也。

《五石瓠》六卷　　劉鑾撰

劉鑾即貴池劉廷鑾，字與父，號梅根，貴池（今安徽池州市）人，師事吳應箕，康熙元年以貢考授州同知，未仕卒，著有《斐園集》《尚書年曆》《遜國之際月表》《九華散錄》《唐池上詩人》等。事蹟詳見光緒《重修安徽通志》卷二百二十七。《藏園訂補邵亭知見傳本書目》卷十子部雜家類著錄，為一卷本。今有《昭代叢書》本，此本所收不全，謝國楨《晚明史籍考》云有較全本，《中國書名釋義大辭典》之「五石瓠」條云有「六卷，一百九十二則」，是為《庚辰叢編》本。此書為隨筆記錄之類，每則前有標題，內容有雜事、掌故、博物等，多明末遺事野聞，亦有博物、怪異之事，如《由柏》《福藩只有一世子》《馬夫人高氏》《書吏家僮濫功》《唐宋名石》《貞觀時鐵矛》《冠佩》《琴磚》《珠冠價》《神與人通帖》《曾楚卿坐納妾事》《孔相國救復社》等。《人參楦》述崇禎朝周延儒入朝拜相、沿途官員爭致賄賂事，亦可見明末士風之壞。

《息齋藏書》十二卷　　裴希度撰

裴希度字晉卿，山西陽曲（今屬太原市）人，崇禎甲戌進士，官堂邑知縣、工部主事、監察御史等，入清為太常寺少卿、巡漕監察御史等，著有《澹明野嘯》等。雍正《山西通志》雜類說部、《清史稿·藝文志》雜家類雜學之屬著錄。齊魯書社《四庫全書存目叢書》影印中國科學院圖書館藏康熙二年刻本。全書體例，前有康熙二年懷倩子序、康熙二年自序、《凡例》八條、目錄，正文，後有康熙癸卯馮雲驤跋。正文十二卷，卷一《儒經撮要》，卷二《道統中一經》，卷三至卷五《四子丹元》，卷六《學鏡約》，卷七《心聖直指》，卷八至卷十《嘉言存略》，卷十一《公餘證可》，卷十二《麈譚摘》，書中多圈點。《凡例》中云此書「旨本崇儒，離經有戒」，卷一至卷十「皆古先聖賢之前言往行」，卷十一、十二「則同人書札往來，與夫坐譚有涉名教者輒筆錄座右為省心之助，蓋亦所謂審問之、明辨之之意也。」不過言性理道德之書，讀書筆記、同道問答雜著之類，朱、陸並重之意。

《學言》二卷續一卷　　白孕謙撰

　　白孕謙一書為白胤謙，字子益，號東谷、若水，山西澤州（今晉城市）人，崇禎十六年癸未進士，官至內秘書院檢討，入清為刑部尚書，著有《祭約》《東谷集》《歸庸齋集》等，康熙二十一年尚在世。雍正《山西通志》雜類說部著錄。齊魯書社《四庫全書存目叢書》影印清康熙刻本。前有康熙二年呂崇烈序。全書三卷共 201 條，不過道德性命之言，雜家筆記之類，類乎講學語錄，如「無我之我是謂真我無知之知是謂良知。」「人貴有年為其進修之暇也，凡人終日求，盡人事全天理則不虛生，不然雖久猶促耳。」「魏環溪曰：『孔門時習之學，只是求仁。』煞有體認。」「學者變化氣質為難，惟有反躬自責一法，隨時點勘得力。」

《又何軒雜記》　　曹申吉撰

　　曹申吉（1635～1680），字錫餘，號逸庵，一號澹餘，山東安丘（今濰坊市）人，曹貞吉弟，順治十二年進士，授編修，歷官湖廣右參議、右副都御史、貴州巡撫等。吳三桂反，不知所終。著有《澹餘詩集》《黔行》《黔寄》二集等。此書未見著錄，張貞《渠邱耳夢錄》丁集輯錄《箕仙》一則。

《澹餘筆記》一卷　　曹申吉撰

　　《中國叢書綜錄》史部掌故瑣記之屬著錄。上海書店《叢書集成續編》本。康熙二年曹申吉序云：「偶讀《弇山堂別集》中盛事異典諸纂，嘉其典博精覈，皇清世祖皇帝十八年中，不佞耳目所偶及者附識楮端，以備異日纂輯之助，然所記不過一朝之事，且非有載籍可稽，掛一漏萬，在所不免，聊取寄興，非能續其書也。」所記皆順治朝軼事典章，如《江南鼎甲》《三試魁元》等，與後來之《天祿識餘》《嘯亭雜錄》頗相類，其中為順治帝頌德事亦復不少，如《賜印記》《賜畫像》《君臣同遊》等，文筆類史，古拙板直，如《親弔》：「庚子冬，世祖臨義王孫可望喪，悲哭致奠，時諸王暨大僚陪位，不佞申吉為大理卿在列，親睹其事云。」

《島居隨錄》二卷　　盧若騰撰

　　盧若騰（1598～1664），字閑之，號海運，晚號留庵，學者稱牧洲先生，福建同安（今屬廈門市）人，明崇禎十三年進士，觀政兵部，外遷寧紹巡海道，南明時任鳳陽巡撫、浙東巡撫，欲東渡臺海襄助鄭氏，終卒於大武山，著有《留

庵文集》《方輿互考》《印譜》等。《中國叢書綜錄》小說家類著錄。今有廣陵書社《筆記小說大觀》本。前有道光辛卯羅聯棠序，云此書可比屈原《離騷》《天問》，緣烈士暮年壯心不已之志也，怪怪奇奇述諸筆端，「似專為格物而作⋯⋯品物流形，訖於未濟。」此書分上下兩卷共十類，有《物生》《物交》《生化》《應求》《制伏》《反殊》《偏特》《物宜》《傀異》《比類》等。或云此書為抄撮而成，所書多輯稗官類書地志譜錄如《爾雅》《爾雅翼》《博物志》《物類相感志》《崔豹古今注》《初學記》《燕山錄》《山海經》《嶺南異物志》《禽經》等，然盧氏本無意為鈔胥，故所敘述除輯錄典籍外，亦有己之聞見記錄，大約辯證萬物、格物致知也。敘述自盤古以來異於常情之事，多有原始思維在，如「人有生異類者」「魚化龍時，必雷為燒其尾乃得化。」「人有化為水族者。」「蟹月黑則肥，月明則瘦。」「井中沸溢，於三十步內，取青石一塊投之，即止。」「燕不入室，是井之虛也，取桐為男女各一投井中，燕必來。」「瘗龜板於棗根，可以召雷。」

《庭聞州世說》六卷　　宮偉鏐撰

宮偉鏐字紫陽，號桃都漫士，泰州（今江蘇泰州市）人，崇禎十六年癸未進士，官翰林院檢討，入清以薦舉起用，著有《春雨草堂集》等。《四庫全書總目》小說家類雜事之屬著錄。齊魯書社《四庫全書存目叢書》影印上海圖書館藏康熙刻本。前有目錄。四庫館臣云：「題曰桃都漫士宮紫陽述，不著其名，亦不著作書年月。覈其書中所言，及卷首自序，蓋前明崇禎癸未進士，而是書則成於國朝康熙甲辰。檢《江南通志》，崇禎癸未進士有泰州宮偉鏐，官翰林，當即其人矣。所記皆泰州雜事，故曰《州世說》。又皆聞於庭訓，故曰庭聞。目錄分六段，似有六卷，而刊本則不標卷帙，未詳其體例云何也。」卷端有甲辰小序，此序似不全，「茲所及，半是中憲公晨昏橋衡共緒論，又念明世說未有集成者，稱庭聞而繫以州。」知本書成於康熙三年。此書雖云「世說」，實無「世說」體例，大約意在限於世事而言如《文介公》《明經祀》《小影》《天木亡》《王父子》等，內容猶類方志，除見聞所及外，多輯錄方志筆記，議論淳樸、文筆樸質，與《世說》雅致可喜者相逕庭，如：「中憲十餘齡時，患頭重不克舉，夢凌公與墨一梃，覺少差，日明而凌過，文介公語所夢，愕然。凌幼時曾有此夢，以為此建言廷杖之兆，歸致程墨敗其識。凌夢與墨者，或為耿楚侗述，自中憲時已不記。」寧稼雨先生云《海陵叢刊·春雨草堂別集》有《續庭聞州世說》一卷，未見。

《研堂見聞雜記》不分卷　王家楨撰

王家楨字予來，江蘇太倉（今太倉市）人，明崇禎九年副貢生。《中國叢書綜錄》雜史類著錄。今有《中國內憂外禍歷史叢書》本，一名《研堂見聞雜錄》。《研堂見聞雜記》除有關「五通」為志怪外，其他皆明末清初雜事，如清軍、明軍、鄉兵、地棍害民事、海上之變，江南地區結社習氣、蘇郡薙髮之痛、雲間殉節、張獻忠破蜀、洪承疇未殉國、清初易服之痛、黠僕索契、楊先生破鏡重圓、哭廟案、明史案、奏銷案、科場案等，近 50 則，無標題，或一事數則，或一事後加案語為敘事，皆軍國之瑣屑、亂世之記錄也。

《甲申朝事小紀》四編四十卷　抱陽生輯

抱陽生即王朝。《晚明史籍考》著錄。今有書目文獻出版社 1987 年之單行本，《出版說明》云：「關於作者抱陽生的事蹟，不見於方志、史傳，我們僅能從本書的序文及三編卷七末的識語，知其一二。抱陽生又署抱陽、抱陽居士，本名王朝，是浙江省一位身份普通的讀書人。他年輕時從學於湖州『小柯亭主人』，愛好歷史，尤致力於明末清初史事的搜輯與整理。嘉慶十九年（1814 年），輯成《甲申朝事小紀》初稿；道光十年全書基本告成，藏稿於紹興，師友為之作序。道光十六年又對此書作了補充。抱陽生還善於作詩，精於考據之學，其詩文以發揮『忠義』之氣為旨。其書齋名『屠蘇庵』。」前有道光庚寅小柯亭主人《序》、道光庚寅臥樵山客《序》、道光庚寅守拙子《序》、《自序》等四篇，《凡例》6 條，云：「是編之輯，專紀崇禎、宏光兩朝忠節諸公及朝野闕失，其間詳略參差，隨見隨紀，若史已入史傳者不更贅。至文采不倫，或出諸文人學士之筆，或竊之稗官野史之餘，依文直紀，不敢妄有改竄」云云，其中短篇胜語，亦為可觀，較有小說意味者如《宮女讀書》《水戲奇法》《天子巧藝》《萬乘刺船》《客禍絕嗣》《魏閹始末》《客媼始末》《宦者姦淫》《崇禎宮辭》（有關崇禎帝瑣事十二條）《黍離小志》（敘李闖破京後之事七則）《戾園疑蹟》；書中傳記尤多，頗有文獻保存之功如《吳三桂討闖賊李自成檄》《張獻忠記》《圓圓傳》《洪承疇紀略》《鄭成功紀》《邊大綬虎口餘生記》、《秋思草堂遺集》之《老父（陸圻）雲遊始末》（敘述受《明史》案牽連之陸氏家族事）、王秀楚撰《揚州十日記》（記清軍屠揚州城事）各一篇等。

《粤述》一卷　閔敘撰

閔敘字鶴臞，一字六正，江南歙縣（今為安徽省歙縣）人，寓居江都（今揚州市），順治十二年乙未進士，曾官廣西提學。《八千卷樓書目》卷八史部地理類著錄。《叢書集成初編》本。據文中所記，此書為康熙四年任廣西提學道時撰，共一百餘則（條），內容為廣西建制、地理、山水、物產、族群、風俗，語言質實，如「粤西不毛之地，土瘠民貧，不事力作，五穀之外，衣食上取給衡永，下取給嶺南，中人以下之家，株守度日而已。官屬曹掾而下，皆短衣芒屩，或跣著高屐，無中褌。其人蠢完者多，姦猾者少，至於偷盜剽掠，往往而是。枹鼓時起，訟牒絕稀。」

《嗇庵隨筆》六卷卷末一卷　陸文衡撰

陸文衡（1587～1665 後），字坦持，江南吳江（今屬蘇州市）人，萬曆四十七年己未進士，歷官工部主事、四川按察使、河南副使等，入清隱居不仕。《震澤縣志》卷之十六有傳。《藏園訂補郘亭知見傳本書目》卷十子部雜家類、謝國楨《晚明史籍考》著錄。華東師大館藏光緒丁酉石印本，前有順治戊歲陸文衡自序，後有光緒丙申陸同壽跋。陸同壽云其父輯有《手鏡》一卷，併入此書中。此書每卷一部，每則無標題，卷一為《格言》，講修身處世之道，卷二為《自述》，歷述家世祖德、科考仕宦之經歷，卷三《時事》，記錄晚明清初所目擊之事、所交往之人，如紅夷大銃、袁崇煥河南剿寇、天啟年間閹黨之禍、順治乙酉剃髮之慘禍、海上之變、江南縉紳入清多難、太湖寇赤腳張三被剿滅、朱國治手批縣令頰、晚明清初米價之變遷、錢謙益有文無行等。卷四《風俗》為鼎革前後風俗之變遷，卷五《鑒戒》為舉例以示勸誡者，如「金聖歎有才無德」「吳門有慣道小說者」等。卷六《瑣聞》所記載交遊聞見之事，多明末舊聞。卷末附錄《鄉賢公感憶生平篇》一文，為陸文衡自紀生平，感念舊事，云「回思申酉之變，闖賊犯闕，而予家亦遭顛覆，國亡家破萃於一時，空具七尺，不克赴君父之難，天長地久，此恨何窮。」書中記錄，以野史、雜說為主，其中對錢謙益多有譏評，陸同壽云此書為陸文衡暮年隱居之作，著述繁多，子孫輯錄六卷以成書，陸文衡本意「留示子孫以備法戒，其感觸時事皆有關於風俗人心者。書法蒼勁超逸，有晉唐遺韻。」本書卷二云「今年六月六日為我母親恭人百歲之期，七十有九歲之子尚在」，則已康熙四年矣。《嗇庵手鏡》為野史筆記，本書則為雜家筆記之類。朱希祖《明季史料題跋》之《鈔本嗇庵手鏡跋》

云：「《嗇庵手鏡》一卷，清陸文衡撰。吳江吳氏鈔本。陸氏自序云：『余衰齡多病，日坐斗室中，偶憶往事，或感觸見聞，隨筆記之以自鏡。戊戌嗇庵老人書。』案：此書為筆記體，序成於順治十五年戊戌，記明季事甚多，下逮順治初年，幾社分裂之慎交社、同聲社，指斥不遺餘力，可謂明季社黨之史資。末謂崇禎十三年庚辰，在山中，聞先恭人之訃，歸家讀《禮》，時年五十有四，誓不復出，滄桑後，仳離顛越，幾瀕臨於危，明朝又七十五歲矣云云。則此書所記，已至順治十八年辛丑歲，殆為後補記耳。」野史筆記之流。

《五茸志逸》四卷補四卷　吳履震撰

　　吳履震字退庵，江南華亭（今上海市）人。中國科學院圖書館藏傳抄本。《鄭堂讀書記》卷六十五小說家類雜事之屬著錄，寫本；謝國楨《江浙訪書記》亦有著錄，亦稱《五茸志逸隨筆》。今有《上海史料叢編》本。是書向以鈔本流傳，專記松江一郡軼事，分為二編，前編為明季時作，有自序、凡例，王昌紀、張家璧、沈新之、盛國芳、唐孟融五序，後編為清初作，康熙四年乙巳何竹序。大旨與唐君公《五茸志餘》、李紹文《雲間雜識》相類，即邑乘之餘也，吳氏自敘云：「昔司馬溫公聞新事，隨錄於冊，且記所言之人；吳枋亦自言效顰，因作野乘……用是就五茸見聞，或故老耳傳，或時事目擊即手錄之，名曰《志逸隨筆》，大都采風俗示勸誡，一切俯仰天人、經濟風流、戹言名理，可參廟謨、可資騷壇、可排孤憤、可助揮塵、可供捧腹者無不收，而獨於今世今人足為懲往毖來、歷歷可參證者尤弗輕略，所冀觸目感懷，臨流攬轡，縱非迷津之寶筏，亦為適粵之司南也。」所謂以筆記入史體也，《凡例》云雖有虛無詭誕之事、滑稽發噱之語，或廣見異聞或聊以怡情，故仍書之不廢。時過境遷，以今人觀念度之，筆記之體雖名為備史家之用，實已入小說一流，史之品性漸失，而筆記之法仍留，故今人列其入筆記體小說中。此書以軼事為主，文筆「綺麗雅秀」，與《世說》相類。敘事限於一邑，即鄭堂所謂「地志小說」者，清之李我生《南湖舊話錄》、曹家駒《說夢》、董晗《三岡志略》、鄒璘《耕餘雜錄》、袁載錫《見聞戹記》、諸聯《明齋小識》、李調元《井蛙雜紀》、程岱葊《野語》、黃錫蕃《閩中錄異》、劉培荀《聽雨樓隨筆》《鄉園憶舊錄》、安致遠《青社遺聞》、徐卓《休寧碎事》、施鴻保《閩雜記》等，皆其類也。

《山海經廣注》十八卷　吳任臣撰

　　吳任臣（1628～1689），名志伊，字任臣，又字爾器、徵鳴，號託園，原籍福建莆田，浙江仁和（今杭州市）人，康熙十八年試博學宏詞，授翰林院檢討，參修《明史》，著有《託園詩文集》《春秋正朔考辨》等。《四庫全書總目》小說家類異聞之屬著錄。四庫館臣云：「是書因郭璞《山海經注》而補之，故曰廣注。於名物訓詁，山川道里，皆有所訂正。雖嗜奇愛博，引據稍繁，如堂庭山之黃金，青邱山之鴛鴦，雖販婦傭奴，皆識其物，而旁徵典籍，未免贅疣，卷首冠雜述一篇，亦涉冗蔓。然掎摭宏富，多足為考證之資。所列逸文三十四條，自楊慎《丹鉛錄》以下十八條，皆明代之書，所見實無別本，其為稗販誤記，無可致疑。至應劭《漢書注》以下十四條，則或古本有異，亦頗足以廣見聞也。」今有臺灣商務印書館《景印文淵閣四庫全書》本，前後無序跋。據丁錫根編《中國歷代小說序跋集》可知康熙六年刻本前有吳任臣康熙五年《山海經廣注序》，後有吳氏康熙六年《山海經圖跋》。據自序可知吳氏當時已知全球地理，故云「居恒讀《山海經》，每怪注多缺略，因溯厥源流，撮其梗概，為《雜述》一卷。遍羅載籍，仍冠以郭注，為《廣注》十八卷。又取舒雅繪本，次第先後，增其不備，為《圖像》五卷。自惟螽實未詳，識同句申；菽菽罔達，解昧弘農。然竊謂一物不知，君子所恥。」此書引徵奧博、考證精當，於山川道里、名物訓詁多有發明，在康熙朝可謂獨秀（詳見吳超《清初學術視野下的〈山海經廣注〉》，《歷史檔案》2013 年第 2 期）。小說文本成型後，出版傳播或注疏、或評點、或纂修，亦為文學活動之一種，《山海經》古稱地理書，其中不乏幽怪之談，自明胡應麟以來多視為古今志怪之祖，然考據家如郝懿行以為「《山海經》未嘗言怪，而釋者怪焉」（《山海經新校正序》）。吳任臣之後，有汪紱《山海經存》、畢沅《山海經新校正》、郝懿行《山海經箋疏》、周繪藻《山海經補贊勰讀》、呂調陽《五藏山經傳》《海內經附傳》、吳承志《山海經地理今釋》、陳逢衡《山海經匯說》、俞樾《讀山海經》、蔡人麟《山海經類纂》等，多皆以考據之眼求之。在清代筆記小說中，學問家為之箋疏者，《世說新語》《聊齋誌異》《閱微草堂筆記》皆瞠乎其後。

《古笑史》三十四卷　舊題李漁撰

　　李漁（1610～1680），初名仙侶，後改名漁，字謫凡，號笠翁，別署笠道人、隨庵主人等，浙江金華（今金華市）人，明諸生，明亡後專心戲曲，寓居

南京，著有《閒情偶寄》《無聲戲》《合錦迴文傳》「笠翁十種曲」及詩詞多種，今有《李漁全集》。《清史稿·藝文志》小說家類、《八千卷樓書目》小說家類著錄。《文瑞樓藏書目錄》子類小說家著錄，題「明姑蘇龍子友猶纂」。據李漁《古今笑序》云，此書祖本明代馮夢龍《古今譚概》，朱石鐘易名出版為《古今笑史》，故此書並非李漁著述。又據楊洋《從〈古今笑〉到〈古笑史〉的文本變遷看清初的出版策略》（原載《中國學研究·第十集》）一文研究，此書入清後刪削違礙字句、調整部類，《古今笑》三十六部 2184 則，《古笑史》刪除《妖異》《非族》兩部，改訂至不到 1781 則。今有上海圖書館藏康熙六年刻本，名為《古笑史》，題「湖上笠翁鑒定、竹溪居士刪輯」，前頁有黃裳題記，康熙丁未李漁《序古笑史》，目次及條數，書後有癸巳年黃桑跋。此書每卷皆有目錄，每則有標題，並在卷端保留馮夢龍之序文。卷一為《癡絕部》，卷二《專愚部》，卷三《迂腐部》，卷四《怪誕部》，卷五《謬誤部》，卷六《無術部》，卷七《苦海部》，卷八《不韻部》，卷九《癖嗜部》，卷十《越情部》，卷十一《佻達部》，卷十二《矜嫚部》，卷十三《貧儉部》，卷十四《汰侈部》，卷十五《貪穢部》，卷十六《鷙忍部》，卷十七《容悅部》，卷十八《顏甲部》，卷十九《閨誡部》，卷二十《委蛻部》，卷二十一《譎知部》，卷二十二《儇弄部》，卷二十三《機警部》，卷二十四《酬嘲部》，卷二十五《塞語部》，卷二十六《雅浪部》，卷二十七《文戲部》，卷二十八《巧言部》，卷二十九《談資部》，卷三十《微詞部》，卷三十一《口碑部》，卷三十二《靈蹟部》，卷三十三《荒唐部》，卷三十四《雜誌部》。此書為明代馮夢龍原著，從歷代史乘、筆記小說中輯錄、分部而成，入清後影響頗大，歷朝笑話集皆從中取材，或謂清代笑話之祖亦未為不可。又任明華《中國小說選本研究》之《敘錄》云社科院歷史研究所藏朱石鍾昆仲刊刻《古今笑史》三十四卷，「卷首有《古今笑史序》尾署『時康熙丁未之仲春湖上笠翁漫述』。卷一書首題『湖上笠翁鑒定，竹笑竹人刪輯』，其餘標題行款，仍如馮本之舊。」則二書為前後刻可知。

《評點笠翁香豔叢錄》三卷附《驚鴻豔影圖》　李漁撰

《中國古籍總目》小說類文言之屬著錄。南京圖書館藏民國十二年江左書林石印本。前有康熙辛亥余懷序，卷二前有李笠翁《凡例七則》。每卷前皆有目錄、插圖 4 幅。此書為書賈眩人耳目之偽書也，不過輯錄《閒情偶記》之《聲容部》《詞曲部》而成。書中有余懷、周彬若、尤西堂、李笠翁、王右軍、陸

梯霞、王安即等眉批 60 餘條，多讚美其人其書語，蓋亦託名偽作，如卷二《戒荒唐》之尤展成眉批云：「昔人傳奇，今則傳怪矣。笠翁此論，真斬蛟矣。」卷三《家門》條王右軍眉批云：「先生之文，篇篇若是。先生之書，部部若是。所謂現身說法者也。」

《豔裝新語》二卷　湖上笠翁編輯

湖上笠翁疑為李漁。《清史稿藝文志拾遺》小說家類雜錄之屬著錄。未見。

《客舍偶聞》一卷　彭孫貽撰

彭孫貽（1615～1673），字仲謀、羿仁，號茗齋、管葛山人，浙江海鹽（今屬嘉興市）人，崇禎末舉人，入清不仕，著有《茗齋詩文集》《湖西遺事》等。《竹崦庵傳抄書目》小說家類、《中國叢書綜錄》小說家類著錄。上海古籍出版社《續修四庫全書》本據柘柳草堂抄本影印，前有康熙七年戊申自序，後有繩齋識語、乾隆三十八年癸巳彭孫貽玄侄孫彭晫識語、乙巳年董彬跋、張元濟識。彭晫識云：「是書乃公戊申入都時隨所聞見而記之者也，凡得數十條，或故事足以備考稽，或異聞足以新人聽。五月束裝十月旋里，別有《燕遊集》《南行集》各一卷在《茗齋詩集》中。」書中雜記明清聞見所及，如「湯若望楊光先曆法之爭」「清世祖韜晦」「古銅人現形」「范文程本為包衣」「八旗子弟應童子試」等事，所錄既有如「山東地震」見諸邸報，又有得諸傳聞如「客氏名巴巴」、關東地理風俗等事，隨筆偶記軼事之體也。繩齋雲茗齋先生家世研《尚書》，董彬云其「博學好古，著述等身」，故此書為經學家之筆也，書風古拙，較少風致，以書不妄作、著述之體也，於順康兩帝不乏褒美，如寫順治帝事，「山陰胡學士為庶常時，一日諸公皆出院，學士獨留，世祖微行入院中，屏息立其後。良久，學士方習清書，回顧見世祖，驚起俯伏，世祖笑曰：『若誤矣！』學士曰：『小臣不得近天顏，然朝謁瞻仰久矣！』問：『諸吉士安在？若何獨留學？』學士奏曰：『諸臣習清書幸已成，各有事歸私寓，臣鈍劣，每後於人，私習以補其拙。』世祖曰：『諸臣何事？惟博弈耳。今已分曹他適飲酒矣！』即日傳旨，超昇學士三級為侍讀，大被眷注。」又如記康熙事：「八月十九日，上幸南海子校獵，學士范承謨陳敳永從。海子縱橫各四十里，上馳逐如飛，顧問『陳學士安在？』近臣對馬劣不能馳及，命選天閑之駿使學士騎之，學士馳及駕。上問：『若識馬良否？』對曰：『馬脊勁兒蹄銳，馳而若無動，良馬也。』

上笑頷之，又問：『習騎乎？』曰：『少而習之，終不如旗下諸臣之工也。』上笑以為然。每日合圍四五，奔逐必十餘里，草深及馬腹，上不以為勞，舉火讀奏章，命學士批答，一更乃已。」《叢書集成續編》（上海書店）本源出《振綺堂叢書》，本書後又有辛亥仲夏汪康年跋，云：「記載朝事之書，宋明兩代殆汗牛充棟，惟本朝以史案之故，朝士稍純謹者輒無敢染筆，即有之非記錄掌故即導揚德美，否則言果報說鬼神，若朝政之得失、大臣之邪正，莫敢齒及也，其敢直言流傳及今者，但《嘯亭雜錄》一種而已。此書雖寥寥數十葉，復半記災變，然於康熙初年滿大臣互相擠軋之狀歷歷如見，即自序中寫彼時朝官景象與今時殆不隔一塵，然則為書雖少，在今日視之不啻鳳毛麟角已。」故此書仍有較高史料價值，視為野史筆記可也。

《茗齋雜記》一卷　　彭孫貽撰

雍正《浙江通志》卷二百四十六子部小說家類著錄。此書《涵芬樓秘籍》第三集據手稿本影印，名《彭氏舊聞錄》。今有上海書店《叢書集成續編》本。此書無標題，述彭氏淵源及本族祖德，其中《太僕行略》載彭孫貽父為政清廉、死於國難事，類乎家傳，亦筆記之法也。此書為雜史筆記之類，所述明末動亂事較為詳盡，亦可概見遺民之痛。敘事簡淨，情感沉鬱，亦易代野史之通例也。

《山中聞見錄》十一卷　　彭孫貽撰

《中國古籍總目》小說類文言之屬著錄。南圖。《四庫禁燬書叢刊補編》16。上海書店《叢書集成續編》本。卷一至卷六《建州》，以編年敘事體述後金崛起及清軍入關事，始於努爾哈赤，終於大順軍與清軍一片石之戰。卷七《戚繼光傳》《李成梁傳》《徐從治傳》《劉（絞絲旁加連）傳》《杜松傳》，闡明代名將傳記。卷八《西人志》，述明代漠北蒙古事蹟。卷九《東人志（女直考）》，述肅慎至明嘉靖二十七年女真歷史。卷十《海西》，述明代蒙古事蹟。卷十一《東人志（建州）》，述建州女真事蹟。雜史之書，蓋彭氏之志在備史乘也。

《宋稗類鈔》八卷　　潘永因輯

潘永因字長吉，江蘇常州金壇（今屬常州市）人，清初人，生平事蹟不詳，編有《明稗類鈔》等。《四庫全書總目》子部類書類、《中國古籍善本書目》雜家類雜記之屬著錄。今有書目文獻出版社 1985 年版，八卷。華東師大館藏康熙刻本前有李漁康熙八年己酉《宋稗序》，《凡例》十五條，卷端有「金沙潘永

因長吉氏編輯，兄潘永圜大生氏訂定。」四庫館臣云：「是書以宋人詩話、說部分類纂輯，凡五十九門。末附搜遺一卷，以補諸門之所未備，亦江少虞《事實類苑》之流。惟皆不著所出，是其一失。蓋明人編輯舊文，往往如是，永因尚沿其舊習也……然宋代雜記之書，最為汗漫，是編掇集英華，網羅繁富，且分門別類，較易檢尋，存之亦可資考核也。」本書遵循《世說》《何氏語林》之例，「凡為類六十，約五倍於惠生先生所鈔」「私與子靜李子壽諸棗梨」。李子靜疑為李仙根，據云氏識語知此書刻於北京，時亦在京城為官。《凡例》中云：「茲編盡採稗史。其或有正史一二間出者，以事載稗編，故亦加採擇。雖事同而文實異也」「事以類分」「諸家所載，有同一事而筆有高下，詞有煩簡，茲字櫛句比，必期於當。有一條之內，竄益四五而後定者，頗費苦心，非止照本謄錄也」「事取關維風化，俾益身心」「詩詞之類……必因事附出，方加採錄」云云。卷一為《君範》《符命》《吏治》《武備》《遭際》《異數》《誅謫》，卷二為《讒險》《諂媚》《科名》《隱逸》《躁競》《侈汰》《叛逆》，卷三為《厚德》《雅量》《鑒識》《才幹》《品行》《忠義》《貞烈》，卷四為《家範》《志尚》《豪曠》《放誕》《權譎》《頤養》《閒情》《異稟》，卷五為《文苑》《博識》《詩話》《詩品》《儷語》《辭命》《尚論》《格言》，卷六為《箴規》《稱謄》《詆毀》《詼諧》《紕繆》《尤悔》《傷逝》，卷七為《宗乘》《道教》《報應》《神鬼》《怪異》《方技》《工藝》《音樂》《飲食》，卷八為《古玩》《八法》《丹青》《草木》《鳥獸》《搜遺》等，每類前有小引，如《君範》云：「堯階舜踐，禹級湯升；眾星環極，一火傳燈；改頻步玉，矩只高曾；驕君冶躍，中主武繩；政之淑慝，國以廢興，集君範。」《遭際》云：「得銅得翁，惟運之通；即為下石，適代呼風；不逢其會，奇數難封，集遭際。」每則前無標題。輯者採擇之時加以改動，辭尚簡要，故語言雋永有味。《凡例》又云「茲編告成，旋有《明稗》之役。」《明稗》即《明稗類鈔》。後之徐士鑾《宋豔》十二卷、佚名氏《宋瑣語》二卷（南朝劉宋事），皆其類也，清人研宋代小說者，多從中取材。後民初徐珂纂《清稗類鈔》，亦仿此書體例也。

《續書堂明稗類鈔》十六卷　潘永因輯

本書前有康熙十二年潘永因《緣述》及所採用書目。中國社會科學院藏有康熙間謄清稿本 8 冊，北京大學圖書館、國家圖書館亦藏有清末、民國鈔本。武立新《明清稀見史藉敘錄》著錄，所據為北大鈔本，並有詳介，謝國楨《晚

明史籍考》亦有考訂。北大圖書館藏本《緣起》云：「康熙改元之歲，壇邑士紳，詿誤海案，嬰慘禍，井里蕭條，知交零落。潘子避地平陵，行籍中攜有年來所成之《宋稗史》。子維四閱而善之曰：『宋既有稗，於明焉可以已乎？』於是感其言，倦懷懷故國黍離麥秀之悲，未免有情。何以遣此？始矢志復為《明稗》「壬子（康熙十一年）八月，始取從前所輯者，詮次朝代，淨錄一過。至冬前病復發，繼遭羅鴿原之戚，作輟不常，迄癸丑（康熙十二年）初夏，始能畢業。然只可自娛，若欲出而問世，尚俟加年。蓋以整頓，恐時不我與，則擇一同志。付之踵成，亦一代文獻所寄也。」書之編制一如《宋稗類鈔》，「上稽國史、下採野乘、傍及諸子百家所撰述、與夫故老之傳聞、宿昔所睹記，孳孳校讎，以肆吾力焉，編數絕不已，搜羅論次，不可謂不專且勤。迄於今，計其時已屆乎子平研京之數，而書未成，則以《明稗》之從事，較宋為難也。」書中內容為明代之事，每則前亦無標題，為未完成之本也。

《蚓庵瑣語》一卷　　王逋撰

王逋字肱枕，浙江嘉興（今屬嘉興市）人，事蹟未詳。吳震方《說鈴》本。據書中內容推知此書作於康熙九年之後，書中內容為志怪之類。《四庫全書總目》小說家類異聞之屬著錄，云「是編記明末及國初見聞，皆其鄉里中事，大抵語怪者多。末述屠象美、陳梧據嘉興作亂始末，及白頭賊之事頗詳。」共五十餘則，敘事無標題，語涉怪異，多有日期記載，涉及佛道、仙術、魂鬼、物異，如「郡鼓樓銅鐘無故自鳴」、崇禎癸未「忽聞城上啾唧如群哭聲」、順治二年「天尚未明，見磷火青青散漫水波」等，亦有涉及明末清初之時事如順治二年平江南、康熙八年禁八股等事。語涉怪而又頗有史法，故亦錄有康熙聖旨原文。

《雪堂墨品》一卷　　張仁熙撰

張仁熙（1608～1691），字表仁、長人，湖北廣濟（今武穴市）人，順治間歲貢，與宋犖為友，著有《藕灣詩文集》《日庵野錄》《草窗秘錄》等。康熙刻本。《中山大學圖書館古籍善本書目》小說類雜事之屬著錄。此書有康熙刻本，今見上海書店《叢書集成初編》本。共 30 餘則，每則無標題。此書後有張仁熙康熙九年跋，云仿蘇東坡「雪堂義墨」遺意，述所見諸名墨，如「方正牛舌墨」「廖天一墨」「玄元靈氣阿膠墨」「古松煤墨青麟髓小墨」等，於每丸形制、色澤、氣味、年代、歸屬等皆錄之，品評鑒賞，亦博物鑒賞、雅玩譜錄之類。後宋犖仿此書為《漫堂墨品》，中有張仁熙《墨論》一文，以為藝玩一

途，「其道可大焉，由其道者可以隱，可以癖，可以博物，可以文，可以悟為文之理，可以教孝，可以佐禮，可以垂訓於後裔而戒天下之侈也。」亦博弈之意。

《蔣說》二卷　　蔣超撰

蔣超（1624～1673），字虎臣，一字峴慎，號華陽山人，金壇（今屬江蘇常州市）人，順治四年丁亥進士，康熙六年丁未督學北畿，著有《綏安文集》《峨眉山志》十八卷等。《四庫全書總目》雜家類雜說之屬著錄，云：「國朝蔣超撰。超有《峨嵋山志》，已著錄。《蔣說》者，蓋因其姓以名書，如僧肇著書名曰《肇論》之類也。而觀其自序，乃轉讀菰蔣之蔣，已為詭僻。其書雜記聞見，別類分門，附以議論。大旨明鬼而尚儉，尤尊佛氏，至以儒童菩薩化生孔子為實。然其論時政三十餘條，欲復封建一說，尤迂謬難行。惟卷末記節烈數十條，或可備志乘採擇耳。」未見。

《婦人集》一卷　　陳維崧撰

陳維崧（1625～1682），字其年，號迦陵，江蘇宜興（今屬無錫市）人，康熙十八年由諸生舉博學鴻詞科，授翰林院檢討，參修《明史》，詩詞駢文皆有成就，有《陳檢討集》三十四卷。《觀古堂藏書目》小說家記載之屬著錄。今有《海山仙館叢書》本，此書應為康熙十年辛亥之前作品，「如皋冒褒無譽注」「新城王士祿西樵評」。《跋》語云：「迦陵先生《婦人集》，續本事詩，曾採取一二。余購之二十八年，迄不可得。意謂天壤間無是書矣。辛亥九月，海寧吳文槎客歸舟攜示，因得睹其全豹，並如皋冒氏叔若侄纂注補遺，綱重寶於深淵，合雙龍於劍水，快何如之。十月既望震。」此書輯明末賢媛才女，如董小宛、柳如是，其中有關林四娘者，與聊齋筆法不殊。書中引用《春明夢餘錄》《楚遊聞見錄》《奩豔》《筆述》《南征紀略》《山陽錄》諸書，大約廣為採擷之意。書後云：「予謁來荊南道中，嘗訪求先民著述。客冬從松陵楊列歐進士，得陳定生先生《山陽錄》。今年春，又從沈呂黃孝廉得其年檢討《婦人集》二書，並夙所心慕者也。間嘗觀之，《山陽錄》感懷今昔，渺若山河。所謂人之云，亡邦國殄瘁者非耶。洎《婦人集》，則風流佚蕩，有典午名士之習。然而故家遺俗流風，不與玉樹後庭同其消滅者，亦彷彿於是乎見。予故合二編而抄之，俾覽古之君子，知有明所以結三百年之局者，區區南部之煙花，不烈於東京之黨錮也。辛亥齊豐宿山日吳騫題。」「迦陵先生《婦人集》，向頗疑

其名不雅馴，後閱焦氏《經籍志總集類》，載《婦人詩集》二卷，宋顏竣輯，乃知前輩用字之不苟如此也。楊復吉附記。」此述女子之奇秀者，輯錄詩詞，多為小傳，文風纖麗，既類詩話，又與余懷《板橋》之流相似，不過一士女，一北里也。後順德梁佑逵《眉史》，與此書相類。

《現果隨錄》一卷　　戒顯撰

　　戒顯原名王瀚字悔堂，別號晦山，江蘇太倉（今屬蘇州市）人，明末曾入復社，明亡出家為僧，有《王瀚集》《晦山和尚語錄》等。順治年間居於杭州靈隱寺。《存素堂書目》性學類、《四庫全書總目》釋家類著錄。今有吳震方《說鈴》本。此書為志怪類叢書《潛園集錄》收錄。前有康熙十年周亮工《現果錄序》，云「非親見聞者不以入」，其意在「務開人感信」。每則前無標題，擬題為「護持關帝廟」「夙世因緣」「趙若言」「晝書夜判」「冥役」「東昌知府」「韋陀懲僧」「王建入冥」「念佛生蓮」「拾金不昧」「瑞翁因果」「關帝送區」「學佛傳家」「豬為僧」「檀木」「自縊」「一門出家」「菩薩戒」「乙酉冤鬼」「梓潼帝君」「白雲寺靈異」「施財得子」「青蛙使者」「彌勒大笑」「觀音顯聖」「僧食肉報」「吳鍾巒殉國」「縊鬼」「呂祖」「寧古塔」「龍現身」等，語言質樸，敘事類實錄，不過勸誡之意。四庫館臣云：「是編凡九十一則，每則附以論斷，皆陳善惡之報，而大旨歸於持戒奉佛，懺除惡業。乃彼教之說而已。」

《活閻羅斷案》十六卷　　李長科撰

　　李長科事迹不詳。《八千卷樓書目》小說家類著錄。上海圖書館藏上海醫學書局鉛印本（民國三十二年），題楊時泰錄、戒顯輯。國家圖書館藏同名書，題「清彭二林居士編」。前有《節錄地藏菩薩本願經第四》，玉峰顧維《活閻君斷案記》云：「蘇州府太倉州徐秀才之子昆，小名佛舍，少業儒，為人誠樸，奉佛持齋，崇禎六年，年十八，忽於六月間，夢中得玉帝旨，召為第五殿閻羅王，限百日為滿，從此每夜堂中有聲，若官府對簿者。」唐時《活閻君斷案引》、《現果隨錄（是書在《說鈴》內）》、《附錄活閻羅事實三則》、《死後之審判正編》、《死後之審判附錄》（陸圻《夙孽記》）。內容為徐昆入冥斷案事蹟，白話行文，為勸誡之俗書，非筆記。此書與上海圖書館藏本同一內容。不過為輯錄之書，蓋人人各自署名耳。

《蒿庵閒話》二卷　張爾岐撰

張爾岐（1612～1678），字稷若，號蒿庵，山東濟陽（今屬濟南市）人，明諸生，入清不仕，與顧炎武、李中孚等交遊，潛心經學，著有《夏小正傳注》《書經直解》《吳氏儀禮考注訂誤》《老子說略》等。《四庫全書總目》雜家類著錄。廣陵書社《筆記小說大觀》本，卷端有張爾岐自序，後有李文藻、伍崇曜跋。此書雖為張爾岐研經筆記，然於明代典章、民間醫方、地理風物多有記錄，其於佞佛崇道亦極為排詆，間有軼事異聞。自序云「予既廢舉子業，猶時循覽經傳，每於義理節目外，為說家所略者，偶有弋獲。」「說家」者，說經之家也，或自為說部之一種。李文藻云全書二卷 299 條，軼事異聞不過數十條，如崇禎十四年宿遷黃豆作人面形、天啟二年倪文煥毀京師首善書院、武定袁化中優禮儒生、費縣王左海善治獄、樂陵張念山清廉、明遺民葉廷秀遁佛、明亡時殉節諸臣、德州知州靳維賢嚴治豪強等，多為轉述，敘述簡要，皆可信，此亦考據家實事求是之風也。

《朱鳥逸史》六十餘卷　王士祿輯

王士祿（1626～1673），王漁洋胞兄，字伯受，一字子底，別字西樵，又號負苓子，山東濟南府新城（今淄博市桓臺縣）人，順治九年進士，累官至吏部員外郎，著有《表餘堂詩存》《炊聞詞》等。王漁洋《與張潮》信札云此書為「先長兄西樵所著說部數種」之一，《與陳其年》書云：「家兄西樵，向撰《燃脂集》，攬擷古今閨秀文章，殆無遺美，十年以來，至百六十卷。又撰閨中遺事，為《朱鳥逸史》一書，蓋取《漢武外傳》中語，亦十餘卷，正可與尊著（《婦人集》）相發明。」未見。

《潯陽蹠醢》六卷　文行遠撰

文行遠，四庫館臣以為字樵庵，江西德化（今屬九江市）人，康熙邑貢生；然據方志及《潯陽蹠醢》諸序文，其字允言，疑文行遠應字允言，號樵庵。本書《四庫全書總目》地理類雜記之屬著錄。齊魯書社《四庫全書存目叢書》影印康熙谷明堂刻本。前有黎元寬序、康熙十一年壬子嚴沆序、《凡例》十條。《凡例》云此書費時五年輯錄而成，自經史子集、說部稗官靡不搜羅，筆記有關九江者凡三十三目，四庫館臣云：「是書專志九江一郡故實。首有凡例，自謂『讀書時遇郡事隨見隨錄，自經史子集及稗官野乘小說之類，靡所不採。』

首卷分《象緯》《地輿》《書院》《祠廟》《宮室》《邱墓》《服食》《器用》《玩好》《草木》《鳥獸》《蟲魚》十二目；次卷分《仕宦》《吏治》《典禮》《經費》《兵防》《盜賊》六目；三卷分《交遊》《器局》《方技》《孝義》《閨閫》《忠節》《流寓》《人物》《棲逸》九目；四卷分《真仙》《僧寶》二目；五卷分《詩文》《書畫》《典籍》《名勝》四目；六卷分《像教》《禪喜》《靈異》《感應》《果報》《鬼神》六目。其摭拾頗為繁富，而分別門類，殊多失當。如既有《僧寶》，又有《禪喜》；既有《鬼神》，又有《果報》《感應》《靈異》之類。中所採取，亦未見決擇。蓋有意求多，未免失之龐雜也。」內容包括分野、地理、典章、博物、軼事、志怪、藝術等，頗有方志之體，其中《像教》《禪喜》《靈異》《感應》《果報》《鬼神》不過志怪之類，亦「叢談」之筆記小說也。「跰醷」者，喻文小也，意謂郡乘之餘，不足以為經典，與後之《艾國拾遺》《西昌軼事》《袁州雜誌》《江城舊事》《番郡瑣錄》《義寧備徵錄》等都為一類。

《海表奇觀》八卷　　佚名撰

　　《翁方綱纂四庫提要稿》云此書為牛天宿於康熙七年入瓊州知府時輯錄《瓊州府志》而成。案牛天宿字觀薇，號次月，山東章丘（今屬濟南市）人，順治己丑進士，初授江西安遠令，累官至廣東瓊州知府，纂修《瓊州府志》十卷，著有《四書正宗》《安政三略》《厚俗令書》《百僚金鑒》《毓秀館草》等。《四庫全書總目》史部地理類雜記之屬著錄。美國哈佛圖書館藏康熙十一年刻本，題史隱主人輯，未見。據《四庫全書總目》提要可知，是書共分二十三目，有《溯源》《疆境》《形勢》《分野》《氣候》《潮汐》《節序》《風俗》《黎俗》《占曆》《災祥》《名山》《水泉》《名宦》《人物》《列傳》《祠廟》《古蹟》《墳墓》《物產》《奇人》《奇事》《題詠》等，多與方志分目相類，「蓋即抄撮《瓊州府志》，而每條附以論贊詩句。」（四庫館臣語）據牛天宿《海表奇觀序》（見咸豐《瓊山縣志》卷二十七），知其就任後見州志殘缺，「期於同志共訂之，乃徵求經歲，而應者半、弗應者半，迄無成緒，已五見蘼蕪花矣，然瓊南之奇終不可沒也。居恒留心採訪，或得諸目睹，或得諸傳聞，參以稗乘路史，凡驚心駭目之事非中原所數觀者匯為一帙，目之曰《海表奇觀》……末附之以吟詠，亦以發揮其奇致云爾。」亦「說粵」小說之一。

《稗說》四卷　　宋起鳳撰

　　宋起鳳字來儀，號紫婷、覺庵，直隸廣平（今屬滄州市）人，順治八年副

貢生，歷官山西靈丘知縣、廣東羅定知州，著述多達八十餘種，有《詩說》《北京風俗記》《田疇農語》《先進異聞》等。石昌渝主編之《中國古代小說總目》著錄，云：「未見著錄，久無刊本。謝國楨藏一舊抄本，云前有康熙十二年《自序》《再序》。據其自序，知其書成於次年（1673），『為事百五十，為言七萬有奇』，多明清故聞，『於隆替變革之故，稔熟見聞與久歷年所者無以異』。江蘇人民出版社將其收入《明史資料叢刊》第二集中。」今有新興書局《筆記小說大觀本》。此書軼事、異聞、博物、地理皆有記錄。軼事有《明崇禎善政》《郭景汾報仇》《陳啟新》《李是庵》《袁籜庵》《助餉》《謝山人逸事》《李青山》《戚南塘用兵》《王翠翹》等，地理有《金獅子門》《清涼山》《太液池》《金陵名園》等，博物有《古器》《端硯》《陝碑》《山繭》《火浣布》《玳瑁》《石蟹》等，志怪有《濬刻報》《院僧遇怪》《雷雪冤》《海異》《郡神靈異》《胡叟祛狐》《僧嘔金》等，風俗有《甘州風土》等，此外亦有明代典章制度如《御馬監》《兵仗局》等，文人雅鑒如《品茶》《品泉》《品酒》等。《王弇州著作》中有關王氏著《金瓶梅》之資料常為人引用，《中外起居典章》所述明末宮中典章亦細緻入微。全書雖以短篇叢談為主，然長篇亦數數見，如《王翠翹》《李青山》《魏忠賢盜柄》《海異》等，行文頗有散文化傾向。

《仁恕堂筆記》三卷　　黎士弘撰

黎士弘（1618～1667），字愧曾，長汀（今福建長汀縣）人，順治十一年甲午以拔貢中順天鄉試，歷官永新知縣、甘州同知、常州知府、甘肅按察使、寧夏參政、陝西布政司參政，著有《託素齋詩文集》十卷等。《藏園訂補郘亭知見傳本書目》卷十子部雜家類、《傳是樓書目》小說家著錄。世楷堂《昭代叢書》本。前有康熙十四年乙卯黎士弘小序，後有康熙四十四年乙酉黎士弘再識、黎士毅識語，乾隆四十八年癸卯楊復吉跋。黎氏自序云：「余還轡而西，重留張掖，即儲糈忙人指畫易竟，荷鼓既罷，殊苦思家，與兩兒子謀為銷日之計，饘粥之餘輒寫新舊事一兩通，言語既長，遂成卷帙。」此書共 131 則，每則前無標題，內容涉及風俗、地理、博物、軼事、怪異、公案、故交、軍旅、雜說等，兼及詩文議論。風俗、地理、博物為西北風土筆記之類，軼事、怪異、公案、故交則多寓勸誡。楊復吉以為此書與周亮工《書影》相似，跋云：「此愧曾參政備兵河西時，從戎偶暇所述也。筆意酷摹櫟園《書影》而持論正大似有過之。」史論諄諄，文筆質直，如「明末李自成僭號關中，犯榆林，原任總

兵官侯公世祿與其舅李公昌齡約共死國，賊縛之赴市，刀劍如林，李公偶索飲水，侯公顧而笑曰：『爾畏死喉乾耶？』李公曰：『偶渴耳，豈畏死乎！』慷慨爭先就義，此與南宋謝綜及范煜甥舅被戮時情事相類，但謝范以逆，兩公以義，相去天淵也。兩公既死僻地，而記史者或不及載其詳，故特筆之。靈州明經孟彰先為予述此。」志西北地理者，在清大約以此書為早，後馮一鵬《塞外雜識》、謝濟世《西北域記》、福克《西行瑣錄》，皆詳於風土地理而略於人事，亦明《古今逸史》之「逸志」一門也。

《宋稗類鈔》八卷　李宗孔輯

　　李宗孔（1618～1701），字書雲，江蘇揚州（今揚州市）人，順治四年進士，康熙三十八年晉大理寺少卿，事蹟見嘉慶《揚州府志》卷之四十八。《傳是樓書目》小說家類著錄。關於《宋稗類鈔》之著作權，或以為潘永因，或以為李宗孔，余嘉錫《四庫提要辯證》卷十六「子部七」引傅以禮《華延年室題跋》卷中「坊刻本宋稗類鈔跋」云：「是書乃江都李宗孔書雲編輯，刊行未久，即為金壇潘永因所攘，如郭象《莊子》故事。此本卷二少《強索》一門，凡例中亦有刪削，並失載引用書目……近得李氏原槧，首有龔鼎孳、曹申吉、周瑞岐三序及李氏自序，末題康熙八年。是書甫成即為潘攘，宜乎原槧之不易覯也。」余嘉錫從二人時代相同、地位懸殊、《續書堂明稗類鈔緣起》一字不及李宗孔等因素分析，以為「潘攘奪李作」說「似近於不情」。秦川《中國古代文言小說總集研究》第五章之《宋稗類鈔》與清代類編性文言小說總集」一節裏以為「《宋稗類鈔》可能首先是李宗孔所輯，即在其外祖和伯舅二書基礎上增益而成，這有李宗孔此書『識語』為證。」茲是公案，未知孰是，然二書類目名稱、順序、《凡例》基本相同，則依據《凡例》《續書堂宋稗類鈔緣起》及李宗孔序文，《宋稗類鈔》當首由潘永因所輯：一、《凡例》中云「茲編告成，旋有《明稗》之役」，今有潘氏之《續書堂明稗類鈔》，李氏則無；二、據《凡例》，作者稿本前原有引用書目，不知何因刪去；李書若在先，當有書目，而傅以禮云李氏之鐫並無，《凡例》中云「斟酌去取，五載於茲」之書目，李氏不可能一時偽造，只有因襲不錄。三、「雲氏識語」當為李宗孔所作，所謂外祖惠生、伯舅昭彥之原著，實欲蓋彌彰指辭也。後民國間丁傳靖輯《宋人軼事彙編》二十卷，亦仿此書意，「以人繫事，遍輯宋時說部，雜誌各種，詳注出處，且間加以考證，較《宋稗類編》用意尤佳，是亦近日之《太平廣記》也。」（《張棡日記》）

《顏山雜記》四卷　　孫廷銓撰

孫廷銓（1613～1674），字伯度，又字枚先，號沚亭，山東益都博山（今屬淄博市博山區）人。崇禎十三年庚辰進士，入清後以薦授河間府推官，擢吏部主事。歷官內秘書院大學士，諡文定，著有《沚亭文集》《漢史億》等。《四庫全書總目》地理類雜記之屬著錄。此書有臺灣商務印書館《景印文淵閣四庫全書》本、《故宮珍本叢刊》本等。今有齊魯書社 2012 年單行本。前有康熙丙午趙進美序、康熙四年自序、目錄。顏神鎮本屬青州府，以礦冶成市，即今淄博市博山區。此書分《山谷》《水泉》《城市官署緣起》《鄉校》《逸民》《孝義》《風土歲時》《長城考》《顏文姜靈泉廟》《災祥物變》《物產》《物暴》《遺文》諸目。四庫館臣以為「敍次簡核，而造語務求雋異」，此為風土筆記之類，故目次頗與方志相類，雖輯自舊聞，於編纂郡志者可為一參考。大凡為此類書者，皆留意鄉邦文獻、故老傳聞，雖傳聞異辭、可驚可駭者亦往往載入，如《逸民》《物變》《物異》，此亦風土筆記之類，皆可視為小說觀也。

《平圃雜記》一卷附《中書述》《督捕述》　　張宸撰

張宸（？～1678），字青珮，號平圃，江蘇上海（今上海市）人，著有《張青珮文集》等。《中國叢書綜錄》雜史類著錄。今有上海書店《叢書集成續編》本，後有庚辰仲夏王大隆跋語。全書一卷共 14 則，所述為在京時所見聞，以記錄順康二帝美言善行為多，如「予在都門與許青嶼施硯山何蕤音三人者交至忘形骸」、「近來士大夫日益貧而費用日益侈」、「端敬皇后喪中堂命予輩撰御祭文」、「辛丑正月世祖皇帝殯天」、「予守制時」、「壬寅春二月十二予將持鋪被直宿，人言內城東樓災」、「辛丑科殿試予充執事官」、「庚子夏武進徐天織率子毆內璫」、「己亥海賊犯江寧上議親征」、「康熙六年幾月上初議親政」、「爵止三等」、「丁酉鄉試」案、「順治密諭」、「光旭感泣」等，所附《中書述》《督捕述》兩篇為張宸為中書舍人、兵部主事時之記載。文風質實，為循吏之筆。

《淥水亭雜識》四卷　　納蘭容若撰

納蘭容若（1655～1685），原名成德，後改名為性德，字容若，號飲水，楞伽山人，屬滿洲正黃旗，康熙十五年進士，工詩善詞，著有《通志堂集》《側帽集》《飲水詞》等。譚宗浚《皇朝藝文志》小說家類、《八千卷樓書目》子部

雜家類著錄。廣陵書社《筆記小說大觀》本，書前有作者序，云：「癸丑病起，披讀經史，偶有管見，書之別簡，或良朋蒞止，傳述異聞，客去輒錄而藏焉。逾三四年，遂成卷，曰《淥水亭雜識》，以備說家之瀏覽云爾。」「說家」者，說部筆記耳，內容有經史考證、地理風土及詩文評論等皆載入，瑣語志怪博物亦摻雜其中。經史考證方面，多集中於地理史事之辯證，如卷一京師名勝、江南風物，詩文評在卷四較為集中，史評則在卷三。此書為友朋閒談所得，故詩文名物典章地理而外，小說悅情，亦在談論之內，博物如異域黑鬼、海和尚、東京夜海、佘民、白櫻桃、西人望遠鏡等；瑣語多輯自史冊，多見於卷二；志怪則有卷一「木球使者」，卷四玄奘取經遇長生人、馮班見劍仙、天主教追銀魂法等，皆可廣見聞。納蘭容若為一詞人，故此書力追風雅，於古物名辨、詩話史論，多有見解，對前代典故如元明漕運、鑄錢之弊、蘇郡田租額度、歷代音律之異等也較留心，可謂博物君子矣。小說筆記，不過為其興味之餘，故敘述寥寥，然亦可見其敘事傾向，不願流入險怪一途也。

《容膝錄》六卷　　葛芝撰

　　葛芝（1618～？），初名雲芝，字龍仙，一字瑞五，江蘇崑山（今屬蘇州市）人，著有《臥龍山人集》。《傳是樓書目》小說家類、《四庫全書總目》子部雜家類著錄。一名《容膝居雜錄》。齊魯書社《四庫全書存目叢書》影印國家圖書館藏清抄本。前有自序，云「余自庚戌以來，放廢筆墨間，有以詩文請者輒謝不應，即應之旋棄置不復省視也。閒窗默坐，偶有所觸，即引書筆書數十字納敗簏中。歲在丁巳，余年六十矣，編輯成書，分為六卷，命之曰《容膝居雜錄》。」則此書著於康熙十六年丁巳，六卷共745則，每則無標題。內容叢雜，略無次序，自序云：「客過而問曰：『錄何以名之雜也？』曰：『是書也，錯綜三伍、語無倫次，或釋或老，亦經亦史，內之身心之徵，外之家國之故，微而至於飲食，談笑間苟有所得無不錄焉。』」雜家筆記之類，見聞之外，多述道德之言、倫常之語，如「魚躍於岸則死，虎離於山則死，人有出類離群之心則禍機伏焉矣。渾渾漠漠，樵父、途人、嬰兒皆吾徒也。」然其中亦不乏清新之語，如「夏日露坐庭中，聽蟬聲沸然，覺一日火雲爍石之狀，晚益可畏。唐人詩有『蟬噪林逾靜』之句，殆非確論也。應是其人心氣泊然之時，所對無非佳境，故見為愈靜耳，譬之同一蛙鳴，或以為聒耳可厭，或以為鼓吹可喜，使兩人交聞之必交相笑，故曰：物無定境，惟心所得。」

《三岡識略》十卷、《補遺》十卷、《續識略》二卷、《補遺》一卷
董含撰

　　董含（1626～？），字閬石、榕庵，號蓴鄉贅客、贅客、蒼水，華亭（今上海市）人，弟董俞，並有文名，時稱「二董」。順治十一年舉人，十八年進士，因「江南奏銷案」被斥革功名，終身未仕，著有《古樂府》二卷、《閔離草》四卷、《安疏堂集》二十八卷等。《藏園訂補邵亭知見傳本書目》卷十子部雜家類、《中國叢書綜錄》小說家著錄。今有萬有文庫本。《三岡識略》比《蓴鄉贅筆》多出二百餘則，寧稼雨先生以為《三岡識略》為《蓴鄉贅筆》增飾而成，見《中國古代文言小說總目提要》；來新夏先生以為《蓴鄉贅筆》為《三岡識略》刪節而成，見《清人筆記隨錄》；白亞仁以為《蓴鄉贅筆》為晚清商賈增飾《三岡識略》而成，見《董含〈三岡識略〉的成書、肇禍及其改編》。三說不知孰是。前有有盧元昌《三岡識略序》、康熙十七年董含《自序》、沈白《識略題詞》、董含《凡例》八則；《三岡續志略》上下卷，前有《三岡續志略小引》、董含康熙三十三年自識。此書成書方式，盧元昌序以為「凡耳聞目擊，或見邸報，或繫傳述，上而日薄星回，下而山崩地震。中而人妖物怪，靡不詳覈顛末，付諸赫蹏。此雖近憫時悼俗者之所為，乃其間忠臣孝子之矯行，賢人君子之達節，以至士女謳歌，野老吟歎，有關於世道人心、風俗倫常者，一卷之中，未嘗不留連致意焉。」其意在於「備稽考、廣聽睹、益勸誡者」（康熙十七年戊午董含自序）。《凡例》云：「一、是書始於甲申，終於癸酉，共五十年。一、事具國史並涉忌諱者，概不敢載。一、其問欽仰高賢、樂為稱道者，不必識面。一、偶有褒貶，俱出至公，不敢任私意為去取。一、凡稱官位，止據目前，如吳三桂初稱吳王，叛後稱吳逆之類。一、事雖細微，各有依據，不敢妄為稱述。一、凡係風聞、未經目見者，必書某人說。一、是編積五十年，今始告成，不敢期其必傳，聊識以為小說家稽考。」此書四百餘則，每則前有標題，多怪異事，或人、或物、或天象，亦有考證語，如《物異》《巨鯰》《紙狐》《胎鬼》《學仙無成》《山左饑荒》《牛鬼》《五眼魚》《江浙地震》《煞神》等，間及明末遺事，如《詩諷》為錢謙益事、《逆臣草檄》為周鍾事、《李督師》為李建泰事、《宜興禍始》為周延儒、阮大鋮事等；其中有與《聊齋誌異》同一題材者，如《犬奸》等。筆法洗練，如《奇寒》云：「臘月初四日，薄暮雪。翌日，雪愈甚，牛馬縮如蝟毛。旬有五日，寒威不解，滴水成堅冰，往來路絕。二十日，河始開。有夜航從浦東歸，至魯家匯，為冰凌撞破舟平，沉死者三十

七人。廿八日，又大雪盈尺。居人手足皸瘃，闔戶不敢出，凍死於道者，比比而是。據百歲老人云，有生以來所希覯也。」敘事中兼有議論，如《夢仙納心》述其子威寶病甚，夢神以石子納入胸中，疾漸愈，云「嗟乎，威寶特一孱弱書生耳，不何幸而仙靈默為之佑，豈宿生有善緣乎？平生虔事文昌，回思道貌，疑是帝君垂救云。」盧元昌及沈白稱其書可「補史」，意指書中多有明清鼎革之事，如《崇禎亡國》《宜興禍始》《闖賊官制》《張獻忠慘殺》《弘光改元》《松城屠》等，但此類故事並不多，多為怪異之事。周中孚云此書「歷五十餘年，積成十卷。其間或得之邸報，或得之目擊，或得之交遊所稱道，凡忠臣孝子哲士之言行以及雜事軼聞，靡不詳載，而神怪瑣屑為多，故雖可以備稽考，廣聽睹，益勸誡，與陶南村《輟耕錄》相似，然不及岳倦翁之《桯史》也。」

《明世說》二十四卷　　陳衍虞撰

　　陳衍虞（1604～1693）（或云（1599～1688），未詳孰是），字伯宗，號園公，山東海陽（今屬煙臺市）人，明崇禎十五年壬午舉人，清順治十二年乙未任番禺教諭，後任廣西平樂知縣間平叛有功，著有《陳園公文集》《詩集》《蔚園文稿》等。徐乾學《傳是樓書目》小說類、光緒《海陽縣志》卷二十九小說類著錄。未見。明李紹文、焦竑、賀虞賓皆撰有《明世說》（或曰《皇明世說新語》，見陳大康老師《明代小說史》附錄小說編年），此則為有明一代之軼事也。據光緒《海陽縣志》所錄《前序》《後序》，可知此書始作於順治年間，康熙初年重加整理而成，「時在官邸草草成書，喪亂以來，散失過半，庋置者一十五年」（後序），「今上方修明史，詔搜天下遺書，即稗官小說無所忌諱，予於是就少時見聞所及略為採輯」（前序），陳衍虞康熙元年任平樂縣令，則此書成於康熙十八年前。其書體例、門類仿劉義慶《世說》義例，並仿劉孝標為之作注，「余標舉明事，不過聲聞小乘，分門之下，稍稍買菜求益似，注即在本文……茲雖瑣語，亦關體裁」云云。

《聊齋誌異》十六卷　　蒲松齡撰

　　蒲松齡（1640～1715），字留仙、劍臣，號柳泉，山東淄川（今屬淄博市）人，康熙四十八年貢生，一生處館作幕，著述多種，今盛偉編《蒲松齡全集》所收較為齊全。《八千卷樓書目》小說家類、《鄭堂讀書記補逸》小說家類著錄。《聊齋誌異》至康熙四十六年成書，但未付梓。原書為分卷，本八冊。青柯亭

本《例言》及乾隆五年蒲立德跋語云為十六卷，大約後人為後人分卷。此書版本甚多，見《中國古代小說總目》「聊齋誌異」條。重要者除半部稿本外，尚有鑄雪齋抄本、乾隆三十一年青柯亭刻本、王金範《聊齋誌異摘抄》十八卷本等。鑄雪齋抄本二十四卷，前有康熙十八年己未高珩序，康熙二十一年壬戌唐夢賚序。手稿本另有康熙十八年己未蒲松齡《聊齋自誌》。今有張友鶴會校會注會評本，十二卷。高序、唐序、蒲序，其內容一為志怪正名，二是說明本書創作過程，三是指出本書在於有所寄託，並非為志怪而志怪，即「遄飛逸興，狂固難辭；永託曠懷，癡且不諱」。此書所述多山左及明代故事，計近五百則（篇），體參傳記、事多神怪、末仿論贊（此蒲立德語）。蒲氏雖處僻壤，所記多為士林傳聞、故國之變，其中傳奇文尤多，文辭典雅豔麗，語言除汲取民間俗語、唐代傳奇語外，多從《左傳》《史記》和「四書」文中採擷，即所謂「換字法」之假借，清趙翼《陔餘叢考》卷二十二「文章忌假借」條云：「文章家於官制輿地之類，好用前代名號，以為典雅。此李滄溟諸公所以貽笑於後人也。」並引朱熹之語，證宋代以來文人喜用古語，如「減字法」「換字法」等。蒲松齡《聊齋誌異》喜用古語，如《左傳》《史記》及「四書」語以增典雅，此換字法耳。《聊齋》體例仿史漢之法，即敘事與議論結合，如馮鎮巒《讀聊齋雜說》云其敘事節次分明，議論醇正，故全書「舉左、國、史、漢而以小說體出之」，晚清林蘭興《古宧異述記自敘》中云此書「沉鬱蒼秀，或雋逸若《莊》《騷》，或疏蕩若《史》《漢》。」《聊齋誌異》傳播後頗為士林所重，亦不乏批評之聲，如金安清《里乘》跋云「《誌異》乃悲憤之書，文筆直參左、國，逋峭冷雋，前此未有，特流於尖刻，無風人敦厚之思。」乾隆間紀昀以為《聊齋誌異》「一書兼二體」，即筆記小說與單篇傳奇文並存於一集，然此兩體並存於小說集，並非始於《聊齋誌異》，唐代牛僧孺《玄怪錄》即亦有之，《聊齋誌異》不當其咎；又紀昀云小說筆記當為實錄，非如戲曲之「代言」，然前此高珩云「二十一史果皆實錄乎？」即對「實錄」本身提出疑問。要之，《聊齋誌異》長篇敘事多用傳奇筆法，描摹細緻入神，行文跌宕飛動有奇氣，復益以誇飾語，盡脫清初志怪粗陳梗概之習。傳奇與筆記合流，為清代小說集另闢一新境，然其敘事男女情愛多屬故套，人物亦以士人為多，故雖為典雅之文，終招道學之誚，若後世仿作得以《王六郎》《丁前溪》《促織》《曾友于》《宮夢弼》《仇大娘》等為正途而少模豔情言鬼言狐之文，則清代小說集必大有觀瞻處，然《聊齋》之後小說集一變為豔情穠麗之文，一變為筆記拘墟之章，終至末途。後世

仿續者甚夥，如徐昆《柳崖外編》、樂鈞《耳食錄》初編、王韜之仿聊齋「三書」（《淞濱瑣話》《淞隱漫錄》《遯窟讕言》）及賈茗《女聊齋誌異》、楚女《後聊齋誌異》等，皆「聊齋體」也，惜濃豔有之，跌宕不足耳。所謂「聊齋體」者，一集之中傳奇與筆記並存、長篇與短篇相錯，長篇多兒女風月，短篇則無所不包，其中尤以傳奇為特色，「大旨多不詭於正」（《鄭堂讀書記補逸》卷二十八）。若依丁錫根《中國歷代小說序跋集・例言》所云，則為一筆記小說類型而已，並非逸出筆記之外者。蒲立德云此書「事涉神怪、體仿志傳；論贊感事勸懲，行文鏤盡世態。」或以為即「聊齋體」之基本特徵云。此書於清代之評點較著名者有王漁洋、王東序、馮鎮巒、但明倫等，晚清則圖像類增多，民國復有治世之逸民《新聊齋》、飲香室主人《新新聊齋》，皆《聊齋》經典化之現象也。

《聊齋筆記》二卷　蒲松齡撰

　　《販書偶記續編》卷十二小說家類著錄。《清史稿藝文志拾遺》子部雜家類雜記之屬亦著錄，題名「《聊齋雜記》」。有民國十七年石印本。今有《聊齋全集》本。全書近二百則，每則有標題如《花信風》《二十四氣》《十孩兒》《明時時文慣習》《制舉文》《磚塔銘》等。據康熙五十六年丁酉黃斑識語，知此書為柳泉隨筆雜著之類，生前並無詮次，內容叢雜，天文、地理、節序、軼事、志怪、詩話、金石等皆述諸筆端，多有辯證，每引皆注明出處，如《史記》《酉陽雜俎》《南村輟耕錄》《三餘贅筆》等，不過讀書劄記，亦雜家筆記之流。

《鈍吟雜錄》十卷　馮班撰

　　馮班（1602～1671），字定遠，號鈍吟居士，江南常熟（今江蘇常熟市）人，崇禎時諸生，入清隱居，師事錢謙益，著有《鈍吟集》《鈍吟書要》等。《傳是樓書目》小說家類、《四庫全書總目》雜家類雜編之屬、《書目答問》小說家著錄。此書在清代為說部之優者，晚清邱煒萲《菽園贅談》卷三云：「本朝小說，何止數百家，紀實研理者，當以馮班《鈍吟雜錄》、王士禎《居易錄》、阮葵生《茶餘客話》、王應奎《柳南隨筆》、法式善《槐廳載筆》《清秘述聞》、童翼駒《墨海人名錄》、梁紹壬《兩般秋雨庵隨筆》為優。」今有上海書店《叢書集成初編》本，前有康熙十八年己未馮武序，云其仲父立志篤學，以正學教人，然著作多散佚，故整理之以成此編，分九種十卷，《家戒》為人倫、處世之理；《正俗》為講詩文之法；《讀古淺說》為讀經史劄記，多有辯駁；《嚴氏

糾謬》為辯駁嚴羽《滄浪詩話》之失者，卷端云：「嘉靖之末，王李名生，詳其師法，盡本於嚴滄浪，至今未有知其繆者，今備論之如左。」如以禪喻詩只見其漫漶顛倒、論詩不過浮光掠影以及敘論駁雜偽亂等；《日記》為書法碑帖遐及詩文之論；《誡子帖（附社約）》為論書法詩歌之語；《遺言》為有關世用之文，兼論詩文；《通鑑綱目糾謬》為駁正胡三省、程頤論史之語而作；《將死之鳴》為馮班攖感晚疾，知時將至而遺書子侄輩之語，不墜家聲、節操自守之意。隨筆雜錄，言之惇惇，故四庫館臣云：「大抵明季諸儒，守正者多迂，鶩名者多詐，明季詩文，沿王、李、鍾、譚之餘波，偽體競出。故班諸書之中，詆斥或傷之激。然班學有本源，論事多達物情，論文皆究古法。雖間有偏駁，要所得者為多也。」

《松下雜鈔》上下二卷　佚名撰

謝國楨《晚明史籍考》、《中國叢書綜錄》小說家類著錄。今有上海書店《叢書集成續編》本。孫毓修跋云其所記多明清間瑣事，然不過摘錄他家野史筆記，字句間又細加剪裁。記明末清初之事，如周玉繩再相、吳昌時奔走權要、趙鳴陽冤案、何文鼎直諫、遼事大壞、篦頭房近侍、顧瑞屏為人所害、吳應熊叛謀、尤侗妾降乩、王禧抗清、劉念臺隱居、張可仕哭范文貞公、鄺露殉國、費密亂中詩、吳梅村為泰山府君、李攀龍寵姬賣餅、南來蒼雪法師誦經、金鉉盡節等事 40 餘則，亦有經史考證、典章制度記錄，無題目。頗有史筆，如「孝廟時，皇親恣橫，太監何文鼎掌乾清門，心不平，引祖宗家法極言直諫，文鼎與鮑太監忠最契厚，方草書時，不令忠知。比燈下謄真之際，有一樻在門旁立而一步一步行之案前，鼎怒罵曰：『我為國盡言，爾何物妖魔，敢來嚇阻我也？！』疏上，上大怒，詔繫獄雜追治之，務究所主使者。文鼎乃毒慘備嘗，曰：『有兩人俱山東籍貫，不可拘案。』訊者曰：『姑言之。』對曰：『孔子、孟子也。』文鼎既死，猶能於禁中拽銅缸作聲稱冤，中外歎息，上亦感悟憐之，特令勒碑，並祭焉。」

《閩中紀略》一卷　許旭撰

許旭字九日，號野史落帽生，直隸太倉州（今江蘇太倉市）人，十二歲為明庠生，鼎革後一意為詩古文詞，後入浙撫范承謨幕府，范氏如閩為耿精忠所殺，許旭逃還，著有《秋水集》等。《八千卷樓書目》史部地理類、《中國叢書綜錄》雜史類著錄。《閩中紀略》一名《閩幕紀略》，《臺灣文獻史料叢刊》本。

康熙十年許旭入范承謨幕府，一時章奏多出其手；後隨范由浙赴閩，至范為耿精忠所殺，以筆記之法述此段見聞事。范承謨在地方躬親政事、興利除弊，後入閩行撤藩之事。凡與耿藩本為至親，因撤藩事反為所噬。書中於清初官場舊例、福建風俗物產以及閩省酷吏皆有所載記。文筆簡潔，於范承謨言行舉止記述亦頗生動，如記范氏勤政：「制府在杭時，無一日不為地方興利除害，晝夜不肯逸苟。四五日無事，便云今豈無一事可做者乎！諸君在幕，何不為我思之。」

《罍庵雜述》二卷附錄一卷　朱朝瑛撰

　　朱朝瑛（1605～1670），字美之，號康流，晚號罍庵，浙江海寧（今海寧市）人，明崇禎十三年進士，知旌德縣，明亡隱居，師事黃道周，著有《讀易略記》《讀春秋略記》等。《培林堂書目》子部小說家、《四庫全書總目》子部儒家類著錄。齊魯書社《四庫全書存目叢書》影印國家圖書館藏康熙十一年周煒等刻本。前有康熙壬子張次仲序、康熙十一年叔嘉徵序、朱朝瑛自序。兩卷二百一十餘則，除有《十二律上宮下宮順逆圖》《鳧氏為鍾》《㮚氏為量》《磬氏為磬》外，餘皆無標題。經史劄記之類，《四庫館臣初次進呈書目》中云：「茲編則隨其所偶得，雜然書之者也。朝瑛受業於黃道周之門，故每喜以數言理，而於朱、陸之間能持其平，不規規於門戶之見，頗多心得之言。雖亦語錄之流，而淹通博雅，非空談性命者比也。」張序稱此書為「粹然儒者之言，意所偶得，引端竟委，自天官經史以下，尺縷寸楮，雜然書之，不復部分，別為雜述一書，大約語小以見大，有醇而無疵。」書中多講性理之學，頗用象數之法以解經，先「理」「氣」而後「禮」「法」，以術數終焉。叔嘉徵稱此書「其指遠，其言辨，而其文則微」，雖過譽之辭，亦見此文大略。

《荊園小語》一卷　申涵光撰

　　申涵光（1618～1677），字孚孟，一字和孟，號鳧盟、鳧明、聰山等，直隸永年（今河北永年縣）人，一作河北廣平人，順治中恩貢生，河朔詩派領袖，著有《聰山集》《荊園小語》等。《傳是樓書目》小說家類、《八千卷樓書目》雜家類著錄。《叢書集成初編》本。前有孫奇峰、申涵光序，後有康熙十二年癸丑申涵光識語。此書為申涵光撫育兩弟成人後，尤恐人事酬接中陷身與恩怨是非，教其持身接物之道，申序中云：「暇中為道身所閱歷，或耳目有觸，書置座間，久之不覺累累。雖老生常談，粗亦有裨世故，量情酌理，務為得中，惟恭惟默，庶幾寡過。予與兩弟交免之。」此為雜說筆記之類，近二百條，說

以「主敬」「志誠」，不過讀書明理、涵養性情之意，如「久利之事勿為，眾爭之地勿往，物極則反，害將及矣。」「吾北方冬夜火炕，煤毒更烈，不可漫視，如醉後欲歸，亦遣人送付其家。」「靜坐自妄為，讀書即是立德。」「向人說貧，人必不信，徒增嗤笑耳。且人即我信，何救於貧，曉曉者可厭耳。」「到眼都是好人，說甚黃虞叔季；閉戶居然淨土，那分城郭山林。」

《明語林》十四卷　　吳肅公撰

　　吳肅公（1626～1699），字雨若，號晴岩、街南，安徽宣城（今宣城市）人，著有《詩問》《讀禮問》《姑山事蹟》《廣祀典議》等。事蹟詳見光緒《宣城縣志》卷之十五。《四庫全書總目》小說家類雜事之屬、《中國叢書綜錄》雜史類著錄。《續修四庫全書》影印原碧琳琅館叢書本。前有康熙二十年辛酉自序，康熙元年壬寅《凡例》七條。四庫館臣云：「是書凡三十七類，皆用《世說新語》舊目。其《德行》《言語》《方正》《雅量》《識鑒》《容止》《俳調》七類，又各有補遺數條，體格亦摹《世說》，然分類多涉混淆。」此書著作緣起，如吳肅公自序云：「予弱冠，耽讀明書，逢人丐貸，謬不自揆，思有所撰著，以備一代之遺雅，不欲編蒲葺柳為戔戔也。」《明語林凡例》中云：「劉氏《世說》，事取高超，言求簡遠，蓋典午之流風，清談之故習，書固宜然。至有明之世，迥異前軌，文獻攸歸，取徵後代，茲所採摭，可用效響，亦使後人考風，不獨詞林博雅。……《世說》清新，詞多創獲，雖屬臨川雅構，半庀原史雋材。明書冗蔓，幾等稗家，若《名世匯苑》《玉堂叢話》《見聞錄》等書，蹈襲譜狀，殊失體裁。茲所修葺，略任愚衷，雖不盡雅馴，亦去太甚。」皆有為而作之意。此書語亦清新，如《德行》述陳茂烈事云：「陳茂烈乞歸終養，身自治畦，蒼頭給薪，妻子服食粗糲，人所不堪而泰然自足，太守憫其勞，遣二力助汲。既三日，往白太守，曰：『是使野人添事而溢口食也。』卒還之。」《雅量》述陳性善事：「太祖天威嚴重，審錄之際，侍臣或手顫不成書。陳性善獨安雅自若，書法端楷。」

《闈義》二十二卷　　吳肅公輯

　　《中國古籍善本書目》雜家類雜記之屬著錄。《四庫禁燬書叢刊》影印北師大館藏康熙四十六年慕園刻本。前有康熙四十六年丁亥梅庚序，康熙四十六年丁亥劉楷序，莒山張自烈序，卷端題「宣城吳肅公街南輯　南陵劉楷蓬庵

訂」。梅庚序云：「街南學有師承，平生撰述皆以綱維名教為己任，《闡義》特其一耳。」劉楷序云：「宣城吳街南先生續學好古，閉戶樂道其生平著述等身，每立一言皆足以抉理法而植綱常，羽翼聖門，學者翕然宗之，茲手輯闡義一編，僅別錄耳。第諦觀小序，詞約旨深固非苟作者，且集中所載，多恢奇瑰異可喜可愕之事，即小夫婦孺閡之盡能興起，其於世教裨益良多，予因之重有感焉。」張自烈序云：「昔覃季子為《子纂》，狗麂草木有益於世者悉載，柳子厚嘗稱之；宋袁子龍取凡蟲魚得五常之性者，類為書，使人隨物自省，署曰《坊雅》，今二書皆不可復見。吳子大指與《子纂》《坊雅》同其類，寢廣其義彌著，足以補二書所未逮。」此書為吳氏門人沈廷璐存留，劉楷刊刻，二十二卷本實為 22 類，每類前皆有「街南氏曰」即吳肅公之小序。卷一《義民》，卷二《義容》，卷三《義童》，卷四《義弟子》，卷五《義童》，卷六《義工》，卷七《義卒》，卷八《義道士》，卷九《義僧》，卷十《義女》，卷十一《義奄》，卷十二《義隸》，卷十三《義僕》，卷十四《義婢》，卷十五《義丐》，卷十六《義屠》，卷十七《義盜》，卷十八《義優》，卷十九《義娼》，卷二十《義獸》，卷二十一《義禽》，卷二十二《義蟲魚》等。據寧稼雨先生所見，十卷本為二十二卷本之節錄本，除第六卷為《義工義娼》外，餘皆同。此書名為「闡義」，即以「義」為中心，輯錄歷代史傳說部中之相關者，每類前有小序以點名主旨，每則前皆有題目，引文皆不注出處，是為缺憾。

《楊監筆記》一卷　　楊德澤撰

楊德澤字虛倫，湖北麻城（今麻城市）人，原姓李，後跟隨永曆帝。《中國叢書綜錄》雜史類著錄。上海書店《叢書集成續編》本。前有自序，述出身及入宮始末本末。此書述永曆帝在位十八年憂患在心、顛沛流離事，風格淺顯，口語化較重，類乎話本口氣，頗有口述史之意味。永曆帝被殺於康熙元年，故此書所記當在康熙初年。

《客窗涉筆》，卷數不詳　　佚名撰

未見著錄。張潮《虞初新志》輯錄三則：康熙間天津客店女鬼、康元積能識前生、崇禎末麻城人託生；褚人獲《堅瓠集》亦有輯錄《白牛廟》《楊椒山》《湘潭鬼哭》《張夫子》《天壇道士》《周將軍》《優人遇鬼》等，大抵志怪為主，兼述明末動亂事蹟。其中《虞初新志》所述麻城人為張獻忠亂兵所殺而託生事，云「康熙丙辰二月，施溥霖言之」，則此書成於康熙十五年後。

《月查小品》二卷　　嚴允弘撰

嚴允弘字敷五，浙江歸安（今屬湖州市）人，事蹟不詳。《中國古籍總目》小說家類著錄。南京圖書館藏康熙二十年惇裕堂刻本。前有沈上塤序、康熙二十年辛酉嚴允肇序、《月查詞自序》。嚴允肇序稱「（敷五）年富學贍，舉業之暇頗肆力於騷賦古文，晰其源流正變，駸駸乎薄黃初軼建安而步武西京矣。」書分兩卷，其實為《賦集》《詞集》兩卷也，並非小說，《中國古籍總目》誤。《賦集》收賦十二篇，《麗情賦》《讀書賦》《浙江潮賦》《月查賦》《思遠賦》《泛月賦》《鏡中美人賦》《洗馬圖賦》《柳賦》《泣美人賦》《擬招李夫人賦》《長恨賦》，每賦前多有小序，後有親朋評論；《詞集》所收為小令、中調、長調作品，用詞牌九十七種。

《古今釋疑》十八卷　　方中履撰

方中履（1638～1686），字素北（或字素伯），號合山，安徽桐城（今屬安慶市），方以智少子，著有《汗青閣詩集》等。《文瑞樓藏書目錄》子類小說家、《四庫全書總目》雜家類著錄。齊魯書社《四庫全書存目叢書》影印中科院圖書館藏康熙汗青閣刻本。前有康熙二十一年張英序、康熙十七年戊午楊霖序、吳雲序、戴移孝序、康熙十八年己未馬教思序、黃虞稷序、潘江序、康熙十九年庚申方中德序、己未方中通序、己未方中履自序、方中履《寄謝竹庵先生為刻〈古今釋疑〉五十有二韻》、《凡例》五條、目錄，後有康熙己未方中發序、橫溪逢月序、楊嗣漢跋。四庫館臣云：「此書皆考證之文。一卷至三卷皆論經籍，四卷至九卷皆論禮制，十卷論氏族姓名，十一卷論樂，十二、十三卷論天文推步，十四卷論地理，十五卷論醫藥，十六至十八卷論小學、算術，各標題而為之說。中履名父之子，學有淵源，故持論皆不弇陋。然鎔鑄舊說以成文，皆不標其所出，其體例乃如策略，不及其父（方以智）《通雅》之精覈也。」清人說經，並無家法傳承，考據之外，往往多為斷語，實少確證，自顧炎武《日知錄》已如此，本書中之《詩亡非雅亡》《春秋無例》等亦如之；立篇目而採他書，並無新說，亦此書又一病，如卷一《書籍總目》，不過羅列舊籍，並無新解。以標題為類目，視之為「古今典章制度名物象數」資料彙編可也。黃虞稷序云：「舉凡象緯方輿聲名度數經史百家之說，靡不會粹群言、折衷眾論以歸於一，是使數千百年膠固迷悶於胸次者怳然若春冰之煥而秋籜之隕也。」亦過譽之辭。

《譎觚》一卷　　顧炎武撰

　　顧炎武（1613～1682），原名絳，字忠清，明亡後改名炎武，字寧人，號亭林，江蘇崑山（今崑山市）人，明監生，抗清失敗後，考察地理、勤於著述，著有《日知錄》《天下郡國利病書》等，今人整理有《顧炎武全集》。《清史稿·藝文志》小說家類、《四庫全書總目》及《鄭堂讀書記》卷十八地理類雜記之屬著錄。今有《顧炎武全集》本，一名《譎觚十事》，前有顧炎武著述緣起，即以樂安李煥章（象先）所撰《與顧寧人書》（李假託與顧炎武往來討論書信）為本、為之方輿古蹟考證辯證之作，包括「淄川非薛」「營丘在臨淄」「灘水為淮水」「孔子泰巔望吳門」「景相公墓」「逢萌隱處」「吳王夫差請道書」「泰山無字碑」「丈人為泰山」「太公封齊」等十則，皆山左之地理掌故，辯論雖各精洽，故李慈銘云：「亭林於地理為專門，所辨自皆精當，固非象先所能敵也。」（《越縵堂讀書記》之「譎觚」條）

《日知錄》三十二卷　　顧炎武撰

　　《文瑞樓藏書目錄》子類小說家、《棟亭書目》說部類、《好古堂書目》雜家類著錄。此書為顧炎武初刻於康熙九年，顧氏歿後其弟子潘耒於康熙三十四年重校刊刻。今有上海古籍出版社《顧炎武全集》本。前有康熙三十四年乙亥潘耒序、每卷目錄（中有顧炎武小序）、標題。卷一至卷七為解經之作，依次為《易》《書》《詩》《春秋》《三禮》，卷八、卷九為典制（兵制、官制、財政制度），卷十至卷十二為鹽法、地畝、度量衡，卷十三、二十八為風俗、禮儀，卷十四、卷十五為喪祭之禮，卷十六、十七為科舉，卷十八為典籍、著述，卷二十、二十六為史學，卷二十一為詩文金石書畫，卷二十二、二十九、三十一為地理、軍事，卷二十三、二十四為姓名、稱謂，卷二十五為神話、傳說人物，卷二十七為注疏，卷三十為天文五行。此書為讀書筆記與親身考察互相辯證而成，在地理、歷史方面考證極為詳細，並多有新論，然在經學方面亦有不少臆見如卷一《孔子論易》、卷三《詩有入樂不入樂》等，皆無實證。此書特徵在於非為考證而考證，卷一至卷十五考證之中多寓經世之心、探古今之變，如卷一《朱子周易本義》：「秦以焚書而五經亡，本朝以取士而五經亡。今之為科舉之學者，大率皆帖括熟爛之言，不能通知大義者也。而《易》《春秋》尤為謬盭。」卷十二《俸祿》「今日貪取之風，所以膠固人心而不可去者，以俸給之薄而無以贍其家也。」同卷《助餉》：「行劫不得而有詭騙，加派不得而有勸

輸。」《財用》：「開科取士，則天下之人日愚一日；立限徵糧，則天下之財日窘一日。吾未見無人與財而能國者也。然則如之何？必有作人之法，而後科目可得而設也。必有生財之方，而後賦稅可得而收也。」卷十三《士大夫晚年之學》：「南方士大夫，晚年多好學佛；北方士大夫，晚年多好學仙。夫一生仕宦，投老得閒，正宜進德修業，以補從前之闕，而知不能及，流於異端，其與求田問舍之輩行事雖殊，而孳孳為利之心，則一而已矣。」其他如《文須有益於天下》《著書之難》《立言不為一時》《詩不必人人皆作》等。卷十五至三十二考證之中除自得之言外，亦多引《容齋隨筆》《蘇氏演義》《刊誤》《山堂考索》諸書，卷十二《石炭》《終葵》《桑梓》《胡嚨》諸考，頗能醒人耳目。然書中宣揚「天人感應」「天圓地方」之說，是未與西儒交通之證。汪師韓《韓門綴學》卷一中云：「劉向采群言為《說苑》，列於儒家，為後世說部書所自始。後人說部，蓋兼十家而有之，而其中有裨學問者，莫若宋之《夢溪筆談》《容齋隨筆》《困學紀聞》及我朝顧氏《日知錄》，班氏所謂六經之支與流裔，非閭里小知者比也。」《夢溪》《容齋》《困學》《日知》，可謂古典形態下之「四大筆記」。

《雕丘雜錄》十八卷　梁清遠撰

　　梁清遠字邇之，號葵石，直隸真定（今河北正定）人，崇禎十五年舉人，順治三年進士，歷官刑部主事、太常寺少卿、戶部右侍郎、吏部左侍郎、光祿寺少卿、通政司參議，著有《祓園集》九卷、《詩集》四卷、《文集》四卷、詞一卷。《四庫全書總目》雜家類雜說之屬著錄。上海古籍出版社《續修四庫全書》影印康熙二十一年本。前有高珩序、壬戌吳儀一序。書分《眠雲閒錄》《藤亭漫抄》《情話記》《巡簷筆乘》《臥疴隨筆》《今是齋日鈔》《閒影雜識》《採榮錄》《飽卿談叢》《過庭暇錄》《東齋掌鈔》《予寧漫筆》《晏如筆記》《西廬漫筆》《晏如齋檠史》《耳順記》《嗇翁檠史》《休園語林》等，每卷為一題名，可見此書非一時所作也。四庫館臣云此書「皆隨時筆記之文。大抵雜錄明末雜事及真定軼聞，頗多勸誡之意。」此書為說部書也，雜說為多，亦述及明代軼事。文風樸質，如「余舅王太常嘗言，曾坐姚孟長先生齋中，去其內室一間耳，終日不聞一語，及外先生令設飯，看饌芳潔，頃刻立辦，不聞刀釜聲。名士持家清肅如此。」

《倘湖樵書》初編六卷、二編六卷　　來集之輯

　　來集之（1604～？），字符成，號倘湖，又號樵道人，浙江蕭山（今屬杭州市）人，崇禎十三年進士，官安慶府推官，易代歸隱，著有《讀易隅通》《卦義一得》《易圖親見》等。雍正《浙江通志》卷二百四十六子部小說家類、《四庫全書總目》雜家類著錄。上海古籍出版社《續修四庫全書》影印上海圖書館藏康熙倘湖小築刻本，題「毛奇齡大可氏論定，來集之元成父纂輯。」前有康熙二十二年毛奇齡序、康熙二十一年壬戌自序。此書每卷皆有目次，每則有標題，然為議論之書，非為紀事也，四庫館臣云此書仿明徐應秋《玉芝堂談薈》而作。毛奇齡序云「稗官原有二家：一則集事以資用，一則考義以資辨……王仲任作《論衡》則實創為考核駁辨之文以助談議，故後之稗官家者，雜記之外，復有論說」，此書可謂兩者兼而有之，論說考辨如《論經》《頌聖經之益》《正人之後便宜》《冠式不同考》《東坡之詩文》《以蟲為飡》等；論說考證之外，復以敘事，敘事後間有評議，如《觀人之法》《宋太祖仁宗之識度》《太祖睿斷》《古今勝蹟猶可追尋》等，輯錄經史筆記小說諸書如《謝氏詩源》《七修類稿》《酒譜》《興化名勝志》《國老談苑》《貴耳集》《餘冬序錄》《夢溪筆談》《越絕書》《列朝詩選》《博物志》等，大凡考證、議論、博物、地理、軼事、志怪、掌故等皆載錄之。語言諄諄，然頗為瑣碎，可謂稗販兼駁辨之作也。張潮《虞初新志》卷十一輯錄其敘事之體數則。

《博學匯書》初編六卷、二編六卷　　來集之纂

　　《傳是樓書目》小說家類、《四庫全書總目》雜家類著錄。齊魯書社《四庫全書存目叢書》影印康熙二十二年倘湖樵書刻本。前有康熙二十二年毛奇齡序、康熙壬戌來集之自序。十二卷三百餘則，每則有標題，卷前皆有目錄。筆記雜說之類，內容為志怪、雜事、雜說及考證之類，每則為一類，述諸見聞時雜引說部、地志、史傳，如《誦聖經之益》《南北士有定限》《遺像靈異》《義虎》《牛思黯之女》《草木雌雄》《丁酉科場》《漢晉行服》《牡丹芍藥之瑞》《淫祠》《蛇神》《五經應試》《儒家測數》《星命堪輿漢已盛行》《昔賢有當時無名而後世反得其名者》《動植之物報時》《取民之法流弊》《天神形現》《三十六七十二之數》等，所引書如《夢溪筆談》《菽園雜記》《宋史》《拾遺記》《堯山堂外紀》《採蘭雜誌》等。文筆闊達，每有意外之議。

《耳書》一卷　佟世思撰

佟世思（1651～1692），字儼若、葭芷，號退庵，遼陽（今遼寧省遼陽市）人，屬滿洲鑲黃旗，歷官廣西平樂府賀縣知縣、慶遠府思恩縣令，卒於任，著有《梅堂稿》等。《中國叢書綜錄》小說家類著錄。《遼海叢書》本。前有佟氏自序。據自序知書成於康熙二十年前後，序云「《耳書》近於誕，余不欲成之，謂吾儒讀書明道，未可以無據之說惑亂心志也；而卒成之者，以得於家大人宦蹟之所經到也。」全書共 33 則，每則皆有題目，分《人部》，述里巷傳聞雜事如《吳忠宇》《邊仲奇》等，兼及公案如《河南少女》；《物部》述禽獸器物之怪異如《蟻》《鱉》《象草》之類；《異部》，神怪如《關帝部下神官》《太白山神》《僵屍》《旅中少婦》之類，亦有變異之類如《雪中蹟》：「甲寅正月十八夜，皖城大雪。雪中人跡遍民舍而虎蹤倍之。」文風樸質，亦附笑語，如《孫大聖》記孫悟空在閩中抗倭、《唵嘛呢叭咪吽》記六字真言被音譯為「俺那裡把你哄」等。全書所記，可入志怪之類。

《鮓話》一卷　佟世思撰

《天咫偶文》卷五子部、《八千卷樓書目》集部著錄。《遼海叢書》本。前有佟世思自序，敘康熙二十四年乙丑佟氏與表叔范承勳探望於廣東恩平任知縣之佟偉夫，「恩平以彈丸黑子，奇凋異弊不可名狀，世傳有『非山非水非人非鬼』之地，殆將近之。」《鮓話》共 39 則，每則無題目，即述在恩平見聞，於恩平道里、風俗、物產皆筆記之，如寫當地敬神無偶像之設：「土地神不塑像，亦無廟，取地上石塊覆破甕下。」也記錄下佟偉夫在恩施的作為，如教化士子：「士子無城居者，來則跣足騎牛，至城下就河水洗足著屨而後入。每來謁，偉夫必與飲食，無一人知迸退周旋之節者。偉夫多事。必捉襟曳肘而教之。予親見偉夫以白面微髭之知縣教白頭諸生拜揖酬酢，始終不成禮而罷焉。」「堂置木架一座，上置鼓一面，即以亂棕縛雲板子下，此偉夫升堂號召胥役之具也。夜間，一老人身不滿二尺，蹲鼓下司更，或自三鼓交五鼓，或自四鼓又交二鼓，從來無倫序，但隨其興會耳。聞偉夫曩者怒，命易之，詢通邑無可代者，因仍之。」「偉夫聽訟，庭鞫之下，土人作鄉語，彼此不得了了，偉夫久於此間，或揣摩萬一，土人卻絕不省官長話，一堂之上，重譯而後曉，若皂隸行杖，必白官曰：『諒責』；罪人杖下乞免，大呼曰『超』；知縣公出，胥役郊送書，手板曰『秉護』，言語文字之妙，真無間然矣。」周

作人云其行文「誠實」、「波俏」（見《鮓話》），以《耳書》《鮓話》二書言之，誠然。此書亦風土筆記之類。

《西村夜話》　潘楳元撰

潘楳元字浣先，廣東番禺（今廣州市）任，康熙間曾任北流教諭、廣州教授，有《廣州鄉賢傳》等。光緒《廣州府志·藝文略》小說家類著錄。未見。

《續輟耕錄》一卷　劉君采撰

劉君采字而先，晚號需泉，廣東香山（今中山市）人，有《三才要覽》《雪溪詩》等。康熙《新修廣州府志》卷三十二有傳。光緒《廣州府志·藝文略》小說家類著錄。未見。

《果報聞見錄》一卷　楊式傳撰

楊式傳字雪崖，浙江鄞縣（今屬寧波市）人，其他事蹟不詳。或作楊式傳。《四庫全書總目》小說家類異聞之屬著錄。吳震方《說鈴》本。四庫館臣云：「是編皆述善惡之報，而大旨歸心於二氏。其逆婦小善免死一條，雖意主戒殺，然婦欲殺姑，罪通於天矣，豈偶救數鳥之命，即可以贖乎？殆不可訓也。」全書共 76 則，每則前有標題，因果報應之類，如《刀筆之報》《全人夫婦之報》《文官好殺之報》《俗尼犬報》《放債延壽》《溺子女之報》《還金之報》《仇殺之報》等，其中《驢能言》為康熙二十年事，可知此書成於康熙二十年後。文筆質樸，文筆質直，如《刀筆之報》：「康熙三年九月，法師施亮生社黃纛大醮於蘇城園妙觀。是月念九，里人鄭大勳夢一牛跪而乞命，自言『姓殷，明日當死刀下，今有真人建醮，惟君能活我。』天明果有牽牛入屠肆者。牛見大勳，四蹄俱跪，遂約祠社捐金買放，社友周德新夢黃衣人拜謝，自稱毘陵驛前殷國禎以刀筆害人，罰三世為牛，今賴道法解厄且得生矣。同里鄭士敬先生親見而為之記。」

《嗒史》一卷　王煒撰

王煒，號不庵，安徽歙縣（今屬黃山市）人，寓居江蘇太倉，明亡不仕，客死蜀中，與顧炎武、張潮為友。《八千卷樓書目》小說家類著錄。世楷堂《昭代叢書》本。全書共六則（篇），包括《趙爾宏》《大鐵椎》《談仲和》《黃孟通》

《蔣龍岡》《內江》（附錄《塘報節略》），附錄《釋行願不庵傳》。書後有《張潮昭代叢書選例》及楊復吉《嗒史跋》。書中多述明末蜀中動亂事，類乎傳記，每則多有「嗒史氏曰」評論，亦存史之意也。敘事跌宕，亦寓家國之思，頗有野史之風。

《今世說》八卷　王晫撰

　　王晫，初名棐，字丹麓，號木庵、松溪，浙江仁和（今杭州市）人，諸生，與張潮為好友，著有《霞舉堂集》《遂生集》《文苑異稱》《文津》等，並與張潮合編《檀几叢書》一百卷。《鄭堂讀書記》卷六十五小說家類雜事之屬著錄。今有《續修四庫全書》影印康熙二十二年霞舉堂刻本。前有毛際可、嚴允肇、馮景、徐喈鳳、丁澎，康熙二十二年癸亥王晫序、《今世說例言》14 條、《今世說評林》10 則。劉義慶《世說新語》可謂後世小說「清言」之祖，是書本書仿之以述清前期藝林人物軼事，惟書中所記並非自撰，而是輯自他書而成，《鄭堂讀書記》卷六十五云：「其於時人言行止據所見諸集輯成，而於陸麗京圻《西陵新語》採拾頗多。……其遣詞命意，無不步趨臨川，未免逐形而失影，而稱許太嫌過分，一涉標榜之習。」《四庫全書總目》子部小說家類雜事之屬謂：「是書全仿劉義慶《世說新語》之體，以皆近事，故以今名。其分類亦皆從舊目，惟除自新、黜免、儉嗇、讒險、紕漏、仇隙六類。惑溺一類，則擇近雅者存焉。其中刻畫摹擬，頗嫌太似，所稱許亦多溢量。蓋標榜聲氣之書，猶明代詩社餘習也。至於載入己事，尤乖體例。」全書八卷三十門，每則仿世說劉孝標注，文網之下士人惴惴，故《自新》《黜免》《儉嗇》《讒險》《紕漏》《仇隙》六類不與焉，並非如《評林》所謂「立心深厚」之意。本書意在標榜名士賢媛，清初知名士幾為網盡，間雜己事二十餘則，每以名士自許，似為不第士人之舉，伍崇曜《粵雅堂叢書》本跋云「蓋王丹麓實遊揚聲氣以博取盛名，而文筆乃纖仄婉媚，殊乏雅裁。」然模仿《世說》風致，亦十得七八，可為瞭解清初士風之讀本。王氏既為文士又為書賈，身份不高，書中所涉人物多所未見，故從《汪氏說鈴》《西陵新語》等書中輯出。於《凡例》中可見當時出版之不易：「物力艱難，剞劂之資，全賴好事，倘有高賢傾囊解橐以助棗梨，則闡幽表微，為德不淺。」故本書有數人寫序及十人品評，其目的一是提升品味，二為製造影響，增加銷量。此亦書賈之故套，「其去劉氏書誠不可以道里計矣」（《鄭堂讀書記》卷六十五）。

《今世說補》不分卷　　王晫撰

　　《中國古籍總目》小說家類著錄。國家圖書館藏清抄本，有「盱眙吳氏藏書」印。前有柴世堂序，稱許《今世說》云：「蓋其所登言辭事蹟悉，皆就諸君子傳志及文集中採用其成語而略為增損一二字，便覺一往雋致如出一手，且令諸君子亦如頰上添毫，直覺神情躍躍於紙上，呼之欲出。」大約亦過譽之辭。據此序可知，此書為王晫於康熙四十八年己丑前所撰，其去世後未能刊行。全書共 105 則，內分德行、言語、政事、方正等四部，並仿劉孝標例為之注，然其中有注釋不完者，似為未定稿。所採為順康年間名公大人、詩翁隱士及方外之流，如王漁洋、高其佩、陳鐵山、張乾臣、陳植其、夢破和尚、陳自牧、謬鈞聞、蕭孟昉、張斌如、程頌年、傅眉一、沈之龍、韓醉白、張無言、柴虎臣、毛大可、施愚山、楊以齋、錢燭臣、孫沚亭、鐵夫道人、魏冰叔、魏和公、茅雪鴻、曹秋岳、顧書宣、嵇永仁、吳漢槎、周亮工、吳舒鳧等，亦述自身事蹟如「文學」中兩則：一為王丹麓家藏友人所贈書，一為王丹麓吟詩卻金——全書皆為雅致所襲，故僅以孔門四教為補也。寥寥數語，頗有趣味，如「文學」之「錢燭臣作文都不起草，下筆如蠶食桑柘頁，謖謖無斷續聲。」「毛會侯遊山左，顏修來語曰：『君集中無岱宗記亦缺陷事。』毛於雪後登峰頂，呵凍屬草，既成，不稱意，遂棄去，寒甚體僵，曰：『顏大一言，使我幾為管公明所轄！』」

《快說續記》一卷　　王晫撰

　　《中國叢書綜錄》小說家類著錄。世楷堂《昭代叢書》本。前有張潮小引，云：「金聖歎與王斲山賭說快事，王子丹麓續而記之。世有拂意者，於煩惱場中展讀一過，不啻如醍醐之灌頂、甘露之灑心，是不獨丹麓一人之快，並可為凡有同心者之所其快者也。」王晫序云：「兀坐雨窗，愁懷如結，天不可寄、地不可埋，謀之於客，求所以釋之，客曰：『愁者快之反，能快則愁自釋矣。』因約舉聖歎所說快事數則，予便欣然，客曰：『未也。』請為予續廣引博喻、錯雜無端，說未竟已不覺眉軒而袂聳，客更欲窮其說，予曰：『止，止。樂不可極，願留有餘以俟後人之欲釋愁者。』」本書卷中所述為生平之快事，共 30 則，頗有小品之風致，如「夜半初醒，捫心偶無一事，靜聽鐘聲冉冉從雲間度，不亦快哉！」「遠方之友不見且數年矣，有傳其已死者。忽叩門聲急，出視正其友也，欣然把臂，痛飲高談，不亦快哉！」「自刺小船入藕花深處，手劈蓮

房唊之，綠映鬚眉，香侵衣袂，不亦快哉！」「著述滿家，苦不得問世，忽有人起任其事，不數月都告成功，晴窗展卷，心目俱開，不亦快哉！」

《廣聞錄》八卷　王晫纂

《中國古籍善本書目》小說家類異聞之屬著錄。今有南京圖書館藏康熙霞舉堂刻本，前有沈珩序、康熙三十二年癸酉王晫自序、洪景融等七人所撰《廣聞錄評林》、閔戭撰《廣聞錄題詞》、王晫撰《廣聞錄例言》四則、《總目》。此書八卷共八部，卷一為《天文部》，卷二《地理部》，卷三《人道部》，卷四《神鬼部》，卷五《禽獸部》，卷六《鱗介部》，卷七《草木部》，卷八《雜誌部》。此書內容並非自撰，而是摘錄分類而成，王晫自序云六合之內無所不有，故仿《神異經》《博物志》《酉陽雜俎》《夷堅志》之意，「取有明一代軼事，採其尤異者述之簡冊」，《例言》云敘述之法「分八部，部以類從」、「事涉怪異，必時有年月、地有方所、人有姓氏，始足徵信」等。書中內容取諸正史稗乘，故多有所據，並非臆造，如《天文部》記載洪武元年八月六日「建業天鳴如河傾海注。」《地理部》云崇禎十年閏四月二十九日「榮縣黃時太家地鳴，聲聞半里。」《人道部》云崇禎十三年「兗州斗米萬錢，是年遍郡人不生育。」《神鬼部》云崇禎九年「曲阜縣孔子廟聖像兩目流淚如汗三日夜。」《禽獸部》云弘治七年二月「嘉定大場鎮雞生三足。」《鱗介部》云萬曆三十六年「白龍見於黃浦，一神人立其首。」《草木部》云洪武初年「高密東十里，遍產靈芝。」《雜誌部》云洪武乙卯「南畿御府錢忽飛出，側立於民家屋瓦上，家家各以竹篾穿其孔，有得一二十文者。」大體類於方志中「祥異」「災異」中所述內容，每則無標題，頗為簡淨。

《丹麓雜著十種》十卷　王晫撰

《四庫全書總目》雜家類雜編之屬著錄。齊魯書社《四庫全書存目叢書》影印國家圖書館藏清《霞舉堂集》本，前有毛際可序，此書包括《龍經》《孤子唫》《松溪子》《連珠》《寓言》《看花述異記》《行役日記》《快說續記》《禽言》《北墅竹枝詞》等十種。《快說續記》前文已著錄。《龍經》仿《鶴經》《貝經》《龜經》之例而作，以賦體臚列典籍中有關龍屬者；《孤子唫》，為王晫哀悼父母之短賦，以節令為序，慎終追遠之意；《松溪子》《連珠》皆清言，《寓言九則》《禽言》皆為寓言，一為筆記體、一為詩體，借物寄意，較有小說意味；《看花述異記》為傳奇文，仿唐牛僧孺《周秦行記》而作，練貞吉云此文

合《周秦行記》《洛陽名園記》而成，述王晫於沈氏園中為花姑接引，得見春主魏夫人事，謳歌歡飲，類於夢仙；《行役日記》為王晫於康熙甲寅九月遭父憂，遊歷區中求詩文之日記也，「彙集遊草，得序三首，詞三首，詩五十一首，殊不負此行。」《武林北墅竹枝詞》為歌詠本邑古蹟軼事者。此書文體多種，不虧「雜著」之目，故四庫館臣云「每種皆有同時諸人序跋評語，毛際可又總為之序，大抵皆明末山人之派」。

《得閒錄》七卷　王晫撰

《鄭堂讀書記補逸》卷二十八小說家類瑣語之屬著錄，云見霞舉堂本，全書共七種，每種一卷，即《文苑異稱》《廣聞補遺》《祥異紀略》《續蛇譜》《異魚譜》《物官志》《雙名志》，前有自序，柴世堂題辭，每種亦有小序。其中《廣聞補遺》為補充《廣聞錄》所作，記明代災祥軼事；《祥異紀略》記順康年間事。周中孚云其書「所記皆瑣碎之事，亦不必求備」。未見。

《矩齋雜記》二卷　施閏章撰

施閏章（1619～1683），字尚白、屺雲，號愚山、蠖齋、矩齋，江南宣城（今安徽宣城）人，順治六年進士，康熙十八年舉博宏科，歷官刑部主事、山東提學僉事、翰林院侍講等，時藝書法俱工，詩尤善，時有「南施北宋」之譽，人稱愚山先生，著有《學餘堂文集》《詩集》《外集》等。《四庫全書總目》小說家類異聞之屬著錄。本書《四庫全書總目》著錄為兩卷，今有世楷堂《昭代叢書》為一卷。施閏章卒於康熙二十二年，此書可視為康熙年間作品。四庫館臣云「是書多記見聞雜事，兼涉神怪，舊載《閏章外集》中，蓋《河東集》後附《龍城錄》之例。然終為不類，今析出別著錄焉。」《昭代叢書》本各則前有標題，一卷共 83 則，內容為軼事、神怪之類，如《達人高致》《吹簫客》《孫汝權》《董陳二公》《孝象》《牛戒》《戒溺女》《陽山寺》《鱔報》《冥報》《再世》《犬報》《減肉食》等，軼聞如《前輩偶失》《成書之難》《縣令難為》《編纂之難》《選政》等，亦是世情語。所錄軼事之外，鬼怪之事亦主於因果報應之旨，文筆洗練，敘事平直，故楊復吉跋云「愚山先生詩集風行宇內久矣，古文辭未免失之平直」，如《達人高致》：「倪雲林幼師鞏昌王仁輔，字文友，老而無子，奉養以終其身，歿，為之制服，執喪葬於錫山之陽，不計所費。倪負意氣不輕交，足跡不涉貴人之門，及有某官遊其鄉，客死不能歸葬，竟割山地以安厝焉，初未識面。倪家貲甚饒，一旦捨去曰：『天下多事矣。吾將遠遊以玩世。』自

是往來五湖間，人望之若仙云。嘗鬻田產得錢千百緡，會張伯雨至，念其貧老，相對惻然，推與不留一緡。」志怪、軼事之外，尚有其他如日常技藝《飼蠶》：「凡蠶少時以白米粉糝葉上餌之，絲更光白而韌；又秋葉未落時，採完好者曬為細末，留置暖處，蠶時遇雨葉濕，則以乾葉末糝之，均其水氣兼易飽難饑，省葉也。」雜語如《方正學語》，考證如《女嬃》《古人扇刭之謂》等，亦是學者之筆。

《施氏家風述略》一卷　施閏章撰

丁日昌《持靜齋書目·續增》小說家類著錄。此為述施氏家大人遺風，述祖德之意。

《皋蘭載筆》二卷　陳奕禧撰

陳奕禧（1648～1709），字子文、謙六、文一，號香泉、玉山居士、葑叟，浙江海寧（今海寧市）人，為王士禛門人，官至江西南安知府，著有《虞州集》《春藹堂集》等。雍正《浙江通志》小說家、民國《杭州府志》卷八十九子部類著錄。今有光緒《小方壺齋輿地叢鈔》本。王士禛《池北偶談》曾引其「蘭帖」條。此書為陳氏於康熙二十二年解餉蘭州、途中所見也。所記為河東、陝甘風土物產，約 40 則，序地理以引史事，述古蹟而兼風物，頗有山水之佳，如「會寧東南五里有桃花山，雨後紅潤嫣然鮮秀嬌映遊目，允非虛稱。」「皋蘭山在蘭州城南五里，即驃騎霍去病屯兵處也。相傳五泉隨去病鞭指而出。今有五泉寺，泉出山半石罅，淙淙數脈，散流比注。」風土筆記之流。

《見聞錄》四卷　徐岳著

徐岳字季方，浙江嘉興（今嘉興市）人，光緒《嘉興府志》引「吳志參嘉善弋志」云：「徐岳字季方，博綜經史，好遊，褐衣芒履，歷嵩岱武夷峨眉諸名勝，足跡半海內，晚年結廬斜塘，著有《見聞錄》。」《四庫全書總目》小說家類異聞之屬著錄。康熙刊本、北京圖書館藏乾隆十七年大德堂刊本均為四卷，《說鈴》及《四庫全書總目》所錄皆為一卷，吳震方及四庫館臣所見應為節錄本。齊魯書社《四庫全書存目叢書》影印北京圖書館藏清乾隆十七年大德堂刻本。前有張希良序。四庫館臣云：「是編皆記怪異之事，亦《夷堅》《睽車》之流。」全書四卷一百二十餘則，每則前有標題，書中所記事，為徐岳遊歷有年所得，所見多為怪異之事，博物如《象鼠》《巨龜》，志怪如《獺怪》《長官

小人長髮大爪》《宿冤報》《畫美人》《發墓》《美女彈琴》《仙笛》《湯聘再生》《虎異》《飛賊》《銀走錢飛》《男子孕》等，敘事有早至崇禎十五年壬午者如《變異》，最晚則為康熙二十三年甲子如《修路》，則成書當在康熙二十三年後。博物、志怪之外，亦有軼事之類，如《飛瓊》《賣妹妻》，皆女中有見識者。《鄭堂讀書記》云此書幾與明錢希言《獪園》相等，並云《獪園》為明末小說「最下流者也」。此書不過志怪之類，意主勸誡，敘事平實，並無猥褻之談，不知鄭堂何以稱其「下流」？

《吳騄放言》一卷　　吳莊撰、汪价評

吳莊（1624～？）字茂含，號非庵，嘉定（今屬上海市）人，著有《閒評非庵雜著》《無罪草》《偶存篇》等。《八千卷樓書目》小說家類、民國《吳縣志》卷第五十六下《藝文考》著錄。世楷堂《昭代叢書》本、上海書店《叢書集成續編》本。《昭代叢書》本書後有楊復吉乾隆十四年甲午跋。吳莊自云「丙寅九月，余喪耦，忽忽逼除，竊念往年此日方作團圓之會，而今子焉此身。風雨孤燈，形影相弔，有難以卒歲者」，因作三萬餘言以破除寂寥。此書主為雜說、寓言也，雜說多放曠之言、勸世之言，寓言有「狐媚當道之狐」「鳳凰鳴于九皋」「紫燕與黃鸝交飛」「有蟬棲於木末」「淒風謂苦雨」「炭子謂冰生」「蜘蛛謂蠶」「龍與蛇其先皆潛伏」「魯有兩生一美一醜」「松竹梅三友」「忙與閒幼同學」「無常人謂澄公曰」「遼東鶴與揚州鶴相遇」「變與詐鬥巧」「才與福爭能」「貪與廉爭利」等，頗與《莊子》寓言相類；雜說、寓言之外，尚有軼事、志怪之類如「南城眤女」「海外諸國」等，甚少。康熙丙寅為二十五年，此書當作於此後。

《日下舊聞》四十二卷　　朱彝尊輯

朱彝尊（1629～1709），字錫鬯，號竹垞，浙江秀水（今嘉興市）人，康熙十八年以布衣舉博學鴻詞科，授翰林院檢討，曾參與撰修《明史》，著有《曝書亭集》《經義考》《明詩綜》等。《文瑞樓藏書目錄》子類小說家、《八千卷樓書目》史部地理類著錄。乾隆間于敏中等奉敕據此書撰《日下舊聞考》一百六十卷。華東師大圖書館藏康熙間六峰閣刻本，未見。《欽定日下舊聞考》云前有姜宸英、徐元文、高士奇、張鵬、馮溥、朱彝尊序，王原跋。筆者借閱之《日下舊聞》為一殘本，前有姜宸英、張鵬、馮溥序，各卷目錄及《日下舊聞抄撮群書目錄》。記載京都之書，在朱彝尊之前有《三輔黃圖》《西京雜記》《長安

志》《帝京景物略》《春明夢餘錄》等，朱氏此書成於康熙二十六年丁卯，康熙二十七年戊辰刊刻，採輯圖書一千六百餘種，經書如《周禮》，史書如《金史》《漢書》《史記》《明宣宗實錄》《戶部冊》，地志如《順天府志》《方輿勝覽》《水經注》《豐潤縣志》，筆記小說如《戒庵漫筆》《菽園雜記》《西神脞說》《松漠紀聞》《春明夢餘錄》《居易錄》《夢蕉詩話》等，並訪幽探古、考辨古今異同，「詳覈而典贍……援據精確，辭雅義暢」（姜序）。《四庫全書總目》之「桂勝」提要云：「《桂勝》以山水標目，各引證諸書，敍述於前，即以歷代詩文附本條下。而於石刻題名之類，搜採尤詳。又隨事附以考證，多所訂正。董斯張《吳興備志》、朱彝尊《日下舊聞》即全仿其體例，於地志之中最為典雅。」同書之「欽定日下舊聞考」提要云云：「古來志都京者，前莫善於《三輔黃圖》，後莫善於《長安志》。彝尊原本搜羅詳洽，已駕二書之上。」此書為地理雜記之類，分十三門（實十四部），卷一為《星土》《世紀》，卷二《形勝》，卷三至卷九為《宮室》，卷十至卷十八《城市》，卷十九至卷二十五《郊坰》，卷二十六至卷三十五《京畿》，卷三十六、三十七《邊障》，卷三十八《戶版》《風俗》《物產》，卷三十九《雜綴》，卷四十至卷四十二《石鼓考》，大致循地志中「星野」「輿地」「通紀」「食貨」「流寓」「兵防」「雜誌」之例，《星土》即地志之「星野」，《世紀》為編年政事，《形勝》《宮室》《城市》《郊坰》《京畿》為京師地理、人文景觀之類，《僑治》「乃幽營州界隋唐間所置羈縻州郡，以處東北降蕃者，但有州名，無所役屬，存之以足以見當時安撫外蕃之制」（《欽定日下舊聞考》卷端按語），《戶版》為「土地人民之數也」（《欽定日下舊聞考》卷端按語），《風俗》為歷代民俗語言之類，《物產》為「雜敍眾物，不分品類」（《欽定日下舊聞考》卷端按語），《邊障》為「大抵皆前明關鎮之制，其言山川形勢特詳」（《欽定日下舊聞考》卷端按語），《雜綴》為「朝野細事、兼及於歷代流品」（《欽定日下舊聞考》卷端按語）。具體書寫中，「其書名曰《舊聞》，乃其採摭故書，於前人本文一字無有損益，而注其出處曰某書，所謂信以傳信，疑以傳疑，蓋其慎也。其間間出己意按斷，則有云疑作某者，有云當以某為是者，有云某書記載與某書不合而不敢定其為孰是者。」（徐序）其中引用筆記小說144種，多宋明以來之作。後吳長元《宸垣識略》十六卷，對此書多所取材。

《粵西偶記》一卷　　陸祚蕃撰

陸祚蕃字武園，浙江平湖（今屬嘉興市）人，康熙十二年進士，授翰林院庶吉士，官雲南道御史、貴州貴東道，著有《淳意齋詩鈔》等。《八千卷樓書

目》史部地理類著錄。吳震方《說鈴》本。此書或作於康熙二十六年陸氏為廣西提督學政時，為「說粵體」地理雜記小說，共七十餘則，所述為廣西州縣概況，包括族群、物產、氣候、交通、山水、軼聞等，語言清新，所見聞多為有趣，如「學使者出巡諸郡，旅店只茅店一間，不蔽風雨，竹床一張，每輾轉，輒格格作聲，蝥虱攢齧，達旦不寐，輿夫即獞人，口作鳥言，腰橫短刀，面如猿猱，與其儕伍嬉笑怒罵，呼叱弗顧也。」

《西齋雜記》　韓泳撰

韓泳字文潛，別字恕齋，山東安丘（今屬濰坊市）人，徐泳《山東通志藝文志訂補》引《渠亭山人半部稿‧韓君文潛墓誌並銘》，云其卒於康熙二十七年。宣統《山東通志》小說家類雜事之屬著錄。未見。

《匡林》二卷　毛先舒撰

毛先舒（1620～1688），原名睽，字馳黃，更字稚黃，浙江仁和（今杭州市）人，明諸生，入清不仕，著有《思古堂文集》《東苑詩鈔》等。雍正《浙江通志》小說家、《四庫全書總目》雜家類雜說之屬著錄。今有齊魯書社《四庫全書存目叢書》影印北京圖書館藏清初刻本，前有毛氏《匡林自敘》、上下卷目錄，陳玉璂批點，內容為考辨雜說之類，間有志怪軼事，四庫館臣云：「是編皆其議論之文，裒為一集。自序稱讀蘇軾《志林》，稽諸事理，時或戾焉。因偶為駁正數段，更取他作之類似者並錄之，得若干篇，名曰《匡林》。則是書立名，當為匡正《志林》之義。而與軾辨者僅二三條，其餘皆自錄集中雜文與近人辨者。然則以裒聚眾作謂之林，以力排俗論謂之匡。」亦雜家筆記之流，每則之後陳玉璂擬題，概括大意之舉也，文中亦有陳氏圈點，如「隱公不書即位論」「湯武革命論」「題杜詩注」「論朱子葬親」「書朱淑真詩後」「陳仲子論」等，好立高論以示人，如「文字不佳，在要托出色相，宋人尤甚，譬如富貴人入坐，口口說著仕宦錢財，豈不面目可憎，使人慾嘔，即道義名節語，亦何必觸處便形筆墨，既不自知其陋而值古作者之妙，其就淺就深、可近可遠，無區情境、無擇正反，或夷猶而醞藉，或駘宕而標逸，口頭眼底興趣天然者，不但不曉且從而議駁之，甚矣僋乎！」

《洱海叢談》一卷　釋同揆撰

同揆字輪庵，原姓文，名果，號園公，江南吳縣（今江蘇蘇州市）人，

明相國文震亨（明亡赴水死）之子，鼎革後祝髮為僧。《四庫全書總目》史部地理類著錄。今有世楷堂《昭代叢書》本，卷端有康熙二十七年戊辰輪庵道人序，云為憶遊滇南而記。全書近四十則，無標題，除記錄見聞外，多輯錄他書如《滇載記》《南詔野史》《漢書》等，其敘述除地理、族群、風物之外，亦有志怪傳說之類，與釋教相比附，如「觀音七化」等。語言清雋，地志小說之類。

《遣愁集》十四卷　張貴勝纂輯

　　張貴勝字晉侯，號更齋，長洲（今蘇州市）人，康熙八年己酉科舉人。《中國古籍總目》小說家類著錄，《翁方綱纂四庫提要稿》亦有著錄。今有上海古籍出版社《續修四庫全書》影印上海圖書館藏康熙二十七年刻本。前有余崙序，述此書緣起：「上自軒黃，下迄近代，搜幽錄異，類輯節義，裁分其部署，鰲其甲乙，以經史為繪帛，以丘索墳典為帷幕，以稗官野乘為林藪，而以機杼獨運為宅，其指歸在激揚斯世，勸誡群迷」云云。康熙廿七年戊辰顧有孝序，云「洵是振衰之良藥」，更齋識《凡例六則》，中云：「是集悉以通鑒傳記為本，即間及於閒編逸史亦必言有可考事有足徵者方始錄入，閱之可識典故、可廣見聞，不第娛目，洵有裨於實學，並非稗官之比。」本書仿明馮夢龍《古今談概》之體例，分 54 類：《解頤》《絕倒》《韻談》《趣事》《經濟》《膽略》《倔強》《放誕》《卓識》《交誼》《知恩》《負心》《忠義》《孝友》《節操》《仁厚》《知足》《安分》《快心》《懊惱》《高致》《信行》《感慨》《賞鑒》《默解》《剖雪》《弘度》《狠辣》《聰慧》《譎詐》《憨玩》《懵懂》《破疑》《奇異》《滑稽》《奢華》《英風》《俠烈》《耐貧》《忍辱》《警悟》《吐氣》《羞澀》《頑鈍》《窘急》《情癡》《巧遇》《風流》《鬚眉婦》《巾幗雄》《見透》《遏抑》《莫須有》《豈偶然》等。每類前有小序，間附評語。此集亦與《世說》相類，纂輯宗旨見《凡例》，除《解頤》《絕倒》《韻談》《趣事》《滑稽》為諧語外，其他各卷為軼事之類，所輯多有改動，亦無出處注明，《節操》有陳亮事，「陳亮才氣豪邁，善談兵，議論風生，下筆千言立就，志在經濟。淳熙中，詣闕上書，極言時事，孝宗將擢用之，曾覲聞而往見，亮以為恥，踰垣而逃，覲不悅而歸。及光宗親策進士，以亮對為善處人父子之間，大喜，御筆擢為第一，特賜狀元及第。」《感慨》云羊佑事，「羊佑請伐吳，因議者多有不同，歎曰：『天下不如意事十常八九，天與不取，豈非更事者限於後時哉。惟杜預張華贊成其說，乃喜曰：『成吾志

者，子也。』」《聰慧》：「齊王夫人死，有七孺人皆近幸。薛公欲知王之所最愛，乃為七珥以獻，而中美其一。明日視美珥在誰，遂勸王立為夫人。」《破疑》：「宋南山僧舍有石佛，歲傳其首放光，遠近男女聚觀，晝夜雜處，令畏其神莫敢禁止。程顥至，詣其寺曰：『吾聞石佛每歲現光，有諸否？』僧曰：『然。』顥曰：『今俟其現，必來先白；吾職事不能出，當取首就觀。』自是不敢惑眾。」《莫須有》有述桃花源事：「桃源在浙之武陵山中，一人捕魚，見水中有桃花片流出，乃循波而上，至一所，遍地皆桃花，人皆鶴髮童顏，別居一洞天，問之曰：『秦政酷虐，逃避至此。』漁者歸後，復尋其地，竟迷失路徑，不可再往。」張貴勝取材多樣，不過尚《世說》玄遠冷雋之風，故用壓縮之法，此陶淵明《桃花源記》之原本，此數十字也。亦可見本書並非抄襲原文，而是加以更改，一如褚人獲《堅瓠集》之法。明《解慍編》之粲然子云：「古今漫錄，雅俗兼收，義存箴警，一笑舒憂。」可見勸誡之彌漫小說界，並非為清代所獨有。此書亦明王同軌《耳談類增》鄭仲夔《玉塵新譚》一流。

《湖壖雜記》一卷　　陸次雲撰

　　陸次雲（生卒年不詳），字雲士，號北墅，錢塘（今浙江杭州市）人，康熙十八年由監生試博學鴻詞，復報罷，後為郟縣吏、江陰知縣，著有《尚論持平》《析疑待正》《事文標異》《澄江集》《玉山詞》，選輯有《五朝詩》《善鳴集》《古今文繪》等。雍正《浙江通志》卷二百五十四史部地理類著錄。今有吳震方《說鈴》本，前有康熙二十七年戊辰陳玉璂《湖壖雜記序》云：「《湖壖雜記》，武林陸雲士先生續《西湖志餘》而作也，凡山川人物仙佛鳥獸之屬，莫不具載。」此書共 69 則，每則均有標題，如《昭慶寺》《湖心亭》《于墳》《附記三異夢》《法相寺》《雷峰塔》《高麗寺》《靈隱羅漢堂》《溫泉》《東明寺》等，以名勝為說事之載體，頗有《洛陽伽藍記》之體，傳聞雖為委巷叢談如《超山》述虎師捕虎事、《月明庵柳翠墓》述玉通紅蓮事、《六和塔》舊有魯智深像等，亦足以廣見聞。

《大有奇書》二卷　　陸次雲纂輯

　　《中國叢書綜錄》小說家類著錄。國家圖書館藏《芙蓉城四種書》本衙刻本。前有序，云「《大有奇書》似類書」「書取其奇，必取其奇而正者」，故此書不過輯錄正史、傳記、文集、方志中奇事，分為「孝」「忠」「友」「智」四類，每則以姓名標題，敘事後則加以評論。全書近百餘則，所輯有《史記》《漢

書》《太平御覽》《北墅手述》《巴國志》《劍南人物志》《隴上記》《宣州志》《學文堂集》等，岳飛、諸葛亮、鮑出、李娥、崔氏女、西門豹等皆在敘述之列，其中卷一所輯人物以方志中為多，敘事樸質，稍乏文采。

《八紘荒史》一卷　陸次雲撰

《四庫全書總目》地理類外紀之屬著錄。今有《叢書集成初編》本、《四庫全書存目叢書》本。《叢書集成初編》據《龍威秘書》本排印，卷端題「錢塘陸次雲雲士著，受業趙臣瑗毅庵曹沅鄰湘校訂。」陸次雲前著有《八紘譯史》四卷及《紀餘》四卷，《四庫全書總目》著錄，云「是書專錄荒外諸國。古事皆採摭史傳，復見不鮮。近事多據《瀛涯勝覽》《職方外紀》諸書，亦多傳聞失實。」《譯史》為地理書，而本書可作小說觀。此書為續《譯史》而作，記怪誕之事，卷首有小引云：「《譯史》之外，復輯《荒史》者何？宇宙大矣，以為理所必無，恒為事所或有，故復為廣集群書，以資泛覽，存而不論可也。」亦聖人「六合之外」之意。內分《善人國》《君子國》《丈夫國》《女子國》《東女國》《西女國》《浮鵠國》《狗女國》《蛇女國》《猿女國》《鬼女國》《天女國》《女蠻國》《大人國》等 153 國，全書即 153 則，國名即每則題目，然所引書不注出處，亦是缺憾，大約從《山海經》史書地理志及前朝說部中有關化外傳說之語輯出，如《庵羅國》云：「庵羅國，有庵羅果，似桃，此樹開花生一女，年十五，顏色端好，國王收為妃子，其王暮年，往毘沙門天神祈嗣，神像額上，剖出嬰兒，請神育養，神前地忽隆起，其狀如乳，神童飲吮成立。」《吐火羅國》云：「吐火羅國縛底野城，古波斯王烏瑟多習之所築。王初築此城，高二三尺即壞，歎曰：『吾無道，築此城不成矣。』有小女名郁息，見父悲，曰：『願王無憂，明旦令匠視我履之迹，築之即立。』王異之。至明，女起，步西北，自截右手小指，遺血成蹤，匠隨血築之，其城遂建，女遂化為海神。」

《北墅奇書》，卷數不詳　陸次雲撰

未見著錄。張潮《虞初新志》輯錄七則，即「山左李神仙卜試題」「陳我白揣骨鑒人」「河南劉理順仗義救窮」「薊門推車漢隔世報冤」「湯聘孝母復生」「四川道士換形術」「關東李宛死後換身」，其中湯聘借觀音衕檀香復生事亦見袁枚《子不語》之《牟尼泥》。

《北墅緒言》五卷　　陸次雲撰

　　譚宗浚《皇朝藝文志》小說家類、民國《杭州府志》史部地理類及集部著錄。齊魯書社《四庫全書存目叢書》影印國家圖書館藏康熙二十三年蓉江懷古堂刻本。前有康熙二十三年甲子李天馥、徐乾學、王士禛、高士奇、汪霦序，康熙二十五年丙寅尤侗序。此書為陸次雲之雜著文，多有以文為戲之意。徐乾學序云此類文章「蓋才人志士陸沉下僚，不得與於朝廷大著作，有時滑稽諷刺，亦大雅之所必取也。」包括賦、騷、七、論、辨、文、傳、記、墓銘、書、序、啟、帖、箋、約、輩、策、經、詔、制、令、狀表、引、教、疏、議、上樑文、演連珠、贊、辭、偈、箴、書後、題、跋、評、品、言、彈文、檄、露布、說、判、讞文、雜說等諸體。雜著文往往列於別集之中，並非筆記小說之類，然此書單行且被著錄小說家中，故聊視為小說之一種云。

《閱世編》十卷　　葉夢珠撰

　　葉夢珠字子發、濱江，號九梅、梅亭，原名渭，上海（今上海市）人，婁縣生員，順治十四年以奏銷案斥革，著有《九梅堂詩文集》等。嘉慶《松江府志》雜家類、同治《上海縣志》傳記類、《中國叢書綜錄》史部地理類著錄。本書來新夏《清人筆記隨錄》有考訂。《清代史料筆記》中華書局 2007 年本，來新夏點校。此書分《天象》《曆法》《水利》《災祥》《田產》《學校》《科舉》《士風》《宦蹟》《名節》《門祚》《賦役》《徭役》《食貨》《種植》《錢法》《冠服》《內裝》《文章》《交際》《宴會》《師長》《及門》《釋道》《居第》《紀聞》等 26 類，頗有方志體例。《天象》記明末天象異變，似乎亦天人感應之說；《紀聞》共 27 則，記明末軼事，如「陳眉公一言禍國」「薛觀國就死」「周延儒固寵取禍」「甲申之變」「左夢庚降清」「左良玉縱兵為暴」「吳三桂降清」等；間有志怪，如「乙酉松郡白燕」「天童禪師」等；其他門類亦有軼事，文風樸質，較有史筆，可視為野史筆記之類。

《續編綏寇紀略》五卷　　葉夢珠輯

　　《中國叢書綜錄》史部雜史類著錄。今有《中國野史集成續編》本。前有康熙二十七年葉夢珠序，述是編緣起，「吳梅村先生《綏寇紀略》歷敘寇盜源流，詳而核，典而贍，信良史材矣，但通城鹽亭而後寇事闕焉不載」，故採輯他書如《滇蜀紀聞》《楚中遺事》《甲申傳信錄》等，仿《綏寇紀略》體例，「雖

掛一漏萬，其中亦不無魯魚亥豕之訛，然見聞異詞，即董狐亦不能免續貂之誚，又何辭耶！」前四卷分別為《蜀川沸》《滇黔窺》《爭挾主》《緬甸散》，所記為張獻忠及其餘部活動於西南事，記載詳贍；卷五《附紀聞》，所記為里巷傳言之事，較有小說意味，如李自成山中聚飲與諸人商議稱王稱帝事，李自成攻開封時眇一目，李自成內殿洗手好似窮秀才模樣等，其中關於農民軍入京後暴行亦一一披露。

《據梧叢說》一卷　王修玉撰

王修玉字倩修，號松鶴，晚號恬翁，浙江錢塘（今杭州市）人，康熙拔貢，著有《越問》《汴遊》等，輯有《歷朝賦楷》。譚宗浚《皇朝藝文志》小說家類著錄。未見。《歷朝賦楷》成書於康熙二十五年。

《艮齋雜說》十卷　尤侗撰

尤侗（1618～1704），字同人，一字展成，號悔庵，晚號艮齋，又號西堂老人，長洲（今蘇州市）人，康熙十八年舉博學鴻辭科，授檢討，與修《明史》，三年後辭歸，著有《明藝文志》《西堂雜組》《鶴棲堂文集》及雜劇《讀離騷》《弔琵琶》等。《清史稿·藝文志》雜家類雜說之屬著錄。上海古籍出版社《續修四庫全書》影印復旦大學館藏康熙二十九年《西堂全書》本。金埴《不下帶編》云此書為清初說部之「彰彰在人耳目者」。前有康熙二十九年庚午自序，云年老枯寂，仿歐陽修《歸田錄》之意而為之，「大抵雅俗間出，褒貶不倫，洸洋悠謬可笑人也。」全書約有五百則，每則皆無標題，卷一主要考論四書五經；卷二辨說理學、史學，如「真士夫不可為假道學」「史家比事屬辭，以簡為則」「井田之制度，莫如行屯田」等；卷三為文章之論，如「作文發端最難」「唐人四六以組織為工，宋人四六多本色語，殊有佳者」「陳白沙，道學詩人也」「詩文助語，各有方言」等；卷四為考論及格言輯錄之類，如「五湖」考、「先輩格言」「時人好宋板書」等；卷五主要為晚明清初人如鄭成功、黃周星、計東、李贄、吳梅村、高士奇等軼聞，並間有謎語等輯錄；卷六為扶鸞之事，其中多錄降乩詩及贈答詩，並錄佛教偈語、神仙之說、民間藥方之類；卷七至卷十名為《續說》，卷七為四書五經考論，卷八為詩話、碑帖及翰林雅號之類；卷九考論經史及歷代典章、當代巨公詩文等，如「《中庸》脫簡」「管制最可笑者無如宋之宮觀使」「漢晉官銜多有將軍之稱」「牧齋詩」等；卷十為釋道之談，

如「隨境安心雖為禪家話頭，實是聖賢道理」「神仙為英雄」「道家守庚申之說」等。此書可謂敘事兼議論者，考證、論說、軼聞、詩文、博物等皆有之，可謂雜家筆記之流。

《五九枝談》一卷　尤侗撰

陳詒紱《江蘇通志藝文志》子部補編小說家著錄。上海書店《叢書集成續編》本。卷端有小序，云歲末閑暇，故筆記以消遣，「自冬至日至冬盡日，諺所謂五九也。」一卷五十餘則，每則無標題。尤侗擅辭賦，多詼諧文，論說非其所長，故此書議論多無新意，或儒家性理，或佛教禪理，或神鬼有無，類乎山人閒語，不乏輕浮，如「《論語》一部，恰似徐妃半妝。」

《美人判》一卷　尤侗撰

《中國叢書綜錄》小說家類著錄。新興書局《筆記小說大觀》本。尤侗善為八股，與王廣心所作並稱「尤王體」。善為遊戲文，諸生所習制義、表策、判文，皆以詼諧語出之，世人所熟知者有八股遊戲文《怎當他臨去秋波那一轉》。此卷引歷代典故，以判文為辭，有《呂雉殺戚夫人判》《曹丕殺甄后判》《孫秀殺綠珠判》《韓擒虎殺張麗華判》《陳元禮殺楊貴妃判》《李益殺霍小玉判》以及《附錄判詞三則》等，《附錄判詞三則》為當時人事，述緣故後錄判文，多富巧思，為《俞生出妻判》《張月良從良判》《林仲和調戲女子判》，雖有諧語，亦具感懷傷思，聊備瑣語之一種。

《挺秀叢談》八卷　舊題尤侗撰

《鄭堂讀書記補逸》雜家類雜纂之屬著錄。未見。周中孚以為託名尤侗者也，提要云「是編所載古今女子事凡五百四十二則，皆諸書所經見，而不著所出，又隨手編錄，不分時代先後，且自來女子之節孝才能者尚多，是編或取或不取，莫知其體例所在。」

《記訓存賞》　薛菜撰

薛菜字崑西，山東黃縣（今屬煙臺市）人。宣統《山東通志》小說家類異聞之屬著錄，云「是書輯善惡報應」事為一書，同治《黃縣志》卷八載康熙二十八年左右黃縣令朱作鼎曾給予表彰。未見。

《天祿識餘》上下兩卷　　高士奇撰

　　高士奇（1645～1704），字澹人，浙江錢塘（今杭州市）人，歷官詹事府錄事、內閣中書、翰林院侍講、翰林院侍講侍讀、詹事府少詹事、詹事府詹事，聖眷優渥，卒諡文恪，《清史稿》卷二七一有傳。《楝亭書目》說部類、《四庫總目全書》雜家類雜考之屬、《販書偶記續編》雜家類、《中國叢書綜錄》小說家類著錄。齊魯書社《四庫全書存目叢書》影印中科院藏康熙刻本。前有康熙二十九年尤侗序、康熙庚午毛奇齡序、高士奇自序。四庫館臣云：「是書雜採宋明人說部，綴緝成編。輾轉稗販，了無新解，舛誤之處尤多。」此書多抄撮他書，以示博學，故毛奇齡序稱為雜說之書，以廣聞見、資考證，亦博雅君子之所為也。此書共 796 則，每則均有標題，如《束兮》《七屬》《束脩》《燕見》《隱士泥》《鬼彈》《夜航》《穠芳亭》《虎僕》《頭魚》《紅姑娘》《佛汗》《千金菜》《百子帳》《桃紅妝》《變童》《小說》《蔡邕有子》《食蛙》《明朝錢法》《賭青苗法》《孩兒詩》《宜錄》等。敘述簡要不煩，較有史法。

《北墅抱甕錄》一卷　　高士奇撰

　　雍正《浙江通志》卷二百四十六子部小說家類、《四庫全書總目》子部譜錄類著錄。齊魯書社《四庫全書存目叢書》影印國家圖書館藏康熙刻本，前有康熙二十九年庚午高氏自序，云「己巳冬日，仰託聖恩，放歸田里，急就北墅，剗荒刪穢，修植竹樹……因疏墅中花竹草木果蔬藥蔓之屬，為《抱甕錄》」云，四庫館臣云書中「各疏其形色品狀，以為此編，凡二百二十二種，其敘錄頗為詳備」，如梅、桃、李、梨、杏、櫻桃之類，各為細描，無引書堆垛以示博洽之習，文風婉約，有晚明小品之氣，如《瓠》：「瓠子苗葉花蔓，俱如葫蘆，江南人呼為扁蒲。味淡而美，且極軟滑，所謂八月斷瓠即此，固宜以為常供。」

《柘西閒居錄》八卷　　高士奇撰

　　雍正《浙江通志》卷二百四十六子部小說家類、譚宗浚《皇朝藝文志》小說家類著錄。未見。

《讀書筆記》十二卷　　高士奇撰

　　雍正《浙江通志》卷二百四十六子部小說家類著錄。未見。

《皇華紀聞》四卷　　王士禎撰

　　王士禎（1634～1711），字子真、貽上，號阮亭、漁洋山人，山東桓臺（今屬淄博市）人，因避雍正帝諱，後世改稱為「士正」「士禎」，順治十二年進士，累官至刑部尚書，著述多種，論詩主「神韻」，影響甚巨，被譽為「當代歐、蘇」，所著今收入《王士禎全集》。《四庫全書總目》小說家類雜事之屬著錄。齊魯書社《四庫全書存目叢書》影印私藏康熙王氏家刻本。本書著於康熙二十三至二十九年間，前有康熙二十九年韓菼、王源序。此書為王氏於康熙二十三年奉旨祭告南海時途中所聞見者，與前之《粵行三志》《北歸志》等行記可參看，所記以皖、贛、粵三地事蹟為多，四庫館臣云：「康熙甲子，士禎以少詹事奉使，祭告南海。因綴其道途所經之地，搜採故事為此書。多採小說地志之文，直錄其事。」韓菼序評此書「簡而足信，質而不俚，興寄於雲煙杳靄之間，而託附於謹嚴爾雅之義，真有敘事之才。」王源以為此書內容「為名賢蹟，為陵墓，為草木、蔬果、禽魚，為孝節，為忠，為俠，為仙靈怪異，為文人，莫不一一筆記，以成是編。」因四庫館臣以為此書「故事」為多，故評曰「無所考證，不及其《池北偶談》諸書也。」此書主於博物、志怪、軼事、文藝，間有地理、考證、風俗之類，四庫館臣以為雜事類小說，當是指書中之文人詩文及明末動亂事，實則志怪、博物為多。卷一首記恩遇，為康熙帝巡幸山左事，次述地理、物產、軼事、志怪之類，卷二以後則志怪、博物、軼事、文藝相雜。書中軼事類如《劉昌淑》《于慎言》《九江忠義》《匡山三隱》等，志怪如《劉懶窩》《廬山禪僧》《崔勉》《林癸午》《六和尚》《鬥龍》等，皆足以興忠義、廣見聞。漁洋說部幾無純為小說敘事之體者，故此書軼事、志怪而外間雜地理、考證及文藝，無足怪也。

《池北偶談》二十六卷　　王士禎撰

　　《四庫全書總目》雜家類雜說之屬、《觀古堂藏書目》子部小說類著錄。廣陵書社《筆記小說大觀》本。前有康熙三十年辛未王氏自序，云：「予所居先人之敝廬，西為小圃，有池焉，老屋數椽在其北。余宦遊三十餘年無長物，唯書數千卷庋置其中，輒取樂天池北書庫之名名之。池上有亭，形類畫舫曰石帆者，予暇日與客坐其中，竹樹颯然，池水清澈，可見毛髮，遊魚浮沉，往來於寒鑒之中，顧而樂之，則相與論文章流別，晰經史疑義，至於國家之典故，代之沿革，名臣大儒之嘉言懿行，時亦及焉。或酒闌月墮，間舉神仙鬼怪之事，

以資喔喔；旁及遊藝之末，亦所不遺。兒輩從旁記錄，日月既多，遂成卷軸。」全書共 1292 則，四庫館臣云：「凡《談故》四卷，皆述朝廷殊典及衣冠勝事，其中如戊己校尉、裙帶官之類，亦間及古制。《談獻》六卷，皆明紀中葉以後及國朝名臣、碩德、畸人、列女，其中如論王縉、張商英、張采之類，間有摘斥其惡者，蓋附錄也。《談藝》九卷，皆論詩文，領異標新，實所獨擅，全書精粹，盡在於斯，詩學觀點有「作古詩，須先辨體」「明詩本有古澹一派」「唐詩佳句，多本六朝」等。《談異》七卷，皆記神怪，則文人好奇之習，謂之戲錄可矣。池北者，士禛宅西有圃，圃中有池，建屋藏書，取白居易語，以池北書庫名之，自為之記。庫旁有石帆亭，嘗與賓客聚談其中，故以名書。前有自序，康熙辛未作也。」《談獻》六卷、《談異》七卷較有小說意味，可列入筆記體小說範圍，筆鋒洗練，如「淄川王某，大理卿筠蒼公曾孫也。康熙己巳上元日，遊顏神鎮城隍廟，時方卓午，遇一老叟，持古硯自廟中出。王曰：『粥乎？』叟曰：『適已粥之矣。家尚有一硯，與此類。明日幸過訪，當以相贈，不須價也。』且告以家在某村，正王歸路必經處。翌日，如言訪之，至村外一林墓側，有茅舍，叟已候門。見王曰：『渴乎？有漿可飲。但所居湫隘，不敢延入，君候於此。飲畢，當出硯相贈耳。』少選，出漿飲之，飲甫畢，王遂發狂奔走，直上山巔，雖澗壑荊棘不避。遇樵人數輩識之，昇歸其家，迷不知人。臥病數月始愈。」「三從兄士襄之妻張，夏夕已寢，榻忽離故處尺許，四顧無所見。忽睹梁間有小人二寸許，垂首下窺，小冠緇衣，髮眉歷歷，久之飛去，遂失所在。遺其冠，乃以木為之，色黑如漆。」《池北偶談》中有數則與《聊齋誌異》敘事多同者如《王恭靖公逸事》《薛忠武》《天上赤字》《小獵犬》《五羖大夫》《賢妾》《心頭小人》《文昌閣鸛》《林四娘》等，其書法在乎敘事貴簡要，故與《聊齋誌異》敘事婉轉迥異。王漁洋博覽群書，書中所記除考證文字外，亦有前朝野史載入。觀此書取向，當以宋人筆記為法，書中所引宋人筆記數十種，可見王氏宗尚。敘事簡要一如劉知幾《史通》中所云，文風古澹，考證、博物亦以求真求實，虛幻鬼怪亦淵源有自，並非向壁虛造之語，如「邵士梅轉生」事，書中凡兩見，邵為漁洋同年，故此事為親聞，他人亦言之，曾衍東《小豆棚》卷十六「邵士梅」條言之尤詳。要之，此書兼有學術筆記、詩話、小說及典章記錄，取材多樣、內容廣泛，為清人所宗，後戴璐撰《藤陰雜記》十二卷，其嘉慶元年丙辰自序云：「余弱冠入都，留心掌故，嘗閱王漁洋偶談筆記等書，思欲續輯，於是目見耳聞隨手漫筆」云云，即實證也，後錢泳《履園叢話》八

集二十四卷、梁章鉅《歸田瑣記》八卷、陸以湉《冷廬雜識》八卷、陳康祺《郎潛紀聞》三筆四十二卷等，皆其類也。

《隴蜀餘聞》一卷　　王士禛撰

《四庫全書總目》小說家類雜事之屬著錄。《說鈴》本。此書本為遊記，然行旅之中遍記山川之外，兼有異聞瑣事之錄。此書可與《秦蜀驛程後記》相參照，後者為康熙三十四年奉命祭告華山時所作行記，因多非自見，故曰「餘聞」。此書內容並非全然敘事，包括地理考辨、碑刻遺文、故居古蹟以及異物等，亦過錄稀見文獻如《水月令》黃氏詞曲等。此書有博物類主要為隴蜀物產與出土文物，如貔貅、角端、白鹿、章邯金印等；志怪不過變異怪幻如「定州阿六祖師騎壁飛昇」「劉以平夢入冥殿」「牛身生剪」「潼關黑雲」「趙澄追影寫真」「原良相忠厚之報」等；軼事類主要為明末張獻忠亂蜀時事，如張獻忠賦詩關王廟、幕客汪光翰義舉等，四庫館臣列之以雜事，大約即據此數則，然此類無多也，此書一如漁洋他說部，不過考證、博物、異聞兼收並蓄也。

《古歡錄》八卷　　王士禛輯

《楝亭書目》說部類、《四庫全書總目》史部傳記類總錄之屬著錄。四庫館臣云：「是編皆述上古至明《林泉樂志》之人，蓋皇甫謐《高士傳》之意。」齊魯書社《四庫全書存目叢書》影印山東省圖書館藏清初鈔本。前有康熙三十九年王士禛自序、宋犖序、朱從延序。此書為王士禛於康熙己卯官御史大夫時「退食之暇，瀏覽諸史莊、列，下逮稗官說部山經海志之書，有當於心輒掌錄之，單詞片語，期乎雋永。」（漁洋自序），書寫大體以人物時代為先後，類乎《高士傳》，每則以人名為題，宋犖云「漁洋山人據子史百家之言，自唐虞以下迄勝國，凡高人逸士之可尚友者隱顯不殊，採而錄之，遂成八卷，取古詩『良人惟古歡』句，以名其書。」不過抄撮眾書以成之，每則著名出處，較為明瞭，如《南華經》《過庭錄》《南史》《宋書》《甘澤謠》《東坡集》《雲麓漫鈔》《列朝詩集小傳》《紫桃軒雜綴》《禪宗正脈》《冷齋夜話》等。無長篇，每則不過數十字，不過居官「志慕曠逸，雅嗜山水」之意。

《居易錄》三十四卷　　王士禛撰

《四庫全書總目》雜家類雜說之屬、《觀古堂藏書目》子部小說家類記載之屬、《孫氏祠堂書目》第十二說部類著錄。新興書局《筆記小說大觀》本。

前有自序。據漁洋序文可知，此書為康熙二十八年至四十年間所作筆記，效宋龐元英《文昌雜錄》之法，故書中可見按年繫月記錄康熙朝政事，類乎編年。其書仿自宋代筆記，可視為《池北偶談》之餘緒，然類於日記、起居注，始康熙己巳冬，終康熙辛巳四月，尤詳於康熙朝事典，頗雜文集、小說、博物、詩話、信札之類，不乏自譽之詞，故四庫館臣云：「其法雖本於龐元英《文昌雜錄》，究為有乖義例。」自序亦為王漁洋小說思想之重要表述，云「古書目錄，經史之外闕有說部，蓋子之屬也，《莊》《列》諸書為《洞冥》《搜神》之祖，亦史之屬也。……六朝以來代有之，尤莫甚於唐宋，唐人好為浮誕豔異之說，宋人則詳於朝章國故、前言往行，史家往往取材焉」云云，其意在小說源於史而列於子部，同時發覆小說之有唐宋範型，然序云「小說」皆為敘事之體，此書仿宋元雜著也。《居易錄》卷二十六王氏借郡志編纂為例以為「今人事事皆不如古」，此亦復古心態。書中所述除當時政事上諭外，還有史論、詩文評、書畫品鑒、博物、藥方、方輿圖記、經史考辨、當代聞人著述以及朝官諧語、志怪軼事之類。小說之類間或有之，其意在於增廣知識之外以悅性情也。所述小說如志怪、軼事之類，約有五十餘則，目睹耳聞皆有實證，或徑直抄錄宋人小說，如卷二十三「大鐵椎者」本為魏禧之文、卷二十八「松根人參」抄自《夷堅丙志》等。全書涉及宋元筆記數十種，尤以宋代為多，如《鶴林玉露》《澠水燕談錄》《雲麓漫鈔》《野客叢書》《墨莊漫錄》《青箱雜記》《茅亭客話》《夢溪筆談》《癸辛雜識》《卻掃遍》《老學庵筆記》《夷堅志》等，從中可見漁洋宗宋之傾向，其中故事怪異之筆，有僧道、科舉、夢幻、孝節、降乩、妖異、災異、徵兆、入冥等，其中明末之事甚多，如魯顛等，所述怪異亦以魯中為多，此為漁洋桑梓也，如卷二有淄川騾與驢話語，云：「子苦將滿，吾在此尚須十年，奈何！」因果狐怪牛報物感之事亦不免，南懷仁《坤輿圖說》亦視為奇談，軼事亦載入，如卷六仁義將軍王進寶降賊、卷二十六詩人周篔以貨米為業、旦夕苦吟，卷二十四楊正經、汪希文亡國為遺民等，此為「廣見聞、資勸誡」之法。或云此書卷帙繁多，預為師法宋元筆記者作一典則也。

《香祖筆記》十二卷　王士禛撰

《四庫全書總目》雜家類雜說之屬、《觀古堂藏書目》子部小說類著錄。華東師大館藏康熙四十四年刻本。「香祖」者，謂幽蘭也，卷前有王氏自序及康熙四十四年乙酉宋犖序，云其書「或辯駁議論得失，或闡發名物源流，或直書時事，或旁及怪異，率皆精簡而不浮，……洵可謂閎覽博物君子矣。」短篇

叢語，皆無標題，書中所載有經史文字考辨、邊疆風土、藥方、詩話、諧語、
典制、恩遇、家訓等，內容較為龐雜，此書中間雜博物、志怪及軼事之屬，如
如卷三「吳六奇」事，亦見於《聊齋誌異》之《大力將軍》，不過略有曲折耳；
卷四黃周星山中遇樵隱之士、思平紅崖谷道人遇妖婦、賣水趙遜求婦得報及其
他烈婦孝子事；卷五鄧樵子殺虎成神，卷七達州兄弟友與得報，卷八明遺民、
劉澤清軼事等，雖記載不多且得之傳聞，廁身經史筆記間，亦可醒神。其所引
諸書，涉及宋代筆記達二十幾種，其他小說如《諾皋記》《劍俠傳》《南村輟耕
錄》等亦在輯錄當中；書中記王漁洋與諸位詩人唱和及自誇詩才德政，大約亦
老年懷德之意。

《古夫于亭雜錄》六卷　王士禛撰

　　《四庫全書總目》雜家類雜說之屬、《觀古堂藏書目》小說家類著錄。《王
士禛全集》本。前有自序，云：「余居京師四十年，前後撰錄有《池北偶談》
二十六卷、《居易錄》三十四卷，既刻之閩、刻之東粵矣。辛巳請急，五月還
都，歷壬午、癸未，逮甲申之秋，復有《香祖筆記》八卷。是歲冬，罷歸田里，
迄明年乙酉，續成四卷，通十二卷，又刻之吳門。」此為說部之書，除記錄本
朝典制故事之外，餘多為讀書筆記，其中考辨處甚夥，涉及經籍如小說、詩文
集、史傳、志書、筆記等，藥方及與友人前輩來往書札亦在所筆錄，如述與錢
謙益交往及錢氏書札，皆有益於後學。因此書為讀書劄記之類，甚或有徑抄諸
書如《五雜組》者，故有關小說者甚少。其較有小說意味者，為諧語、博物以
及志怪之類，不過數則而已，如卷一述新城民劉才旺引滿自歌而逝、某御史反
覆多變，卷二述康熙二十九年發地得古鏡古劍、明代莆田林炳章歿後顯聖，卷
三述謝在杭述某人指甲出珊瑚等，語言簡淡，皆可瀏覽。

《分甘餘話》四卷　王士禛撰

　　《四庫全書總目》雜家類雜說之屬、《觀古堂藏書目》小說家著錄。《王士
禛全集》本。前有康熙四十八年己丑自序。全書四卷共二百七十餘條（則），
內容有王氏先世著述、清帝恩遇、詩詞評論、史論、博物以及小學地理經籍考
證、藥方、典制、風俗等，其中文學評論類乎詩話，除記錄自作詩詞外，亦收
錄當代青年詩人作品，其意在乎獎掖後進。王漁洋此書亦為筆記雜著之類，故
小說之事記載不多，大約十數條而已，如「韓葵嗜煙酒」、「程石臞嗜檳榔」、
「蜀中某寺一豕喜聽佛經」、「大梁一虎長齋不噬」、「益都孫廷銓遇怪及狐贈金

豆」、「明末柳敬亭蘇昆生」、「任官揚州日與萬錦雯謔語」、「御史骨鯁臣二人」等，其中卷四「諸城金姓僧」事即《聊齋誌異》之《金和尚》，然與蒲氏所聞頗有異同，語言簡淡，云金和尚「自京師來青之諸城，自云是旗人金中丞之族，公然與冠蓋交往。諸城九仙山古剎常住腴田數千畝，據而有之。」後收徒假子，勢力漸大，義子後成舉人，「余為祭酒日，舉人方肄業太學，亦能文之士。」大約傳聞異辭、各有側重也。此書為漁洋致仕後至作，故自序云「年愈七袤，爾來作息田間，又六載矣」，亦是老年懷舊之作，故論詩之外，多有憶念故人之筆。

《因話錄》四卷　蔣如馨撰

　　蔣如馨字若林，號灌園叟、筆畊，浙江桐鄉（今屬嘉興市）人，著有《若林詩鈔》二卷、《四書訂疑》三十四卷、《四部日鈔》等。光緒《嘉興府志》卷八十一小說家類著錄。王國維《傳書堂藏善本書志》子部雜家類亦著錄，云所見為手稿本，前有康熙三十年辛未自序，「錄書畫、詩詞、雜伎並史傳瑣事，匯為一集。」未見。

《艮齋筆記》八卷　李澄中撰

　　李澄中（1629～1700），字渭清，號漁村，又號雷田，山東諸城（今屬濰坊市）人，拔貢，康熙十八年舉博學鴻詞科，授翰林院檢討，典試雲南，累遷侍讀學士，著有《臥象山房集》《燕臺詩》《滇城日記》等，與孔尚任為友。王紹曾《清史稿藝術志拾遺》雜家類著錄。新興書局《筆記小說大觀》本。卷一《情話錄》，志本邑怪異也，其中如丁耀亢遇仙、明末動亂殘殺等事；卷二《集異錄》，輯自他書之怪異之事，未注明出處；卷三《尊王錄》，記康熙帝勤政之事，如平叛吳三桂、賑濟百姓等，並附志怪；卷四《道古錄》，記明代遺聞傳記；卷五《消閒錄》，記僧道異能、帝王恩遇等事；卷六《志怪錄》，皆為怪異之事，其中有陳寶鑰與林四娘事蹟，然無《聊齋誌異》書寫婉轉；卷七《消閒錄》，志怪之外，亦有明末軼事，所記篇幅較長，如邊大綬《虎口餘生記》等書亦採錄；卷八《前定錄》，記科場功名前定之事外，又有西南風土、康熙開博學鴻詞科等載記。此書以志怪、軼事為主，文風樸質，新興書局所影印為未完稿本，可稱志怪小說集。書中有康熙三十年李澄中由滇省回京事，則成書在康熙三十年後。

《廣孤樹裒談》二十五卷　　佚名輯

　　民國《福建通志》小說家類、《千頃堂書目》史部別史類著錄。民國《福建藝文志》云「晉江黃虞稷著」。黃虞稷（1629～1691），字俞邰，號楮園，福建泉州（今泉州市）人，徙居南京，康熙十七年舉鴻博，因父憂不與試，嗣為《明史一統志》纂修官，家富藏書，著述多種，有《千頃堂書目》《楮園雜志》《我貴軒集》《朝爽閣集》《蟬窠集》等，事蹟詳見道光《晉江縣志》卷五十六。此書原載《千頃堂書目》，排趙可與《孤樹裒談》十卷之後，黃虞稷並云《廣孤樹裒談》二十五卷「不知何人輯，亦起洪武迄正德。」未見。《孤樹裒談》為明李默輯錄成書者，《四庫全書總目》小說家類雜事之屬著錄，云「例則編年，體則小說」，故本書當如舊例。

《述異記》三卷　　東軒主人撰

　　東軒主人不詳為何人。《四庫全書總目》小說家類異聞之屬著錄，四庫館臣云：「舊本題東軒主人撰。不著名氏。所記皆順治末年康熙初年之事，多陳神怪，亦間及奇器，觀其述江村雜記一條，其人尚在高士奇後也。」吳震方《說鈴》本，共130則左右（中有一事數則者），志怪之類，如《看燈遇仙》《道人袖鬼》《無錫幻人》《文昌祿宰》《師生前定》《鶴化寄藥》《旱魃》《周土地》《大蟒》《龍鱗》《狐祟》《沈耀先現形》《洞庭使者》《方魚》《五聖為祟》《狐怪》《花姐》《康王廟虎》《蓄蠱》《鬼嘯》《生魂改嫁》《江南海嘯》《掘地得犬》《乩仙》《異僧火化》《飛蜈蚣》等，故事雖多因果報應之類，記載多有具體日期，加之評論，以明所記非誣也，如《點盜婦》云張秋婦以色事人、致驢夫於死地，「蓋借驢夫以挾詐也，可謂點盜矣。康熙三十年事。」此書為清初志怪之書，侈談神鬼，短篇叢語，敘事平直，語多質樸。

《東山草堂邇言》六卷　　邱嘉穗撰

　　邱嘉穗，字秀瑞，福建上杭（今屬龍巖市）人，康熙二十四年府學拔貢，康熙二十九年舉人，知歸善縣，有《東山草堂文集》二十卷、《詩集》八卷、《續集》一卷。《四庫全書總目》子部雜家類雜說之屬著錄。《四庫全書存目叢書》本。前有目錄，每卷一類。卷一前有康熙三十五年丙子邱嘉穗小序，序云：「張子有言：『心有所關，即便劄記，不思遠塞之矣。』余閒居不能靜坐，每有所思輒環堵而走，幸而天賦之靈自覺，時時有悟入處，然遲之又久又忽忽都

無所記憶如理昔夢，杳不可尋，乃歎左太沖之著筆硯、李長吉之攜錦囊，誠恐如張子所云而欲自備遺忘故也，於是鑒乎前弊，得意疾書，任筆所之，略分義例，名之曰邇言，以俟大知者察焉。」卷一《經史》為考經論史之文，如《經書引古》《古文韻語》《貨值傳》《論陝西形勢》《致知不可混慎獨》《孔子編詩次第》《經籍疑誤》《同律度量衡》《關雎三篇》《一貫源流》《簡狄姜嫄》《孔子出妻辨》《宋朝之美》等，為《史》《漢》《四書》之考論。卷二《性命》為天道人心之論，《天道》《天理》《二氣鬼神》《天心》《良心》《陰陽動靜》等，理學家言。卷三《學問》為理學之論，如《聖學》《天理》《講學》《機候》《安命》《理一分殊》《朱學》《恕道》《心學之謬》《言行》《恬退》《讀書》《氣習》《為人》等，力抨心學而服膺朱子學，讀書之要在於養氣，學以致用。卷四《政教》為經濟之學，如《練兵》《弭盜》《解糧》《治教》《樹藝》《講學之弊》《救弊》《政教》《平市糴》《酌久任》等，皆關治道，言居官經驗，愛民安樂之意。卷五《見聞》為異聞、雜事之類，如《科第有命》《神夢定數》《悔婚之戒》《狡幕》《劉念臺》《點棍》等，間有記載之類如《煙草》《種子單方》。雜事中所載明末清初軼事，多關巨公名士。卷六《詩文》為詩話、文話，時文、古文、唐詩評者較多，如《時文用題》《時文串插》《理法才情》《文有陰陽老少》《假借摹擬》《對照文法》《杜詩誤字》《杜詩虛字間實字句法》等。

《讀律佩觽》八卷　王明德撰

《四庫全書總目》子部法家類著錄。四庫館臣云：「國朝王明德撰。明德字金樵，高郵人，官刑部陝西司郎中。是編成於康熙甲寅。取現行律例，分類編輯，各為箋釋，附以《洗冤錄》及《洗冤錄補》。每門先載《大清律本注》，次《明律舊注》而以己意辯證之。其說好為駁難，而不免穿鑿。所作《洗冤錄補》，雜記異聞，旁及鬼神醫藥之事，尤近小說家言。」齊魯書社《四庫全書存目叢書》本。前有康熙十三年王明德自序，後有康熙丙辰跋。王明德自序云是書著述之意，不過正人心、警世道、推道德仁義於天下。四庫館臣所云《洗冤錄補》位於卷八，此卷注中每多近小說家言，緣其中十餘條本諸里巷之談，敘事中摻雜怪異之風，如《火灸傷補》《雷震傷補》《辨虎咬傷》《辨蛇咬傷》等，蓋以現實案例為宋慈本文箋注之意，如《辨蛇咬傷》中云：「江右文場中，曾有應試儒生為小蛇束頸三匝而死，其蛇亦為之俱斃，殊不可解。此先公己卯所收本房諸君，共言場中歷來之異，偶言及之，鑿鑿可據，非齊諧之論也。要

皆平生孽業所致，不可以常理論。然君子語常不語變，故《錄》中惟語其常，若愚之特為及之，則因其《錄》名『洗冤』，不得不並及其變以明冤之未易洗焉耳。」公案與小說淵源已久，其意在驚世駭俗以聳動耳目，是書與汪輝祖《佐治藥言》，皆有關公案題材。晚清吳趼人有「偵探小說」之作，亦此公案小說流派也。

《亂離見聞錄》三卷　　陳舜系撰、陳景廉編輯、吳宣崇補證

陳舜系（1618～1679），字不詳，號華封，廣東吳川（今屬湛江市）人，曾為李定國軍中醫官。《清史稿藝文志拾遺》史部雜史類著錄。廣東人民出版社《明清廣東稀見筆記七種》本。前有光緒六年許汝韶序、光緒六年吳宣崇序，後有光緒六年吳宣崇跋。許序云：「今觀陳君《亂離見聞錄》，何餘生兵燹，重以賦役、遷界之苦，亦有不忍言者。夫人身處承平，耕鑿相安，夜眠晝食，以為尋恒事。或少不如意，怨尤隨之。豈知時丁危亂，鋒鏑橫罹，海滋山阰，逃死無地，雖良守牧、名將吏力與拯救，卒卒未能為功，或且轉而益困，則夫數十年間，嘗此苦者為何如………錄中所紀餘慶餘殃，若鑒不爽，未嘗不三致意焉。」是書所載，始明萬曆四十六年，終清康熙十八年，類於編年之體，吳跋云：「舜系生當鼎革，險阻備嘗，書言詳矣。然所錄不過一身之閱歷，一邑之盛衰，其中傳聞異辭，亦復不少，以視《明季稗史》、《荊駝逸史》諸編稍遜焉。然其記前明之小腆、我朝之新造，與夫官吏之貪廉、兵將之仁暴，可以備野乘之傳疑，可以補方志之疏漏。至於或言果報，或誌災祲，糧稅之重輕，民生之利弊，皆足動後人流連，慨歎歔欷而不能自己者。然則推之天下，準之古今，大抵如斯已耳。讀是編者，勿以小說視之可。」體例仿史，非小說之類。

《憂庵集》不分卷　　戴名世撰

戴名世（1653～1713），字田有、褐夫，號南山、憂庵，安徽桐城（今屬安慶市）人，康熙四十八年進士，「《南山集》案」中被處死，著有編年體野史《子遺錄》等，今人輯有《戴名世集》。《清史稿藝文志拾遺》子部雜家類雜記之屬著錄。安徽省博物館藏康熙四十七年稿本。今見《戴名世遺文集》本。前有小序，云：「余歲歲客遊，車馬之上、逆旅之間不便觀書，則往往於困倦之餘，隨筆書一二條藏之行笥，或誌其本日之所講說，或追憶其平生之所見聞，

或觸事而有感。草稿數行，頗無倫次，亦不求工雅，聊以度日而已。性懶不自收拾，散佚者頗多。戊子春，翻閱舊書，於其中得二百餘條，因哀而存之，嗣後隨筆有記，亦附入焉。」戊子為康熙四十七年。此書為雜說、博物、志怪、遺事之書，明末遺事如洪承疇入南京事，「洪承疇之在江寧，登觀象臺，望見孝陵樹木甚茂，氣象鬱蔥，恐有再興之事，下令盡伐其樹。樹皆歷二三百年，多海外異種奇香，至是皆盡。人家炊爨悉用之，香氣滿於街衢者一兩月。」又如南明王鐸事：「馬士英既走，黔兵二三千人尚未行，被百姓殺之盡，抄沒其家。又百姓數百人擒王鐸，數其罪，拔其鬚且盡，批其頰不可勝數，面腫幾不可識認。執送上元獄中，使之守之曰：『姑勿殺，當徐徐窘辱之。』不數日，清兵已至郊壇，百官出迎，清帥使人迎鐸於獄中，百姓皆驚竄。相傳鐸久已通清，其弟現在營中。鐸哭訴於清帥，執為首者數人殺之。是時，余先曾大父避亂於金陵，有僕陳孝，年不滿二十，亦批鐸頰數十，後當年老，每言及此事，手舞足蹈，自以為平生之快。」亦有述及康熙朝社會之普遍貧困者，自言為地少民多、吏治不修之故。

《子遺錄》一卷　戴名世撰

民國《安徽通志稿》小說家類著錄，云此書專記明末病變之事，「先生生平極得意之文，莫過於是。有北平王源、休寧汪灝、同里方正玉序。」今有《四庫禁燬書叢刊》影印北京圖書館藏康熙尤雲鶚寶翰樓刻本，前有王源、方正玉序（無汪灝序、戴名世自序）。此書敘述明末桐城被寇始末，兼及他處鄉變形勢，故戴名世《子遺錄自序》（見《清文海》，俞樟華、胡吉省著《桐城派編年》云此序作於康熙二十九年）云「明之亡也，非其罪，豈不可哀也哉……余從父老問吾桐前後攻守之事，稍稍得其梗概，因著為一書，而當時文武用兵之略，亦以附見，使作史者有以採擇焉。」王源序云此書「蓋紀其邑被兵始末，而傍及江淮楚豫秦晉大勢，上自文武大臣賢不肖用捨、廟算得失，下逮匹婦節烈、一介下士之才，莫不觸緒引類、錯綜連貫以著其詳。」此書敘事始自崇禎三年桐城「四野鬼哭」，終於弘光滅忙、清兵入桐，期間民變、寇略，皆一一記載，所記涉及史可法、楊爾銘、左良玉、張獻忠、張利民、黃得功、張亮諸人，敘述類乎《通鑒》，年月日皆繫之；篇末記載崇禎元年至十七年天象異變，亦與《綏寇紀略》敘事法相同。書中基調以人神不安語定之，「（崇禎）四年有鳥集於四郊，其形如鴉，其色赤。有史生者，遼東人也，舉家遷桐數年矣，見而歎

曰：『兵火其將作乎？是為火鴉，其兆之矣！』」敍事不紊，「自辛巳春賊入桐
□□午二月始去，遠方之民避於縣者相扶攜還家，未得休息，而又有楚兵為害
之事。」

《留溪外傳》十八卷　　陳鼎撰

　　陳鼎字定九，江陰（今江陰市）人，著有《東林列傳》等。《四庫全書總
目》傳記類總錄之屬著錄。今有華東師大館藏光緒二十四年戊戌常熟盛氏刻
本，前有康熙三十七年戊寅張潮序、顧彩序，《徵事啟》《凡例》11 條，書後有
平漢英、高大酉跋，康熙三十一年壬申朱襄跋。是書實類史體，張潮序亦以為
「私史」，《凡例》云為「稗史」，傳記之類，如《莫九萬傳》《嵇永仁傳》《毛
女傳》《無知漢傳》等，傳後有「外史氏」之評論。四庫館臣云：「是書凡分十
三部，曰《忠義》，曰《孝友》，曰《理學》，曰《隱逸》，曰《廉能》，曰《義
俠》，曰《遊藝》，曰《苦節》，曰《節烈》，曰《貞孝》，曰《闈德》，曰《神仙》，
曰《緇流》。所紀皆明末國初之事。其間畸節卓行，頗足以闡揚幽隱。然其事
蹟由於徵送。觀卷首《徵事啟》末附載二行云：『凡有事實，可寄至江寧承恩
寺前刻匠蔡丹敬家，或揚州新盛街岱寶樓書坊轉付』云云。則仍然徵選詩文，
標榜聲氣之風，未可據為《實錄》。如張潮諸人，生而立傳，殊非蓋棺論定之
義。其間怪異諸事，尤近於小說家言，不足道也。」

《蛇譜》一卷　　陳鼎撰

　　陳鼎事蹟見上。《毘陵經籍志》子部小說家類、《四庫全書總目》子部譜錄
類草木鳥獸蟲魚之屬著錄。世楷堂《昭代叢書》本，前後有張潮序跋。全書共
63 則，每則有題目，如《人面蛇》《鼓子蛇》《雙頭蛇》《喚人蛇》《一角蛇》《豹
皮蛇》等，多有輯錄他書之痕跡，然除注明出《山海經》數則外，餘皆無注處。
書中所記並非實錄，多為玄怪之談，或為關心民瘼者鑒而作也。

《影梅庵憶語》一卷　　冒襄撰

　　冒襄（1611～1693），字闢疆，號巢民，一號樸巢，江南如皋（今屬南通
市）人，明崇禎十五年副貢，「復社四公子」之一，入清隱居，著述自娛，卒
後門人私謚「潛孝先生」，著有《水繪園詩文集》《樸巢詩文集》等，《清史稿》
卷五百一有傳。《八千卷樓書目》小說家類著錄。今有《續修四庫全書》影印
世楷堂《昭代叢書》本，卷端有序，此書為其亡姬董小宛所作，歷述于歸以來

事蹟三十餘則，單筆散行，類乎傳記，亦賦悼亡之意，筆意纏綿俳惻，不過才子佳人之書，類乎小品散文，後沈復《浮生六記》、陳棐之《香畹樓憶語》、蔣坦《秋燈瑣憶》皆為「憶語體」筆記小說。

《板橋雜記》三卷　　余懷撰

　　余懷（1616～1696），字無懷、澹心，號曼翁、廣霞、壺山外史、寒鐵道人、鬘持老人，福建莆田（今屬莆田市）人，長期寓居南京，以詩與錢謙益、吳偉業、龔鼎孳、張潮、王士禛等交遊，著有《硯林》《玉琴齋詞》《味外軒稿》卷等，今有李金堂編校《余懷全集》，對余懷作品收錄較為全面。《四庫全書總目》小說家類瑣語之屬著錄。《四庫全書存目叢書》《續修四庫全書》皆影印藏康熙刻說鈴本，前有余懷、張潮序，後有余懷跋。民國大達供應社本前有康熙三十二年尤侗序、張潮序、余懷自序。余懷序云：「因聊記見聞，用編汗簡，效東京夢華之錄、標崖公峴斗之名，豈徒狹邪之遊，是述豔冶之是傳也哉！」余、尤二氏所序，云經山河之變，志豔以為寄託有懷，無傷大雅，其意與余賓碩《金陵覽古》中所云「盛衰代有，人事何常，俯仰今昔，慨豈獨余」相通。此書成於康熙三十二年，不過《北里志》之類，四庫館臣云：「文章淒縟，足以導欲增悲，亦唐人《北里志》之類，然律以名教，則風雅之罪人矣。」全書分上卷《雅遊》、中卷《麗品》、下卷《軼事》，共53則，每則前無標題。《板橋雜記》為清代誌豔類筆記小說之先河，後之《海漚小譜》《明湖花影》《續板橋雜記》《雪鴻小記》《廣陵香影錄》《竹西花事小錄》《潮嘉風月記》《秦淮聞見錄》《青溪風雨錄》《群芳外譜》《水天餘話》《石城詠花錄》《秦淮花略》《青溪笑》《青溪贅筆》《秦淮畫舫錄》《畫舫餘譚》《白門新柳記》《吳門畫舫錄》《吳門畫舫續錄》《燕臺花事錄》《海阪冶遊錄》《秦淮感舊集》《秦淮廣紀》《秦淮聞見錄》《秦雲擷英小譜》《秦淮豔品》《豔蹟編》等，皆其流亞也。壺隱癡人《群芳外譜題詞》云此類書「事涉遊戲，詞近卑庸，敢謂心中無妓，聊云客裏抒懷……此種體裁，等諸稗官」，是也。

《東山談苑》八卷　　余懷撰

　　莫友芝《藏園訂補郘亭知見傳本書目》卷十子部雜家類著錄。本書華東師大館藏有民國二十三年襄社影印手抄本，前有余懷自序，後有郭尚先跋。《販書偶記》雜家類收錄鈔本八卷，長洲徐氏序，不署年月。《余懷全集》本前有徐晟《敍》，卷端有余懷自序，後郭尚先跋。序云少年時喜為豪華之事，亂離

之後，「閉戶深思，遇古人嘉言義行，隨筆輒記，積有歲月，哀然成編。……余讀《二十一史》及稗官野乘，著有《古今精義抉錄》一書，大約彈擊古人，鏡無遁照，而此編則專古人之長，理歸忠厚。」所錄為漢至明代嘉言懿行、雅言善道，軼事瑣屑，條分縷列，大約亦遺民濟世之心。書中內容如「商谷居節，文衡山高足，畫法簡遠清拔，有宋人之致。」「倪元鎮為張士信所窘辱，絕口不言，或問之，元鎮曰：『一說便俗。』」余懷《山志》序云：「說部惟宋人為最佳……皆以敘事兼議論，可以醒心目而助談諧」，此書頗效宋人筆記之體，言簡意遠，以輯錄簡練為尚。

《嶺南風物記》一卷　　題吳綺撰

吳綺（1619～1694），字園次，一字豐南，號聽翁、綺園，江都（今揚州市）人，歙縣籍。順治十一年甲午拔貢生，官至湖州府知府，著有《林蕙堂集》《亭皋集》《藝香詞》《揚州鼓吹詞序》等，選刻《宋金元詩詠》三十卷。《四庫全書總目》地理類雜記之屬著錄。臺灣商務印書館《景印文淵閣四庫全書》本。全書除氣候、雜事外，述嶺南氣候、物產為多，如動植、礦產、麟蟲之類。全卷共 140 餘條（則），無標題，其中 15 條（則）敘雜事，多為嶺南族群風俗之類，其中兩則一為瓊州庠生之妻罵賊而死事，一為高要縣進士一家為知縣冤殺事，皆寓勸誡，四庫館臣云其敘事「簡雅不支」，耿文光云此書「敘述簡雅」（《萬卷精華樓藏書記》），頗有條理，此亦風土筆記之類也。

《史異纂》十六卷　　傅燮詷纂

傅燮詷字去異，號靈庵，人稱浣嵐先生，直隸靈壽（今河北靈壽縣）人，康熙三十三年任長汀縣教習，官至汀州府知府。《四庫全書總目》小說家類異聞之屬著錄。今有齊魯書社《四庫全書存目叢刊》影印南京圖書館藏康熙三十三年本。前有康熙甲戌徐釚序、康熙癸亥劉善志序，凡例九條。此書輯錄二十一史中所記災祥怪異之事者，自上古訖於元，分《天異》《地異》《祥異》《人異》《事異》《術異》《譯異》《鬼異》《物異》《雜異》十部，部下分目，綱目較似類書，雖「五易寒暑，四易稿本」（凡例語），然亦稗販成書也。此書旨於信徵，故求材於正史，一切外傳雜說不錄焉，或免臆說虛誕之譏。《天異》《地異》《祥異》為災祥之類，古人天人感應之理也；《人異》為人事異於常理者，如帝王異相之類；《事異》《術異》為僧道方術之類；《譯異》為海外奇談；《鬼異》為事涉鬼物者；《物異》如龍、海獸、鳳、麒麟、虎之類，多物怪變異；《雜異》

如徵兆、死喪、丘墓、妖眚之類，因無類可歸，故雜歸一處。此書可謂妖異之談叢，雖從史部而出，實志怪之匯聚也，即阮元《揚州畫舫錄序》云「此史家與小說家所以相通」、錢謙益《玉劍尊聞》之「變史家為說家」、耿文光《萬卷精華樓藏書記》之「入之史則為史，入之小說則為小說也」云。

《有明異叢》十卷　傅變詷輯

未見。《四庫全書總目》小說家類異聞之屬著錄，云：「是書記明一代怪異之事，亦分十類，與《史異纂》門目相同。皆從小說中撮抄而成，漫無體例。如尹蓬頭騎鐵鶴上升，正德中上蔡知縣霍恩為流賊所殺，頭出白氣，及天啟丙寅王恭廠災之類，往往一事而兩見。又有實非怪異而載者，如事異門內胡壽昌毀延平淫祠而絕無妖，任高妻女三人罵賊沒水，次日浮出面如生，術異門內汪機以藥治狂癇，物異門內蕭縣岳飛祠內竹生花，雜異門內漳州火藥局災，大石飛去三百步之類，皆事理之常，安得別神其說？至如譯異門內謂黑婁在嘉峪關西，近土魯番，其地山川草木禽獸皆黑，男女亦然，今土魯番以外咸入版圖，安有是種類乎？其妄可知矣。」

《皋廡卮言》　沈昊初著

沈昊初事蹟不詳，據《嘉定碑刻集》所載沈氏所撰《積福庵記》為康熙三十年，則沈為清初人，著有《竹窗隨筆》《群雅雜錄》《三餘漫錄》《見聞錄》《綠筠堂集》等。光緒《松江府續志》卷三十七小說家類著錄，未見。

《檀几叢書》五十卷　張潮、王晫輯

張潮（1650～1707 後），字山來，號心齋，安徽歙縣（今屬黃山市）人，康熙初，以歲貢官翰林孔目，著有《花影詞》《心齋詩鈔》《囊寸金詩文集》等十餘種，輯有《虞初新志》——此於清代傳奇小說頗有影響。《文瑞樓藏書目錄》子類小說家、乾隆《江南通志》子部雜說類、《四庫全書總目》雜家類、嘉慶《揚州府志》卷六十二子部雜家小說類著錄。華東師大館藏康熙三十四年新安張氏霞舉堂刊本。四庫館臣云「是書所錄皆國朝諸家雜著，凡五十種。大半採自文集中，其餘則多沿明季山人才子之習，務為纖佻之詞。」此為小品筆記之類，內容有博物賞鑒、詩話字說、社約燈謎、風土筆記、考據辯證之類，不足為小說集也，但其中也有瑣語類小說作品，如《小半斤謠》《課婢約》《書本草》《詒卦》《貧卦》等，皆小說遊戲文章之類。

《嘯虹筆記》，卷數不詳　　汪灝撰

汪灝（1658～？），字紫滄，後改名淏，安徽休寧（今屬黃山市），康熙四十二年癸未賜進士，官翰林院編修，著有《知本堂詩文稿》《披雲閣嘯虹詞》等。未見著錄。張潮《虞初新志》輯錄一則，為休寧汪夢龍書大字「岳陽樓」匾事；《寄園寄所寄》卷下輯有「黃得功遇盜擲驢」「程穆倩篆」「胡曰從以印章名」「汪虎文擅圖書」「查二瞻書畫名家」等六則；乾隆《續溪縣志》卷十輯有「胡梅林遭讒被逮」一則、同治《廣信府志》卷十二輯「河南邑吏置木人紗帽中聽其言折獄」一則、嘉慶《懷遠縣志》卷十二輯「崇禎李闖王等坡懷遠」一則。張小莊之《清代筆記、日記中的書法史料整理與研究（上）》云此書成於康熙三十三、三十四年間。

《柳軒叢談》，卷數不詳　　佚名撰

未見著錄。張潮《虞初新志》輯錄有一則，云婺源江君輔為人賣於中州，然江故善弈，以技服人，終脫身去；道光《休寧縣志》卷二十四輯有一則，為休寧貿易人為道人傳書、道人預言其禍事。《寄園寄所寄》卷下輯有「俠盜」見《虞初新志》之《名捕傳》）、「靖南侯黃得功英勇善戰」等。

《訒庵偶筆》，卷數不詳　　汪端撰

汪端事蹟不詳。未見著錄。張潮《虞初新志》輯錄五則，為「孝感縣不孝婦為雷擊殺」「康熙癸丑雷擊假銀買豬船」「揚州鱔魚報恩」「上海朱錦修繕文廟得報」「儀真孔姓冒聖裔被焚殺」等。乾隆《續溪縣志》卷十輯有「國初張天祿夢神戒殺」一條。大約志怪之類。

《談虎》一卷　　趙彪詔撰

趙彪詔（1687～1769），字豹三，號南蘭逸民，江蘇武進（今屬常州市）人，生員，歷官山西平遙、臨汾知縣，著有《悔亭詩話》《蕭蕭落落詞》《毗陵百家詩》等。《毘陵經籍志》子部小說家類、《清史稿·藝文志》譜錄類著錄。上海書店《叢書集成續編》本。卷首有序，後有莊觀、趙中梓跋語。序云康熙三十五年丙申觀虎而有感，故有此作，亦范成大《虎說》、王穉登《虎苑》、陳繼儒《虎薈》之類，分《制虎》《虎事》《雜紀》，除耳聞之外，多輯錄他書如《在園雜志》《邊州聞見錄》《皇華紀聞》《居易錄》《宋起鳳見聞錄》等，語多徵實，亦雜迷信如倀鬼、人變虎等事，敘事簡要。談物之書，大約始自《山海

經》，張華《博物志》總其成為「博物」一類，後之變革或談風土、或紀史事、或鑒賞玩、或述麟蟲，如《桂海虞衡志》《杜陽雜編》《貓乘》《貓苑》等，要為廣見聞而已。

《說蛇》一卷　　趙彪詔撰

《毘陵經籍志》子部小說家類、《中國叢書綜錄》子部農家類著錄。上海書店《叢書集成續編》本。清初張潮輯有《蛇譜》一卷，不過博物之類，述蛇之種類而已；此書分《蛇譜》《蛇事》，《蛇譜》不過仿前著之意，《蛇事》見聞而外兼輯錄他書如《淮南子》《物理小識》等，志怪之類。

《神話》《鬼話》　　趙彪詔撰

《毘陵經籍志》子部小說家類著錄。未見。

《廣東新語》二十八卷　　屈大均撰

屈大均（1630～1696），字翁山、介子，號萊圃，廣東番禺（今廣州市）人，與陳恭尹、梁佩蘭並稱「嶺南三大家」，明遺民，著作有《翁山詩外》《翁山文外》《翁山易外》等。《八千卷樓書目》史部地理類、《中國科學院圖書館藏中文古籍善本書目》史部地理類著錄，新興書局《筆記小說大觀》收錄。康熙三十九年木天閣刻本。今有《中國風土志叢刊》影印本，前有康熙三十九年潘耒序、屈大均自序。屈氏卒於康熙三十五年，則序作於之前。此書既類方志，亦類博物，故屈氏序云「吾於《廣東通志》，略其舊而新是詳，舊十三而新十七，故曰《新語》。《國語》為《春秋》外傳，《世說》為《晉書》外史，是書則廣東之外志也。」此書載記兩廣、瓊州等嶺南地理風俗物產飲食詩文志怪軼事器物陵墓，其中以廣東為多，類目為天、地、山、水、石、神、人、女、事、學、文、詩、藝、食、貨、器、官、舟、墳、禽、獸、鱗、介、蟲、木、香、草、怪等二十八種，每類一卷。《神語》為地方信仰之神，如《龍母》《天妃》等；《人語》為軼事之類，既有名臣事蹟、里巷故事，亦敘少數民族風俗；《女語》述孝女烈婦，《事語》多鄉老嘉言懿行。此四者多小說意味，文筆清致可喜，博物之外，探究物理以陰陽五行，評騭風物以詩文，表述新見以考證，皆為逸筆也。此書為沿《南方異物志》《投荒雜錄》《北戶錄》《嶺表錄異》《桂林風土記》之舊，於嶺南風物敘述細緻，後之《嶺南雜記》《粵西叢載》《五山志林》《粵小記》《粵屑》《粵諧》《粵述》《南粵筆記》《嶺南隨筆（關涵）》《韓江

聞見錄》《嶺南隨筆（馬光啟）》《越臺雜記》皆其流也。此書乾隆間屢遭禁燬，至易名為《焚餘錄》，李調元據此書輯為《南粵筆記》十六卷，此《清代廣東筆記五種》序言已明言之。此書亦風土筆記之類也。清代時中原、江南風土地理皆為士人熟識，故西域、滿洲、嶺南為博物君子所樂道之異域，此類筆記甚夥，既可頌聖炫武，亦可廣見聞、資談笑也。

《心齋雜俎》不分卷　　張潮撰

嘉慶《揚州府志》卷六十二子部雜家小說類、《鄭堂讀書記補逸》小說家類瑣語之屬著錄，云有詒清堂刊本。未見全書，但據周中孚提要可知，所收多散見他書當中，云：「是編凡二十二種，曰《書本草》，曰《貧卦》，曰《讀禮問質疑》，曰《詩禪》，曰《蜂王之誥》，曰《花鳥春秋》，曰《古今紀年圖》，曰《醉翁操》，曰《心齋十六觀》，曰《四十八願》，曰《補花底拾遺》，曰《說快續筆》，曰《算法圓補》，曰《成語對》，曰《美人燈謎（附字謎、物謎）》，曰《鬥寶籌》，曰《美人命》，曰《玩門約》，曰《集李詩》，曰《集杜詩》，曰《集杜雁字詩》，曰《幽夢影》，皆其所著小品。事多遊戲，文亦纖佻，至《幽夢影》則沿明季清言之習氣也。是編與所輯《檀几叢書》《昭代叢書》正復相似，但諸種或一篇或數則，尤為瑣屑，故不可以入叢書類焉。」民國《安徽通志稿》云是書「徵之於古，則李商隱《雜纂》之體也。」

《幽夢影》二卷　　張潮撰

《叢書集成續編》小說雜錄之屬收錄。上海書店《叢書集成續編》本。前有石龐、孫致彌序，後有光緒五年葛元熙跋。兩卷共 220 餘則，每則無標題，後多有尤侗、張竹坡、余懷、倪永清、周冰持、龐天池等評。此書不過仍沿晚明清言之習，所言有讀書交友、自然景致、治道史事、處世風格等，短言雋語，較為清新，每有山人妙語，如「《水滸傳》是一部怒書，《西遊記》是一部悟書，《金瓶梅》是一部哀書。江含徵曰：『不會看《金瓶梅》而只學其淫，是愛東坡者但喜吃東坡肉耳。』殷日戒曰：『《幽夢影》是一部快書。』朱其恭曰：『余謂《幽夢影》是一部趣書。』龐天池曰：『《幽夢影》是一部恨書，又是一部禪書。』」後晚清朱錫綬有《幽夢續影》一卷，仿此書而作也。

《寄園寄所寄》十二卷　　趙吉士輯

趙吉士（1628〜1706），字天羽，號恒夫，安徽休寧（今屬黃山市）人，

順治初舉人，歷官交城知縣、戶科給事中，著有《萬青閣集》八卷、《林臥遙集》三卷、《續表忠記》等，《清史稿》卷四七六有傳。《四庫全書總目》雜家類雜纂之屬、乾隆《杭州府志》小說家類著錄。《四庫全書存目叢書》《續修四庫全書》皆據康熙三十五年刻本影印。前有趙士麟序，云「言必有據，事必有徵，章章縷縷，極備極奇，誠大觀也。」《凡例》十四條。本書《四庫全書總目》雜家類雜纂之屬著錄，云：「是編採掇諸家說部，分十二門。曰《囊底寄》，皆智數事也；曰《鏡中寄》，皆忠孝節義事也；曰《倚杖寄》，述山川名勝也；曰《撚鬚寄》，詩話也；曰《滅燭寄》，談神怪也；曰《焚塵寄》，格言也；曰《獺祭寄》，雜錄故實也；曰《豕渡寄》，考訂謬誤也；曰《裂眥寄》，記明末寇亂及殉寇諸人也；曰《驅睡寄》，遺事之可為談助者也；曰《泛葉寄》，皆徽州佚聞也；曰《插菊寄》，皆諧謔事也，所載古事十之二三，明季事十之七八，採掇頗富而雅俗並陳，真偽互見，第成為小說家言而已。」每門皆有寄園主人小序，門之下又分數小類，如《囊底寄》分《經濟》《智術》《警敏》《技巧》；《鏡中寄》分《忠》《孝》《悌》《義》《正氣》《廉介》《寬厚》《見色不亂》等，自撰之外，凡輯一千餘則，每則皆注明出處，涉書近五百種，地志、小說、筆記、史籍、詩話、文集等皆所取材，以明代書籍為多。此書成書時間稍早於《堅瓠集》，《凡例》云「予自少至壯，凡見聞新異，輒筆之於書。積之既久，分類成帙，用作坐側之玩。」成書方式與褚人獲相同，輯書主旨在於「凡屬生平所歷，偶有觸者，輒附於末，以見世間原有兩相符合處。」「偶有觸者」即不從流俗，事取徵實，語尚樸質，凡「資見聞」、「正人心」、「致用」、「豁人心脾」者皆採入，可謂筆記體小說叢書之類。本書與《昭代叢書》《檀几叢書》皆為《四庫全書總目》著錄，而《堅瓠集》並未入列。四書同為康熙三十年左右之說部作品，不知為何四庫館臣獨落《堅瓠集》耶？

《殘麓故事》一卷　香谷氏撰

香谷氏其人未詳。據書前作者識語，知書成於康熙三十六年。朱一玄、寧稼雨之《中國古代小說總目提要》著錄。《虞陽說苑》乙編本。前有香谷氏識語，云「丁丑中秋，偶於破書麓中檢得有記故事數條，其中大半多係昔年邑中之事，間以他書所錄及古方書牘前人詩什喜而錄之以助浮白之興。」書中多為虞山軼事，共12則，無標題，所記多有日期，如金叔明欺心為神所誅、妾生子為神所護等事為康熙六年事；語亦簡練，如「常熟有人私一婦有年矣，婦病

死，其人與婦夫原有交情，具儀弔之，且拜且泣，良久不能起，眾方驚異，其人忽引刀自刎。」

《熙怡錄》一卷　　戴束撰

戴束，字修立，號牧仲，海虞（今江蘇常熟）人。《中國叢書綜錄》小說家類著錄。《虞陽說苑》乙編本。前有自序，云：「余少未讀書，長更落魄艱苦備嘗，情偽悉諳。凡事則逆來順受久已，無心與俗人爭是非矣。仲夏之八日，偶有所聞，不禁啞然失笑……因誌逐日所聞所見，用資高明之一哂，仍之曰《熙怡錄》云。」書中有「康熙丁丑余館方塔術謬賜谷家」，知本書成於康熙三十六年後，所記為怪異之事，因果報應之類。

《石里雜識》一卷　　張尚瑗撰

張尚瑗（1655～1731），字宏蘧，號損持、石里，吳江（今蘇州市吳江區）人，康熙二十七年戊辰進士，歷官翰林院庶吉士、江西興國知縣，著有《三傳折諸》《瀲水志林》等。《中國叢書綜錄》子部小說類著錄。今有世楷堂《昭代叢書》本，後有楊復吉識語，內容為志怪、博物、軼事之類，共34則，每則有標題，如《燈譜》《新都軼事》《科名符古人》《張涵》《前生》《惲南田》《諸史舊本》《投珠》《天官坊》《滑縣茅店》《角力》《登華山人》《齊希特》《漢梅唐梅》《寶井》《棕船棕輿》《龍船身》《高映厚》《土州》《魚羊共溪》《木石理梅菊》《剛巴兒》《乩仙》《仲氏英爽》《遺體》《偽晴》《報恩寺叟》《刺客》《不貪》《魂晤》《三伯山》《長臂猿》《龍頭魚》等，敘事平直，間有雜說如《諸史舊本》述明代野史書籍，然此類並不數數見，全書仍以志怪、軼事為主。

《昭代叢書》甲乙丙三集一百五十卷　　張潮、張漸輯

乾隆《江南通志》雜說類、《四庫全書總目》雜家類雜編之屬著錄。今有上海圖書館藏康熙間張潮刊印詒清堂本，每集五十卷。四庫館臣云其收錄「皆國初人雜著。或從文集中摘錄一篇，或從全書中割取數頁，亦有偶書數紙，並非著述，而亦強以書名者。中亦時有竄改。」張潮與王晫畢役《檀几叢書》後，方從事此書編纂，康熙三十六年刊印甲集，三十九年刊印乙集，四十二年刊印丙集，每集五十種，每種一卷。每集前皆有序文，其中甲集前有康熙丁丑尤侗序，張潮序及《選例》，《選例》云「務去陳言，專收小品」「只以五十種為完額」；乙集前有康熙上章執徐張潮序，丙集前有康熙四十二年張潮序、康熙癸

未張漸序、康熙癸未張潮序。此書所選每卷一種，共一百五十種，皆筆記、小品之類，內容有考證、譜錄、詩話、詞話、奏對乃至謔語、拳法等，採擷繁富，然亦有遺漏，故張潮云「國朝諸先生筆記之書，有與僕所選為類而未能借光入選者」。此叢書可謂清初筆記小說之淵藪，順、康兩朝文獻得以保存，並於有清一代影響甚巨，其編創方式、小說文本皆有師範焉。選輯體例，往往注明文章來源、作者及文本序跋，後楊復吉於乾嘉年間、沈懋德於道光年間皆從事沿例補輯，終沈懋德世楷堂本《昭代叢書》，計有五百六十卷，其中甲集三十四卷，甲集補十六卷；乙集四十四卷，乙集補六卷；丙集四十五卷，丙集補五卷；丁集三十七卷，丁集補十三卷；戊集四十三卷，戊集補七卷；己集四十七卷，補三卷；庚集四十六卷，庚集補四卷；辛集四十四卷，辛集補六卷；壬集五十卷；癸集五十卷；別集六十卷。其中甲乙丙三集為張潮輯，沈懋德補輯；丁至辛五集為楊復吉輯，沈懋德補輯；壬癸別三集為沈懋德輯，今有上海古籍出版社影印道光間世楷堂本。

《養疴客談》一卷　　近魯草堂主人撰

　　近魯草堂主人不詳。《中國叢書綜錄》小說家類著錄。《虞陽說苑》乙編本，前有康熙三十七年自序。據作者自序，其因病隱居鄉里，借與友人談論里中瑣事以銷日，「皆二三十年前邑中軼事」，共 17 則（篇），無題目，有「黑漆女金剛」（東鄉農人王環妻）「錢牧齋與徐尊之拜盟」「王某學仙」「老儒陸淵如迂腐」「夥居道士錢炳東」「順治乙酉婦女放腳」「徽商趙某之女悍妒」「庠生朱某與婦弟書」「幻術」等事，語言樸質。

《豆區八友傳》一卷　　王蓍撰

　　王蓍，字宓草，號湖村，浙江秀水（今屬嘉興市）人，工詩善畫。本書已佚，《四庫全書總目》小說家類瑣語之屬著錄，云：「以製造菽乳，其名有八，因呼八友，各為寓名而傳之。蓋遊戲之小品。後有胡奉衡跋，題己卯年。蓋其書成於崇禎十二年也。」寧稼雨先生以為「己卯年」當為康熙三十八年，非崇禎十二年也。江慶柏先生意亦同，並定王蓍生於順治六年（1649），卒於乾隆二年（1737）。遊戲之文也。

《山志》十二卷（初集、二集皆六卷）　　王弘撰著

　　王弘撰（1620～1702），字文修、無異，號山史、待庵，陝西華陰（今華

陰市）人，明監生，入清不仕，精研《易》理，著有《邸齋題跋》《邸齋集》等，《清史稿》有傳。《藏園訂補郘亭知見傳本書目》卷十子部雜家類著錄。國家圖書館藏乾隆明善堂刊本，今有《四庫全書存目叢書》本、《續修四庫全書》本、中華書局《歷代史料筆記叢刊》本。前有余懷、葉封《序》，乾隆五十三年李蔭春《重刊山志序》、光緒二十六年汪榮堂《序》、光緒二十五年謝化南《跋》，《凡例》五條。此為雜家筆記之類，典章制度如《五祀》《諡法》，經史考證如《孔孟生卒》《孔子子孫》《九經字數》，遺聞軼事如《曹靖修》《孫督師》《康對山》，雜說如《明善》《庭訓》《寶訓》《殺生》《理氣合一》《人心道心》（雜說中對李贄、屠隆、王陽明思想多有批駁）、寓言如《北鄙之武》、博物如《西洋》《富春山圖》《閩茶》、文獻如《文丞相墨蹟》《郭宛委》《大明世系》《會試二元》《冬心詩》《周宗伯記字》等皆錄之於書，其中以雜說為多。余懷在《山志序》中以為「說部惟宋人為佳」，「皆以敘事兼議論」，並稱讚「（《山志》）大而理學文章，細而音韻書畫，無不稽察典核、辯證精詳」。此書仿《容齋隨筆》《南村輟耕錄》之例，卷端小序云：「屏居山茨讀書之暇，偶有所觸，隨筆記之，雅俗並收，洪纖無間，久而成帙，題曰《山志》，蓋竊比《容齋》《南村》之義，不賢識小則其無倫脊固也，然又時時有玩物之懼焉。」其中敘事、議論、考證三者兼備，為清初雜家筆記之佳作，議論如《傳奇》引《崔夫人埋誌碑》辨《西廂記》之誣、《道術》疾御女燒丹之偽，皆議論之確當者；敘事如《顧亭林》《王仲復》《劉孟嘗》《李中孚》《李天生》《義生》《劉臺凝》《郭宛委》等，皆士夫軼聞。至於《臥冰割股》引掌故辨苦孝非禮教所容、《科目偏見》云崇禎帝求才於郡王子孫非為己私，皆敘事議論兼備者。二集卷五云「文貴簡直」，亦可自為褒獎。王弘撰為清初學人名士，與顧炎武、吳偉業等交遊，書中詩文雜說野史考證之中，多有創見，非尋常老儒比也。

《信徵錄》一卷　徐慶輯

　　吳震方《說鈴本》。徐慶字賓溪，自署烏山人，其他不詳。吳震方《說鈴》本。《四庫全書總目》小說家類異聞之屬著錄，提要云其「雜記果報，語多荒誕。」此為徐慶輯錄他文以成，共65則，每則前有標題，多因果報應，大約為勸善之作，如《念佛異徵記》《吳斗文口述》《殺女慘報》《禁牛油燭文》《回陽記》《竊銀因果記》《屠子變狗》《完姻之報》《勸賑再生》《淫惡之報》《前生

驛馬》《沈六飛復生》《殺僧冤報》等，其中《邑令子再世》一則為康熙三十九年事，則此書當作於此後不久。文風樸質，敘事平實，不為玄幻，意在教化眾人戒殺向善之意。

《虞初新志》二十卷　　張潮輯

乾隆《江南通志》子部雜說類、《清史稿藝文志》小說家類、《山東省圖書館藏海源閣書目》子部小說家類異聞之屬著錄。此書陸續編輯自康熙二十二年至三十九年間，故上海圖書館藏康熙二十二年刻本，復旦大學、北京大學館藏康熙三十九年刻本。今有《四庫禁燬書叢刊》影印中科院藏康熙刻本。前有康熙二十二年癸亥《自敘》《凡例十則》。《凡例》云「文人銳志專研，無非經傳子史；學士馳情漁獵，多屬世說稗官。」此書為續明代「虞初」（如《虞初志》《續虞初志》《廣虞初志》）而來，主以傳記之文，多奇人畸行，序云「其事多近代也，其文多時賢也，事奇而核，文雋而工，寫照傳神，仿摹畢肖。」如《活死人傳》《圓圓傳》《八大山人傳》《核舟記》等，多從名人如魏禧、冒襄、吳偉業、侯方域、方苞、王晫、毛奇齡、周亮工等文集中輯錄，每篇後有張潮評語。除傳記外，張潮並從《筠廊偶筆》《觚剩》《聞見庀言》《客窗涉筆》《樵書》《湖壖雜記》《因樹屋書影》《聖師錄》《訒庵偶筆》《柳軒叢談》《嘯虹筆記》《三儂贅人廣自序》《板橋雜記》等筆記中輯錄「調笑滑稽、離奇詭異」者，其意在「表彰軼事、傳佈奇文」（《凡例》）。此書體例後為人所仿傚，如鄭澍若《虞初廣志》、黃承增《廣虞初新志》等。今人或云此書不過散文集、並非小說，然此書問世以來，清人書目多載之小說家類，且王用臣《斯陶說林·凡例》云此書「率以文章為小說者，又是一種筆墨」，故從之。民國《安徽通志稿》小說家類云是書「事則近代也，文則時賢也，事奇而核，文雋而工，寫照傳神，摹仿逼肖，非徒為茶後酒餘之消遣，實足為研究唐宋古文之先導也。」

《廣陵香影錄》三卷　　徐鳳采撰

徐鳳采（1602～1657），字聖期，華亭（今上海市）人，明末曾參與復社、幾社活動，著有《藕絲館詩鈔》《酬贈》等。《販書偶記》小說家類著錄。國家圖書館藏刻本，前有康熙三十九年庚辰《廣陵香影錄序》、康熙四十年辛巳《廣陵香影錄緣起》及楊昌緒、阮亨等人《題詞》。此書三卷，所述揚州青樓中人，

又仿鍾嶸《詩品》、呂天成《曲品》分諸妓為《清品》《雋品》《逸品》，計二十餘人，如湯明珠、薛雙林、胡畹珍、陳映華等，體例為每卷皆有小序，述主旨，如《清品》云：「神淡如水，氣和於春，梅花作骨，明月前身，是為清品。」次列姓名，次列題詠；卷後《酬贈》分上中下三部，皆化名「雲泉」「蘋洲」「詞隱生」諸人之題贈詩詞，如《春日過留仙館初遇佩芳校書》《晚歸湖上訪佩芳不置》《浪淘沙・為映華校書題扇》等，類於青樓詩集，穠麗綺靡，亦《緣起》中云「天涯恨人，嗟此遲暮；一如華開，虛生易謝」語，《板橋雜記》之流。

《觚賸》八卷續編四卷　鈕琇輯

　　鈕琇字玉樵，江蘇吳江（今屬蘇州市）人，拔貢，累官至陝西知府，著有《荔夢編》一卷、《臨野堂文集》十卷等。《清史列傳》卷七〇有傳。《四庫全書總目》小說家類異聞之屬著錄。此書有康熙三十九年臨野堂刻本、宣統三年國學扶輪社《古今說部叢書》鉛印本、宣統三年上海時中書局石印本、齊魯書社《四庫全書存目叢書》本、廣陵書社《筆記小說大觀》本。全書分正續兩編，正編前有康熙三十九年庚辰鈕琇自序，以四六文寫之，云「是知虞初小說，非盡出於荒唐，郭氏遺經，固無傷於典則也。」續編前有康熙壬午鈕琇序。兩編內容分《吳觚》《燕觚》《豫觚》《秦觚》《粵觚》《言觚》《人觚》《事觚》《物觚》等九部。吳震方《說鈴》本節選一卷。四庫館臣云：「是編成於康熙庚辰，皆記明末國初雜事。隨所至之地，錄其見聞。凡吳觚三卷，燕觚、豫觚、秦觚各一卷，粵觚二卷。續編成於康熙甲午，分類排纂為言觚、事觚、人觚、物觚四卷，體例與初編略殊。各有琇自序。琇本好為儷偶之詞，故敘述是編，幽豔淒動，有唐人小說之遺。然往往點綴敷衍，以成佳話，不能盡覈其實也。」《鄭堂讀書記》亦云此書「其文詞皆哀豔奇恣，而記事多近遊戲」。此書筆法多與《聊齋》相類，每則前有標題，多為怪異，如《鬼徒》《半仙》《再世婚》《雲蠱》《木偶出號》《物祟》《曲曼》《阿魏》《月中仙藥》《判官薦才》《產龍》等，如亦類有傳奇者，如《神僧》《酒芝》等。康熙年間以傳奇之法入志怪之書者並非僅有蒲松齡一人，鈕琇也是其中一位。《觚賸》中大量吟詩是其中重要元素之一，即傳奇語音效果為筆記小說所闕略。書中志怪、博物、軼事、詩話皆有，然以志怪為多，故《四庫全書總目》列其入異聞之屬。正編七卷以地為名，所述亦多本地事，卷一、卷二、卷三所述為三吳之地，又以吳江為重，錢謙益、

黃淳耀、陸隴其、蕭詩等多有軼聞記錄，卷中「甲申」「國變」所在多有，可見興亡之思；其中卷三多記奇女子如姜楚蘭、柳如是、陳圓圓、葉小鸞、顏芳在等，或俠義或智謀，或遇人不淑，書法與《聊齋》相類。卷七、卷八為廣東之記，卷七怪異之外，亦錄嶺南風土，卷八則重在記錄三藩之亂。燕地、豫地、秦地之事各占一卷，《燕觚》多記燕京之事，其於吳門陳圓圓所述較詳，《豫觚》記河南之吏治與科場，多有怪異；《秦觚》除記石經碑銘外，多記名人軼事。《言觚》為詩文談故，多詩話；《人觚》為名人軼事，《事觚》多為志怪之類；《物觚》為博物之類，多奇異之物。此書在清前期筆記小說中，可謂較為傑出者，語詞清麗，敘事婉轉，多有《聊齋》化傳奇入志怪之體，如卷四《李旗六》寫夜色：「傍晚闔戶，纖月流照窗間」等，清新不俗。此中敘事有數則與《聊齋》《池北偶談》有相近者，如《神僧》與《聊齋》之《嶗山道士》相類，《雪遘》敘查伊璜與計六奇事，《聊齋》《池北偶談》亦有記載，不過略有異同耳。此書敘事，較《聊齋》為清遠，較《池北》為簡淨；清者，穠麗較少；淨者，雜說考證為少耳。

《虞叩山人聞見錄》 樊庶撰

樊庶，江蘇江都（今揚州市）人，貢生，康熙四十三年任臨高知縣。嘉慶《重修揚州府志》子部雜家小說類著錄。未見。

《天香樓偶得》一卷 俞兆漊撰

俞兆漊字虹升，檇李人（今浙江嘉興），康熙時諸生。《浙江採集遺書總錄》說家類、《中國叢書綜錄》小說家著錄。吳震方《說鈴》本。此書雜抄眾書，如《夷堅志》《後漢書》《稗史彙編》《漢書》《莊子》《槎庵小乘》《華陽國志》《春秋緯》《淮南子》《神異經》《詩經》《呂覽》《夢溪筆談》《五雜組》《南史》等，敘事、博物、考證兼而有之，亦高士奇《天祿識餘》之流。此書共 170 則，每則前有標題，除抄撮他書外，亦有得自耳聞，天文地理如《天學》《天左旋》《日月食》，軼事如《澖廁帛》《趙三翁》，器物如《羽扇》《白酒》《象棋》，物理如《倒塔影》《陽燧影》，草蟲如《桂》《玉蘭辛夷》《海蜻》《臭蟲》，詩詞如《唐詩》《清平調》，風俗如《拜興》《裙解》《接煞》等，皆列入書中。《四庫全書總目》云：「是編乃其讀書所得，隨筆纂錄，分類編次為《天文》《地理》《宮室》《鳥獸》《蟲魚》《草木》《典制》《字學》《人事》《藝文》十部。中多蹈襲舊文，其自為考證者不過十之一二。如論《刀劍錄》誤以宋廢帝為順帝，

以楊玉夫為楊玉；論《五代史》唐莊宗立皇后劉氏事，本紀與家人傳年月不同；論劉禹錫詩自注二高字，謂高門字既對曉鏡，則亦似自高；論孟子非館於雪宮；論郭子章馬記誤收羊事；皆為確當。而論五雜俎野蠶一條，尤洞燭真偽。至於謂《詩》投畀有北用《拾遺紀》黃帝事，不知王嘉正依託《詩》語；謂鏡稱菱花未詳何義，不知《飛燕外傳》有七出菱花鏡事；謂隋時改丙為景，唐修《晉書》皆仍《隋書》，不知丙字本唐諱嫌名；謂周邦彥十六字令當以明月影三字為句，穿窗白玉錢五字為句，譏改明為眠，作上一下七之非，不知別作之歸十萬人家兒樣啼，亦是上一下七，不可歸十萬為句，皆失詳考。至謂對子字父始於蘇軾，並忘曹子丹佳人一語，即在本書之中，失於檢核。其他所論天文，多涉臆揣，而孟姜女滴血尋夫骨事，更無徵不信矣。」

《談助》一卷　王崇簡撰

王崇簡（1602～1679），字敬哉，謚文貞，宛平（今北京市）人，崇禎癸未進士，入清後授內翰林國史院庶吉士，官至禮部尚書，著有《青箱堂集》《冬夜箋記》《談助》等。《中國叢書綜錄》小說家類著錄。《說鈴》本。前有吳震方序、王崇簡自序。《冬夜箋記》亦入《說鈴》，不過為筆記雜說之類，無甚敘事；此書則為雜記朝野人物言行，卷端王崇簡識語云：「嘗喜夕坐閒談，或述古語或及近事所聞，偶錄之已成帙矣，存為《談助》。」全書共 124 則左右，筆記之法以記事，明事較多，甚或有數字語為一則者，如「宋張子野八十五猶買妾」，「明宣德初始命廷臣巡撫」等，篇幅稍長者如「明嘉靖中奚光祿世亮為刑部主事，時與楊忠愍同年善友。忠愍臨刑日，部議以奚為監刑官，奮然曰：『吾愧不能申救良友，忍視其死歟？』然時已得旨，不可易，朝即從事矣，念可以免此者，惟同邑陶仲文，嘗百計招公，公不應，乃夕往見，仲文為具酒。奚曰：『能聽我言且領樽。』仲文唯唯。告之故且時已迫，奈何？仲文因留公坐，以片紙書奏，呼小童叩宮門，納之。少選得旨，除他官。奚泫然流涕曰：『仲文一語可以回天，而椒山積誠不能悟主，天下後世其謂何哉！』仲文以道士為世宗所知。」語言簡單，不過道學家敘事之語，故此書中嘉言善行甚多，兼有考證，如考婦人假髢等。吳序云王崇簡「篝燈談說，無非經史詩文以及淑身正家屬俗之指。」文中軼事，即此意也。

《南吳舊話錄》二十四卷　李延昰撰

李延昰（1627～1697），初名彥貞，字我生、期叔，後改為延昰，字辰山，

松江府南匯（上海市）人，業醫，後隱居道院，與朱彝尊等為好友，著有《放鷳亭詩古文集》等。光緒《平湖縣志）》卷十八有傳。未見清人著錄，今《中國古代小說總目》著錄。寧稼雨先生《〈南吳舊話錄〉考》一文云有七種版本，如嘉慶二十二年丁丑張應時校刊本六卷、光緒癸卯陳蓉曙鈔本、民國乙卯吳重熹刊鉛印本、安陽謝氏藏無棣吳重熹舊抄本等。今所見有兩種：一為《瓜蒂庵藏明清掌故叢刊》有為謝國楨藏舊抄本，釐為兩卷，題「趙郡西園老人口授，孫尚綱補撰，七世孫漢徵引釋」，無部類，無標題，亦即新興書局《筆記小說大觀》所本。一為華東師大館藏乙卯年（民國四年）據吳仲懌寫本鉛字排印，二十四卷，亦題「趙郡西園老人口授，孫尚綱補撰，七世孫漢徵引釋」。每卷一門，皆有目次、有標題，部類有《孝友》《忠義》《政績》《才筆》《儉素》《廉介》《謙厚》《恬退》《陰德》《雅量》《規諷》《敬禮》《任誕》《閒逸》《夙惠》《遊藝》《賞譽》《諧謔》《曠達》《感憤》《寄託》《豪邁》《名社》《閨彥》等；此書前有甲寅年吳重熹序、《松江府志》之李延昰傳及目次、刊發緣由，後有《南吳舊話錄補遺三則》、朱彝尊撰《高士李君塔銘》《附錄〈庸閒齋筆記〉一則》、《檇李詩繫一則·放鷳道者李延昰》、佚名《後序》（殘缺）及《助貲同人姓名》。此書大約成於晚明清初，元寫本中尚避明帝諱，或遺民之筆也，仿世說體分類目，又仿劉孝標注例而為之，約有 1100 則，雜記元末明季淞南名人逸聞軼事，亦地志小說之類，其書為李延昰原撰，書中多有識語，後其子孫補撰、注釋之，可視為集體創作，所釋則皆注明來源，如正史、墓誌、郡志、文集、家書、筆記、緯書、家譜等如《晉書》《舊唐書》《三國典略》《十六國春秋》《國語》《萬曆野獲編》《松江府志》《上海縣志》《鄉評錄》《雲間志略》《桐窗隨筆》《西山日記》《湧幢小品》《水東日記》《閱古編》《碧桃軒錄》《世說新語》《酉陽舌瑣》《雲間雜志》《東軒筆錄》《陸儼山集》《祝無功集》《白石山樵集》《朱文公集》《皇明詩選》《焚餘稿》《分盛人物志》《分省人物考》《孝經援神契》《袁氏譜》《燕居日課》《吏部志》《陳臥子會葬詩》等。書中所記近於實錄，敘事簡練，間有評語，弗為荒誕之語，多為嘉言懿行大致可為後世標榜者，故佚名之《後序》云：「有明三百年來，其鄉名公巨卿、幽人達士以至閨中方外、樵夫牧豎、佳言逸事，其出處世系無不綱舉目張」，其中《名社》一門為他仿世說者所無，記載明代文社及社主活動較為詳盡。後毛祥麟之《墨餘錄》、黃式權《淞南夢影錄》，專於敘事淞滬，亦其類也。此書一名《南湖舊話錄》，《竹崦庵傳抄書目》子部小說家類著錄為一卷。

《簪雲樓雜記》一卷　　陳尚古撰

陳尚古字雲瞻，浙江德清人，康熙二十六年舉人，著有《簪雲樓集》等。《四庫全書總目》小說家類異聞之屬著錄。吳震方《說鈴》本。來新夏《清人筆記隨錄》有辯證。四庫館臣云：「是編雜記瑣聞，多涉語怪。其足資考證者，惟述魏忠賢養女任氏冒稱明熹宗皇后張氏一事耳。」吳震方《說鈴》本名曰《簪雲樓雜說》，此書約六十餘則，每則前有標題，所記有《制科》《廷杖》《真武像》《篤義》《苔雪水秀》《大白仙》《刲肝》《墜崖婦》《春聯》《雁蕩圖》《物眚》《望水檀》《盜石》《鵲不停》《彈》《兵禍》《剔奸》《墻穎傳妄》《除蟒》《煉氣》《龍》《鸛》《義優》《古桂》《褒忠》《禁娼》《題竹》《再生》《義馬》《雉窠黃》《倒垂蓮》《放鯉》《奇症》《狂婢》《賀宿紀聞》《五里蛇》《金爐》《版籍》《高識》《梅龍》《白鷹》《祁禹傳》《易形》《柳州獄》《雄之卵》《非煙香法》《庇人》《放雲送雪》《桑》《巧昏》《花開不時》《石獸》《雷火焚樹》《人箸》《來鶴樓》《瑞雲峰》《裙帶間火》。所記多怪異之事，亦有明清遺事，間有考證。敘事類皆實錄，語亦平直。

《曠園雜志》二卷　　吳陳琰撰

吳陳琰字寶崖，號芊町，錢塘人，吳震方弟，康熙五十二年出知山東荏平縣，著有《桂蔭堂集》等，乾隆《杭州府志》引《武林耆舊續集》云：「吳陳琰，字寶崖，錢塘人，少負詩名，為毛奇齡、朱彝尊所知，中年往來南北，與王士正、宋犖交善，而犖尤有國士之目，聲名藉甚，卒不得一第，僅以修書議敘出宰荏平，未久掛吏議歸，後復以薦仍入書局，遺集甚富。生平與同里蘇輪往來倡和，稱莫逆友。輪字子傳，號月查，諸生奇齡稱其詩清雄博達，語警而氣軼。」雍正《浙江通志》子部小說家類、乾隆《杭州府志藝文志》雜家類、《四庫全書總目》小說家類異聞之屬著錄。吳震方《說鈴》本。前有康熙四十二年吳震方序，云吳陳琰「頻年不得志，寄跡四方，應賢士大夫之聘，凡遊跡所至，天地山川人物鬼神，與夫忠孝節烈奇異之事，或得之傳聞，或目擊感觸，自明末以迄昭代，輒多紀載，必徵必信，用昭勸懲，以補正史之所未備，可與《神異經》《博物志》之書並垂不朽，非徒搜神志怪，惑人聽聞已也。」四庫館臣云：「是書皆記見聞雜事，而涉神怪者十之七八。惟所記楊維垣偽題樞字，棄城夜遁，為劫盜所殺，非死於國事，及葬明莊烈帝始末，二事足備考證耳。」此書記怪異，間有明末遺事，共 174 則（《鄭堂讀書記》卷六十六云 151 條），

每則均有標題，如《友代為神》《投崖不死》《割心救母》《李後主後身》《星隕二石》《僧合樹中》《僵屍納被》《化虎救父》《姚廟二松》《全婚延算》《童子水上行》《曇花神》《伐木出血》《千里馬》《空中火光》《鬼赴訊》《獻賊開科》《義猴合葬》《蒲化人》《清河狐》《東菩薩》等，敘事緊湊，多為數語即為一事者，如《壺殛僧》則其中篇幅較長者：「康熙年間，吳有書生假寓僧舍，見僧每出，必鎖其房甚謹。一夕忘鎖，生縱步入焉，房甚曲折，几上有小石磬。生戲擊之，旁小門忽啟，有少婦出。見生，驚而去，生亦倉皇外走。適僧挈酒一壺自外入，見門未鑰，愕然問生：『適何所見？』生曰：『無有。』僧怒，挈刀向生曰：『可就死，不可令吾事敗！』生泣曰：『容吾醉後公斷吾頭，庶懵然無覺也。』僧許之，生舉杯佯告曰：『庖中鹽菜乞一莖。』僧寓戶，持刀入廚。生急脫布衫塞其壺口，酒不泄，重十斤許。潛身門首，伺僧啟戶，連擊其首數十下，僧悶絕而死。問少婦，乃僧謀殺其夫而奪得者，遂分僧橐而遣之。」

《劉繼莊先生廣陽雜記》五卷　劉獻廷撰

　　劉獻廷（1648～1695），字繼莊，別號廣陽子，大興（今屬北京市）人，旅居吳江，曾參修《明史》《大清一統志》，著有《三楚水利》等。《藏園訂補郘亭知見傳本書目》卷十子部雜家類著錄。來新夏《清人筆記隨錄》有考訂。上海古籍出版社《續修四庫全書》影印南京圖書館藏同治四年周星詒家鈔本。書前有全祖望撰《附劉繼莊傳》、北平王源《附劉處士墓表》，書後有潘祖蔭識。潘祖蔭云此書有黃曰瑚輯本，有足本，輯本中有數則為足本所無，「蓋繼莊此書，初亦隨手劄記，未有定本，後人傳寫，或詳或略，遂多同異。」同治《蘇州府志》卷一百三十九云此書為「弟子黃中夏輯」。此書既具殘明雜事，兼有經史考證、山水覽勝、博物詩論藥方及明清典章制度、西南路程之記，無愧隨筆記錄之雜記也。文筆簡練，敘述少數民族風俗以及記錄自唐以來官員數目、全國錢穀總數、京省俸餉總數、荷蘭貢品名目等皆為實錄；敘事亦楚楚，於明末清初史事多有記錄，如崇禎、弘光、永曆三朝變更，張獻忠、吳三桂、王輔臣之亂，臺灣鄭氏軼聞，中俄雅克薩之戰等。惟隨筆之類，殊乏邏輯耳。此書記載陸隴其、于成龍、黃周星、孫可望、洪承疇等軼事，亦可廣見聞。書中間有異聞，如朝邑縣民婦羅氏孝養得報等，然甚少。卷四述高郵袁體庵治癒中舉發狂之人，與《儒林外史》范進事相類。如述陸隴其清廉事：「康熙十三四年間，嘐城知縣趙昕（貪黷山，所得貨載歸故鄉。時荒亂，鄉人奪之，焚其居。趙亦隨以狂疾卒心於官。引發，嘐人爭拾瓦礫擊之，

又佯為儋負者，沒其餘貲。妻子貧餒，至不能營葬。代之者，平湖陸隴其也。到官之日，除弊政，絕饋遺，薪水取給於家，夫人率婢妾以下紡織給魚菜。日與紳士之賢者講道論學，當午輒出粗糲共食。二年詿誤去。去之日，留者鞠鞠殷殷，遮道而哭。海內爭欲望見其顏色，都人士稱循良吏，必以陸當之。卒以魏總憲保舉復其官。嗚呼！貪黷者慘報若彼，廉潔者受用若此。居民上者，可以悟矣。」又有述吳梅村夢見崇禎帝事：「太原王茂京言：吳梅村於壬子元旦。夢兩青衣來呼曰：『先帝召汝。』梅村以為章皇帝也，急往，乃見烈皇帝，伏哭不能起，烈皇帝曰：『何傷？當日不止汝一人也。』語畢，命之退，至午門見懸白牌一面，大書『限吳偉業於八月二十日到此。』遂驚覺，後果以是年月日病卒去。」此為吳梅村《過淮陰有感》「我本淮王一雞犬，不隨仙去落人間」之新釋，然王漁洋《池北偶談》卷十一《梅村病中詩》云吳偉業「辛亥元旦，夢上帝召為泰山府君。是歲病革，有絕命辭」云云，此又一種說法。又「龍安梁搏九言：綿州生員張三顛為張獻忠所獲，至成都司馬橋，題詩橋柱云：『生為明朝人，死作明朝鬼。今赴此江流，不負此江水。』卒遇害。」此一則亦見《池北偶談》。概言之，卷一至卷四中多軼事，卷五則為地理瑣記及經史考證也。劉獻廷入清雖歷經年所，然山水讀書之樂不掩其故國之思也。此書成於康熙年間，文網尚疏，故於明清易代之事，似可近於實錄，故譚獻云此書「言外深致，襟寄深博」，並云「繼莊沉思菀結，殆度越亭林、平揖梨洲矣」（《復堂日記》），而李慈銘對此書評價不甚高，云其「多記殘明佚事及國初官制，糅雜無序；偶一考古，大率淺謬，宜其心折於金人瑞也。」（見《越縵堂讀書記》之「廣陽雜記」條）

《甌江逸志》一卷　勞大輿撰

勞大輿字會三，號宜齋，浙江石門（今屬嘉興市）人。順治八年舉人，官寧海、永嘉教諭，著有《萬事太平錄》等。《四庫全書總目》史部地理類雜記之屬著錄。吳震方《說鈴》本。此書名為「逸志」，即逸出於地志之外者，全書約有六十餘則，內容有志怪，如科場徵兆、左道異術、忤逆遭報應、戒殺得報等；軼事如循吏、孝子、義民等；風土如溫州風俗、永嘉物產、地理山水等。此書亦地志小說之類，既敘永嘉山水之美，亦借敘事寓勸懲之意，風格樸質，敘事平直，寓勸誡處往往有議論，如敘朱和尚「干汞術」（點金術）之事云：「今之術士以此惑人，動稱燒煉可成，以致紈綺之子俾其所愚、家為之傾者比比然矣，明理君子寧惑此哉！」

《青社遺聞》四卷　安志遠撰

　　安致遠（1628～1701），字靜子，山東壽光（今屬濰坊市）人，順治十一年拔貢，後連十五舉不第，自號拙石老人，與同郡李澄中、張貞、丁耀亢、李煥章皆為知名士，曾參修《壽光縣志》，著有《紀城文稿》《詩稿》《玉磑集》《東歸草》《青郡先賢志》等。《山東文獻書目》子部雜家類著錄，一卷，山東省博物館藏清梁成元抄本。今有《青州史料筆記四種》本。全書共 113 則，有標題，標題方式為每則前數字，從古義也。此書所述為晚明清初事，軼事為主，志怪為次，邑中（青州）及流寓名士所在皆記錄之，多過往回憶之錄，如《予年二十八時》《予族人安行善》《周櫟園先生吾邑劉文和公》《青州衡藩故宮》《明末青郡鼎盛》《壽光縣志》《予數年前至青郡》《地震之變》《山左學巨》《歲在康熙四年》等，其中不乏易代悲愴之感。文中於當代學人尊禮周亮工、鍾性樸、戴景曾、施閏章，文中多軼事，流露感佩之情。行文雅致，文中詩以言志，如卷四《康熙壬申秋》一則為廣陵妓若霞降乩事，所述詩與《聊齋》林四娘風格絕類；又卷三《陳寶鑰》即林四娘事，漁洋亦道之。文士與豔鬼酬唱兼寥落之衡王故宮，王漁洋、蒲松齡、安致遠皆有所寄意。卷四《青州自國朝以來》一則云「青州自國朝以來，五十餘年，入相者三人。」則此書成於安氏逝世前不久。地志小說之類。

《蜀都碎事》四卷《藝文補遺》二卷　陳祥裔撰

　　陳祥裔字耦漁，原姓喬，順天大興（今屬北京市）人，監生，官廣德直隸州知州，為王漁洋門人，著有《凝香詞》四卷、《同人傳》等。《四庫全書總目》地理類雜記之屬著錄。今有齊魯書社《四庫全書存目叢書》影印中科院館藏康熙漱雪軒刻本。前有康熙四十年辛巳蘇輪及聶鼎元序。本書所述為川中地理、物產、風俗、沿革、故實等，亦地志小說之類，此書仿自《金陵遺事》《武陵舊事》，「或得之見聞，或參之載籍，考證精確，典雅弘深」（聶序），每引多注出處，如《渭南集》《北夢瑣言》《麗情集》《帝王世紀》等，語皆典實，並錄詩文，既類遊記之體，復有考證之學，《補遺》為名士所撰有關蜀中之詩文，中有陳祥裔《草堂》詩百首。

《自知錄》二卷　陸毅撰

　　陸毅字士廸，太倉（今屬蘇州市）人，康熙二十七年進士，歷官新建知縣、

戶部主事、陝西道監察御史等，著有《東江文集》《自知錄》《入臺偶筆》《巡城瑣記》等。《販書偶記續編》雜家類著錄。《四庫禁燬書叢刊補編》影印康熙四十一年貴己堂刻本，前有康熙四十一年壬午潘宗洛序、康熙四十一年壬午張廣居序、康熙三十九年庚辰陸毅小序，凡例七條、《宜豐官課附錄》六條。自序云：「予謝任後北征，紆道旋里，表兄吳子九滁直前迎問五年政績何如，予灑然汗浹，無以應……五年不為暫矣，政績固無可紀，而功少過多，亦自有耿然，雖昧者自庸藏諸胸臆，不以示人，循省所至，援得什二三筆之如左，而顏曰《自知》。」上下兩卷約有 144 則，陸毅主政期間，寫為官之事，有公案，亦有官員軼事，下卷記有《宋人言行二十三則》，亦勸誡之意。

《堅瓠集》四十卷續集四卷廣集六卷補集六卷秘集六卷餘集四卷

褚人獲輯

褚人獲，字稼軒、學稼，號石農、沒世農夫，長洲（今江蘇蘇州市）人，著有《退佳瑣錄》《讀史隨筆》等，改編有《通俗隋唐演義》二十卷。《八千卷樓書目》小說家、《清史稿·藝文志》小說家著錄。上海圖書館藏康熙刻本。廣陵書社《筆記小說大觀》本。《堅瓠集》全書四千餘則，成書時段起於康熙三十年，終於康熙四十二年，前有李炳、洪昇、孫致彌、朱陵等序文，李炳序云：「（《堅瓠集》）鉤索古今諸說部不下千百家」，其實輯錄書籍達一百數十種，所輯之文或無出處，然自作之文亦可望見，輯作之文多取自稗官說部者，旨取文人雅趣。筆記體小說中以軼事、志怪、博物為多，兼有考證語。語言既有小品之風致，亦有《世說》之博雅，與馮夢龍《譚概》相比而言，或即湯榘序云：「猶龍之作濃而纖，稼翁之作淡而雅。猶龍之作蓋志於此，而好弄其筆墨者也。稼軒之作，則非其志乎，此聊藉以自寫其閒適者也。」「雅而淡」者即全書之基本風格。此書前十集及補集為小說家之瑣語類也，故《甲集》劉蕃序云：「稼軒所集在劉氏世說、何氏語林之間」，蔡方炳序亦云：「閒居無事，不能離書卷，於二者外求其解頤益智適意陶情者，莫如臨川世說為宜。」雖為瑣語，但主以詩文軼事，頗類唐之《本事詩》《抒情集》，所涉文體有詩詞歌賦箴銘疏頌、歌謠俚語、八股判詞、謔語妙對、俳語謎語、談評格言、韻語卦辭等，犖犖大觀，足解人頤，多有《本事詩》《古杭雜記詩集》之詩話文體者。其書本旨，褚人獲序云：「凡有裨王化，關名教事之可勸可懲者，在所必錄。以及郵亭歌詠之章，閨閣諧謔之語，間亦記載而不棄。」大約說部文集中有可資文雅談笑者皆採入之，頗有文人遊戲、優人打諢之意，如《唐伯虎烹雞誦》《騰達道偷狗賊》

等；又有文辭考證如《築長城》考杞梁事，《琵琶記辨》考《琵琶記》，《西施》考西施之有無等等。此書雖無「世說」之名，卻有世說之實，在清初世說類作品中，雖纂輯成書且未分門別類，然纖細必錄，卷帙龐大，可謂吳中叢談之淵藪也。其考據經史多集中在續集、廣集，而廣集、秘集又主於志怪，前十集所謂詩文諧語之類則隱匿不見矣。《堅瓠集》輯錄之書，以宋明為多，清初名人著作如《筠廊偶筆》《宋稗類鈔》也有所採擷，此書作於蘇州極盛之時，故為此書作序者如毛際可、張潮等皆當時名流，此亦著書之一大文化現象也，其編成方式、傳播效應與王晫《今世說》《昭代叢書》《檀几叢書》相類。

《己畦瑣語》一卷　　葉燮撰

葉燮（1627～1703），字星期，號己畦，江蘇吳江（今蘇州市）人，祖籍浙江嘉善，康熙九年庚戌進士，官寶應縣令，絕仕後寓居橫山，授徒為業，人稱橫山先生，著有《江南星野辨》一卷、《己畦集》二十一卷、《原詩》四卷、《吳江縣志》四十七卷等。《八千卷樓書目》小說家類著錄。今有世楷堂《昭代叢書》本，前無序，後有道光二十四年甲辰沈楙德甲辰跋，云：「星期先生所著《己畦瑣語》，大半為居官者而發，或直捷以規之，或婉轉以諷之，亦無一語不深切明著，而於吳下風氣復言之洞悉。」此書共 35 則（條），無標題，雜說、雜事幾兼半，寥寥數語，亦隨筆之類，言及沈禹讓、蔣雨亭、彭飛、練子寧、胡證等事，可為從政者鑒。

《暑窗臆說》二卷　　王鉞纂

王鉞（1623～1703），字仲威，號任庵，山東諸城（今屬濰坊市）人。順治十六年進士，官廣東西寧縣知縣，著有《世德堂詩文集》等。《四庫全書總目》小說家類雜說之屬著錄。齊魯書社《四庫全書存目叢書》影印康熙五十三年刻本，前有王鉞自序。此書雜引諸說部而以己意斷之，序云衰暮之年，百無聊賴，「得明人小說百餘種，取其意義淺近、篇幅易了也逡巡讀之，隨讀隨筆，或卷而得一焉，或卷而得三四焉，間憑臆而為之說。有與原旨相成者，有與原旨相反者，大都率所欲言。」所引書有《高坡異纂》《震澤長語》《腳氣集》《綠雪亭雜志》《雪濤談叢》《戲暇》《異林》《琅琊漫鈔》《識小編》等皆為明人著作，四庫館臣云其所讀似明陶珽《續說郛》，隨筆成書「體例不善，賓主混淆，不辨孰為原文、孰為鉞語，是則排纂之過耳。」此書亦敘事兼議論之書，然除所輯小說之軼事、志怪外，議論乏文采。

《海漚小譜》一卷　趙執信撰

趙執信（1662～1744），字伸符，號秋谷、飴山，山東益都（今青州市）人，康熙十八年進士，康熙二十八年坐國恤日宴飲觀劇除籍，著有《聲調譜》《談龍錄》《飴山堂集》等。事蹟詳見乾隆《博山縣志》卷七下、《清史稿》卷四八四。《八千卷樓書目》小說家、《中國叢書綜錄》小說家類著錄。世楷堂《昭代叢書》本。此書為趙因國喪觀劇被斥革功名後於康熙四十三年客天津時作，前有作書緣起，云「長日無事，戲為記錄，以誌吾過，且詒好事者。」亦《板橋雜記》之流也。書中云「天津密邇上都，俗頗奢靡，故聲色最焉」，此書詳記所遇妓女有聲色者，其體例大致先之以傳記，後之以酬贈詩詞，所述如蕊枝、真珠、玉素、玉秀、金仙、金香、玉如、若青等，不過狎客之語，所謂楊復吉跋云「藝林豔品」者也，糅合《板橋雜記》「冶遊」「麗品」「軼事」於一體，而以「麗品」為主。

《漫遊小鈔》《述異續記》　魏坤撰

魏坤（1646～1706），字禹平，號水村，浙江嘉善（今屬嘉興市）人，康熙三十八年舉人，與朱彝尊等交遊，著有《倚晴閣詩鈔》《水村琴趣》等。《西諦藏書善本書目》著錄。國家圖書館藏本一冊，不分卷，原為鄭振鐸「西諦藏書」之一種。前有柯煜序，後有光緒元年孫福清跋。《漫遊小鈔》所記共十一則，即《壺中言》《龍池串月》《八座松》《瓣香石頭》《黲峪》《杜壓州》《老神仙》《吼趕龍》《鄒二水》《袁胖子》《一鳳兩角》；《述異續記》有《於清端公》《酆都記異》《附酆都走無常》《會榜易名》《自知前生》《二周夢兆》《長人小人》《奇貓異鼠》《買耳報鬼》《人畜異形》《老尼變豬》《小頭人》《木有光》《蘆花結米》《木介》《霧凇》《樑上君子》《鴉食人》《三雷報》《金簪》《鬼緣》《無頭人》《雞四足》《海棠花異》《義虎記》《忠義蛇》《樹變紫檀》《豬蛻》《昭平虎》《雷虎》《理數豆》《鱷魚池》《林屋洞玉像》《騾食人》《龍異》《人混為豕》《鱉人》《鱉異》《鬥虎奇驢》《婦人四乳》《餌丹致斃》《朱涇道人》《黑蟲》《產龍》《南京拐子》《天開眼》《產怪》《俠商贖女》《豆異》《稻變蔥》《銀蛇》《海鷹畏燕》《古楠》《人變虎》《人變異物》《隕星之異》《景陽鐘碎》《呂公祠冰》《冰山》《天花》《埋兒復活》《宰豬復活》《空中墮女》《能知三世》《能知前世》《老儒後身》《信邪被辱》《貓怪》《科試異事》《閨女赴試》《長生邪教》《天榜更名》《二百歲人》《虎識字》《蝗變蝦》《正月牡丹》《樹有佛像》《關聖現》《側

夫人墓》《異卵》《閩中淫祀》《西北陋俗》《慢神受譴》《甘將軍》《滅蠱奇報》
《修塔異僧》《地產珠》《水湧》《夜明珠》《借屍還魂》《汝南述異》《秀水陶越
記夢》《考試奇聞》等。兩書所述多怪異之事，如轉生、物怪、狐妖、夢異、
祥異之類；間有鄉里軼事、政界傳聞，除《汝南述異》《秀水陶越記夢》篇幅
較為曼長外，餘皆為短製。書中多有塗改處，大約此書為作者未定稿，《汝南
述異》類於長篇，頁眉處云「此一則敘事太近繁瑣，將來付梓尚須刪節」；《秀
水陶越記夢》頁眉處云「此條似近渺茫，存之亦足以勸善」。孫跋云此書「亦
虞初九百之支流也」，並云此書「筆意雅飭」；柯序云「余少時耽嗜說部書，蓋
以經史之外別標疏散之致，不啻九奏中新聲、八珍中雋味也。」兩書記述征實，
故「雅飭」「疏散」並非過譽之辭，惟志怪類別不出《太平廣記》之外。

《耳錄》，卷數不詳　　朱緗撰

　　朱緗（1670～1707），字子青，號橡村，山東歷城（今濟南市）人，原籍
高唐州，朱宏祚子，康熙年間曾為候補執事，蒲松齡友，曾抄錄《聊齋誌異》，
著有《橡村集》《楓香集》《觀稼樓詩》《吳船書屋詩》《雲根清壑山房詩》等。
《耳錄》不知卷數，未見著錄，或已佚，《聊齋誌異》之《司訓》《嘉平公子》
附錄引用之。

《瀛山筆記》二卷　　黃士塤撰

　　黃士塤字伯龢（或寫作「伯和」），安徽休寧（今屬黃山市），原籍浙江石
門，康熙十二年癸丑進士，授翰林院編修，著有《宏雅堂集》《瀛山館課詩》
《柏林寢書》等。《販書偶記》雜家類著錄，題「瀛仙筆記」，誤。國家圖書
館藏乾隆三十年繡雪堂刻本。前有乾隆三十年乙酉王永琪序，云：「筆記之
名，昉自陸游《老學庵》，其餘筆錄、筆談皆其類也，後人編入《說郛》《稗
海》，踵而為者滋多，古今率推夢溪、放翁兩家，為其異聞、軼事往往於此可
考，而剟之以理裁之，以識足當詩文著撰之外篇也，否則以齊給濟其小辯，
甚者且為道之賊而文之蠹，盍足尚哉。此書雖卷帙無多，然名言雋旨層見迭
出，安石碎金有不必兼函累櫝而可寶者。」乾隆乙酉從孫黃煜跋，云此書從
雲間友人處借得，釐為二卷。黃士塤卷端自序云：「予家敝廬之前，有山曰瀛
山，今一椽不存矣，存此名以誌明發之意耳。」雜說之類，共 110 餘則，每
則無標題，內容有史論、詩話、軼事、異聞、考證。書中以詩話為主（集中
在上卷），故張寅彭《新訂清人詩學書目》著錄之。詩話除記錄己作及友朋詩

歌外，每輯錄前朝詩句辯證之，如李長吉《雁門太守行》、楊鐵崖賦楊妃襪一
聯、詠漂母詩、遇合之難、釣臺詩、梅花詩、雪詩之難、詠物詩、管寧濯足
圖、半身美人圖、詩讖、瞽妓扇頭詩、硯銘、竹杖銘、墨銘、先君子遺詩等，
其評論明袁中郎詩云：「七才子自有流弊，然廓清之功不少，袁中郎小有致
耳，而輕訾王李，今試取袁與鍾譚詩，較王李諸大家觀之，真不啻黃鐘與瓦
缶矣。」評五言詩云：「五言古詩須論氣味，漢魏之作從此辨之。氣味是矣，
然後論工拙，所謂工者非雕琢之謂，乃鍛鍊澄汰之至，氣味絕似而詞句又是
古人所未曾經道，此擬古極則也。」評詩作「自然」云：「蘇李十九首總無著
力字樣，所謂自然之至也。若用一著力字，便是詩眼，非復古詩矣。僕生平
不喜看六朝詩，亦以此耳。」評五言擬古詩云：「五言擬古勿多涉晉宋以後，
為其體愈雜而法離也。作律詩絕句，須略帶晉宋齊梁風致，反覺饒味。蓋凡
事窮源勝於隨流耳，作字亦然。」「七言古若擬漢魏者不可摻入唐音，亦猶五
言也。唐體又有分別：其為初唐者流麗為主，其為少陵者以蒼老為主，要之
各有佳境不可偏廢，但下筆時慎勿雜出耳。又，漢魏韻有旁通，與唐有別。」
皆有識見。

《說鈴前後集》　吳震方輯

　　吳震方字右弨，又字青壇，浙江仁和人（今杭州市），康熙十八年進士，
官至監察御史，著有《讀書正音》四卷、《晚樹樓詩稿》四卷、《朱子論定文鈔》
二十卷等。雍正《浙江通志》小說家類、王韜《弢園藏書目》小說家類著錄。
華東師大館藏有同治七年重鐫康熙四十四年刻本，大文堂藏板，4 函 32 冊。
上海圖書館藏同治四年本，國家圖書館藏有同治七年本，亦有掃葉山房 1917
年本。前集 37 種，後集 16 種。「說鈴」之意，本諸楊雄「好說而不見諸仲尼，
說鈴也。」此書前有康熙四十四年徐倬《序》一篇；嘉慶二十四年本有乾隆三
十七年齊召南《敘》一篇，康熙四十四年徐倬《說鈴序》一篇。此叢書集中搜
集清初小說，其意在「廣見聞、紀風土、補史乘、資譚乘」，仿《朝野彙編》
《津逮秘書》之作也，魯迅《藏書漫錄》云：「所收各書廣涉典故異聞及殊鄉
風俗，辯證古今，洞徹幽明，多有裨益於世道，並非隨意雜燴。」此書為「小
說」叢書，即廣義之小說，包括雜說如《冬夜箋記》《救文格論》《讀史吟評》，
遊記如《奉使俄羅斯日記》《扈從西巡錄》，考證如《山東考古錄》《京東考古
錄》，地理如《滇行記程》《泰山紀勝》《嶺南雜記》，典章如《金鰲退食筆記》
《天祿識餘》，野史筆記如《談往》，小說集如《現果錄》《觚賸》《蓴鄉贅筆》

《果報聞見錄》《見聞錄》《冥報錄》《板橋雜記》等，皆為筆記之法以成書者，內容大約為異聞、軼事、考證，清人稱之為說部叢書。

《嶺南雜記》二卷　吳震方撰

《四庫全書總目》地理類雜記之屬著錄。吳震方《說鈴》後集本。此書為吳氏康熙五十七年戊戌客遊廣東而作，《鄭堂讀書記補逸》卷十八云此書兩卷共 106 條，「其所記時事諸條，頗能於利病言之鑿鑿。」上卷為嶺南地理、古蹟、風土之類，如大庾嶺、丹霞山、觀音岩、飛來寺、瀝湖、端石及賽神迎會、宵更禁五鼓、澳門西洋官、潮州燈節、潮州麻風、粵東尚巫、高州婦女椎髻跣足、瓊俗甚淫等，間附詩文如《謁文獻祠》《唐化鵬條議》，志怪如順治庚子廣州飛鏃等；下卷為物產如仙茅、雄鴨、榕樹、木棉樹、檳榔、椰樹、黃皮果、柔魚、蚺蛇、石猴、西洋紙之類。

《東軒晚語》一卷　吳震方撰

譚宗浚《皇朝藝文志》小說家類、光緒《湖南通志》之《藝文》子部小說家類異聞之屬著錄。未見。

《筠廊偶筆》二卷、《筠廊二筆》二卷　宋犖撰

宋犖（1634～1713），字牧仲，商丘（今河南商丘市）人，官至吏部尚書，加太子少師銜。《四庫全書總目》雜家類、《鄭堂讀書記》卷五十七雜家類雜說之屬、《中國叢書綜錄》小說家著錄。今有齊魯書社《四庫全書存目叢書》影印甘肅圖書館藏康熙刻本。前有陳維崧、宋炘《序》各一篇，後有葉封《跋》，皆無年代。《偶筆》成於康熙十一年，《二筆》成於康熙四十五年，前有康熙四十五年陳廷敬序。此書詩文、博物、軼事、志怪，無所不有，亦筆記小說中之佳品也。陳維崧《筠廊偶筆序》云此書：「事皆幽奇瑰麗……語則遒峭整潔，不名一體，大約在裴松之《三國志注》、酈道元《水經注》伯仲間，非餘子能彷彿也。」宋炘《筠廊偶筆序》云此書內容「或志怪如齊諧，或滑稽如曼倩，或廣徵物類，或附載奇文，其足以益人神智，發人深省者。」如「袁籜庵於今以《西樓傳奇》得盛名，與人談及輒有喜色。一日出飲歸，月下肩輿過一大姓門，其家方燕客，演《霸王夜宴》。輿人云：『如此良夜，何不唱「繡戶傳嬌語」，乃演《千金金》耶？』籜庵狂喜幾墮輿。」「梁宋間取蚱蜢烹而食之。有人剖其腹，得紅線數尺，蠕蠕而動，投之池中，俄頃化巨蛇，蜿蜒數丈，觀者千餘

人。蓋明崇禎十三年事也。」「楚之黃安縣野塘荷葉數百為暴風捲起，插三里外稻畦中，一葉不亂。」語風清致，較為可讀，故《鄭堂讀書記》云此書「體例似仿王漁洋諸說部而不及，其廣博然亦足以益人神智矣。」鄭堂云此書「體例似仿王漁洋諸說部，而不及其廣博，然亦足以益人神智矣。」而李慈銘《越縵堂讀書記》以為「牧仲故不讀書，所記無足觀者……其體例亦甚蕪雜，在說部中最為下乘」云云，則譏刺過甚。

《柳邊紀略》五卷　楊賓撰

楊賓（1650～1720），字可師，號耕夫，別號大瓢，又號小鐵，浙江山陰（今紹興市）人，擅詩，著有《力耕堂詩稿》《唏髮堂詩集》《遊西山詩》《塞外詩》等。《清史稿藝文志補編》地理類著錄。《叢書集成初編》本。前有楊賓自序云：「中原土地之入郡縣者，其山川、方域、建制、物產、風俗、災祥之類，皆有文以書之。書而不能盡與所不及書者，則徵之逸民、遺老，所謂獻者是也。文獻備而郡縣之志成。若乃不入郡縣之地，雖聲教已通，而地土不毛，人民稀少，中原之人偶一至焉，皆出九死一生，呻吟愁苦之餘，誰復留一字以傳？」因遼東邊塞之地皆插柳條為邊，故稱「柳邊」。此書成於康熙四十六年，內容頗為豐富，並非限於敘事，所述為東北邊疆民族風俗、山水地理、物產以及近代史事，卷五為行旅詩，語雋事新，足以廣聞見。

《見聞記憶錄》五卷　余國楨撰

余國楨，字瑞人，號劬庵，浙江遂安（今屬杭州市）人，崇禎十三年進士，官至富順知縣，著有《點易支言》等。《四庫全書總目》子部雜家類著錄。齊魯書社《四庫全書存目叢書》影印浙江省圖書館藏康熙四十七年刻本。前有章振蕚題辭、余國楨《見聞記憶錄敘》、目錄，此書為雜著之類，詩文軼事怪異皆有，分五部，每部一卷，卷一《記文》，即以往所寫文章；卷二《記人》，即聖賢後裔；卷三《記物》，為博物雅玩之類；卷四《記異》，怪異之事；卷五《雜記》，為軼事、扶乩之事。四庫館臣云：「本隨筆纂錄之本，大抵皆明末瑣事，間涉荒誕，無關考證。又所作雜文並廁其中，亦非得體。」較有小說意味者為卷四《記異》，卷五《雜記》，卷三《記物》亦可入博物志類。《記異》包括有《宦壽記異》《耆壽雜記》《賦形之異》《昭烈陵異》《康節胎異》《匠遇異僧》《化書行世》《遂山民八大王始末》《兩小兒投胎》《晝夢投胎》《堵公嶽降》《緇白二比丘》《門生託生》《鬧場鬼》《殺牛冥訟》《舟夢》《公

車夢》，卷五《雜記》有《江老師佚事》《癸酉南闈師恩》《陸行人降神詠白梅》《閩參戎降乩事》《楊椒山免梁阨》。卷三《記物》有《周宣王石鼓》《未央宮銅雀瓦》《孔林》《手植檜》《卓文君甕》《發古瘞錢》《劉伯溫留藏》《石壁仙蹟》。《閩參戎降乩事》云：「吾遂素多山寇，迨鼎革後，縱橫彌劇，丁亥戊子間窮鄉糜爛幾盡，時鎮巖者檄參戎閩君飛虎來駐防焉。君固祥符諸生也，名世則字振華，後以從武更今名，性沉毅多智，銳意征剿，每搗巢，窮追直抵旁郡，不擒渠不止，且密緝內究，悉剗之。賊為衰息。」《孔林》：「嘗疑始皇侮聖冢事……忽土中逸出一白兔……」《卓文君甕》：「明嘉靖某年蜀臨邛民有耕得二巨甕，貯錢皆滿，地方報官，驗之甕底有『文君甕』三字隆起，蓋當時遺物也。」

《渠邱耳夢錄》四集　　張貞撰

張貞（1636～1712），字起元，康熙十一年拔貢，黃宗羲弟子，絕仕隱居，著有《杞紀》《青州鄉賢傳》《安邱鄉賢傳》《潛州集》《娛老集》等，與王士禛、周亮工等交遊，道光《安邱新志》卷十七有傳。王漁洋稱其著《杞紀》頗有史筆，亦畢際有《淄乘徵》之類。《藏園訂補邵亭知見傳本書目》小說家類著錄。山東濰坊市安丘博物館藏康熙間刊本（據《濰坊市珍貴古籍名錄圖錄》）。新興書局《筆記小說大觀》本。前有康熙四十八年張貞自序，云師法宋代筆記如張端義《貴耳集》康與之《昨夢錄》，為撫掌之資，「『耳夢』用《漢書》語，顏注：耳常聽聞而記之也。」此書為地志小說之類，以安丘為敘事中心，臚列故老傳聞、逸聞軼事。全書分甲乙丙丁四集，甲集為博物、地理、軼事之屬，多明清易代事蹟；乙集為文藝記錄，如《黃選部》《王菊逸樂府》《訓兒小說》《玉楮集》《洪昉思贈曲》等，節錄原文多種；丙集為軼事、文藝，如《管公睦鄰》《淳于厚俗》《崇儉》《戒殺詩》《花下飲酒圖》《鳴楸圖》等；丁集為志怪、博物，如《鄭公異夢》《黿泉奇石》《夜光木》《書帶草》《談虎》《怪豕》《箕仙》等。道光年間又有張柏恒輯《渠邱耳夢續錄》，仿張貞之筆也。此書可與《杞紀》參看，輯錄詩文如王阮亭詠石屏詩、曹申吉詠印臺文石等，皆可補史乘邑志之藝文。鄧之誠《骨董三記》卷一云：「葛周玉《般上舊聞》八卷，蓋仿張貞《渠丘耳夢錄》而作，多述其先人及鄉里舊事，筆墨卑冗，且不免涉及怪異瑣屑，殊不足觀。唯輯李鵬九、劉菊窗夫婦事甚備，茲撮錄之。」

《蓉槎蠡說》十二卷　*程哲撰*

　　程哲字聖跂，號蓉槎，安徽歙縣（今屬黃山市）人，監生，王漁洋門人，累官至鹽運司運同。《文瑞樓藏書目錄》子類小說家、《四庫全書總目》雜家類雜說之屬、《寶閒齋書目》小說類著錄。上海古籍出版社《續修四庫全書》影印康熙五十年程氏七略書堂刻本。前有康熙五十年辛卯王士禎序，「說部之書，蓋子史之留別，必有關於朝章國故前言往行，若宋王氏《揮麈》三錄、邵氏前後《聞見錄》之屬始足為史家所取衷，予嘗於居易錄自序中略其例矣，而平生先後所撰著遊歷記志而外，則又有《池北偶談》《香祖筆記》《古夫于亭雜錄》諸種，未知視宋人何如？然備掌故而資考據，或亦不為無補，近又有《分甘餘話》四卷，為門人程聖跂校刊，聖跂因以其《蓉槎蠡說》寄予論定而屬為之序。予惟說者，釋也、述也，解釋義理而以己意述之也。」此書內容有考證、雜記、軼事、志怪、地理之類，為雜引經史稗官而為之斷，每則無標題，雜家筆記之類，記軼事亦復不少，亦《香祖筆記》一流。此書雖緣起漁洋說部，類乎讀書筆記，然卷數繁多，持論亦較為平正，在清初筆記中可謂傑出者。

《枝語》二卷　*孫之騄撰*

　　孫之騄，字子駿，號晴川，又號南漳子，浙江仁和（今杭州市）人，貢生，經學家，著有《二申野錄》《松源集》《尚書大傳》等。《四庫全書總目》雜家類雜說之說著錄。齊魯書社《四庫全書存目叢書》影印浙江圖書館藏清刻《晴川八識》本，前有康熙五十一年壬辰毛奇齡序。四庫館臣云此書仿自陸佃《埤雅》，所列為草木之屬如佛桑、荊、菟絲子、金錢、水仙等，引經史字書各為詮釋，類乎清言、雜品，「或言根柢，或疏枝葉，或道其形貌顏色，或我有高意而物隨我引，或任物轉圜而意從物變；有似賦者，有似頌者，有似蒙經寓言者，有似蘇黃諸小品者，然且偶一詳覈、雜舉名目輒有神農之經、歧伯之志、劉邠之蒲、曾端伯諸公之雜錄所未備者。」（毛奇齡序）雜家筆記之流，風格清麗，如《雪裏蕻》云：「四明有菜名雪裏蕻者，甕頭旨蓄。當此寒天雪飛、草凍欲死，此菜青青蕻尤美焉。吾欲肉食，苦無侏儒之腹，不如且啖雪裏蕻，與劉伶老叟破甕呼盧，此時窮愁感憤、罵譏笑謔，了不設於胸中，不知門外雪深幾尺也。」

《晴川蟹錄》四卷、《後錄》四卷、《續錄》一卷　*孫之騄撰*

　　《文瑞樓藏書目錄》子類小說家著錄。齊魯書社《四庫全書存目叢書》影

印浙江圖書館藏清刻《晴川八識》本。前有康熙五十五年丙申沈繹祖序。《蟹錄》為每卷一部，分《譜錄》《事錄》《文錄》《詩錄》四部，《譜錄》為摘錄經史中有關蟹者並及耳聞之事；《事錄》為軼事中有關螃蟹者；《文錄》《詩錄》輯錄有關螃蟹之詩文，並夾有孫之騄自撰文；每則有標題。《後錄》前有《序蟹》，亦每卷一部，分《事典》《賦詠》《食憲》《拾遺》四部，每則有標題，書寫類別與《蟹錄》相近，每則有標題。《續錄》無部類，每則無標題。孫之騄曾輯《二申野錄》為野史雜記，此則為閑暇怡情之作，沈繹祖序云：「（孫氏）三秋偶暇，復成《蟹錄》四卷，竭茲物情，暢厥理趣，名雖述古，意由獨造，調元養生，不為無助，豈徒嗜奇姑試其雕蟲哉？」

《在園雜志》四卷　　劉廷璣撰

劉廷璣字玉衡，號在園、葛莊，漢軍旗人，以門蔭通籍服官，官至江西按察使，工詩，著有《葛莊詩鈔》等。《文瑞樓藏書目錄》子類小說家、《四庫全書總目》雜家類雜說之屬、《藏園訂補邵亭知見傳本書目》卷十子部雜家類著錄。今有上海古籍出版社《續修四庫全書》影印康熙五十四年刻本。前有康熙五十四年乙未孔尚任序及劉廷璣自序，後有康熙五十四年乙未陳履端跋。孔尚任云此書為晉唐說部後「又一機軸」。四庫館臣云：「是編雜記見聞，亦間有考證。頗好譽己詩，似張表臣《珊瑚鉤詩話》。四卷錄乩仙詩至十五六頁，亦太近夷堅諸志。所記邊大綬伐李自成祖墓事甚詳，然與大綬自序不甚合，疑傳聞異詞也。」劉廷璣自序云：「余少習舉子業，鍵戶呻唔，其於五車二酉未能寓目，及壯，以門蔭通籍服官，終日滿眼風塵、勞形案牘，更無暇也……今值河工久慶安瀾，得於退食之餘閒，焚香靜坐，或與二三賓友煮茗清談，偶有記憶，輒書一紙投篋中，積漸成帙。」「使閱者怡情益智」「客曰：『……悉皆耳所親聞，目所親見，身所親歷者』」全書共 256 則，無標題，孔序云「或紀官制，或載人物，或訓雅釋疑，或考古博物」，實亦錄藥方、詩文詞曲、軼事、詩話及經史考證，是敘事兼議論之書，如卷二《歷朝小說》有關小說批評：「蓋小說之名雖同，而古今之別，則相去天淵。」「演義者，本有其事而添設敷演，非無中生有者比也。」敘事如《高捷》述高拱之兄軼事，類乎《水滸》中李逵：「新鄭高相國文襄公拱，其兄南直操江巡撫捷，鄉人皆稱為『都堂』，生來狀貌迥異常人，而舉動行事有堪絕倒者。自幼即遍體生毛，年十八，髭鬚滿頰。就童子試，文宗見之，笑曰：『汝可歸家抱孫矣。』答云：『童生年實弱冠，不

幸鬚髯如戟，此父母遺體耳，奈之何哉？』試既不售，歸家遂去髭鬚，戴小帽，著大紅袍，騎馬遍歷街市，使家人前導，令直呼曰：『不進學的高大鬍子，欲學狀元遊街，豈不可羞！豈不可恥！』……其可發笑者甚多，六弟又仲為言數則，因誌之。寒家新鄭一支，與高府屢世姻婭，故知之如此。」又有述明清易代之忠義者如賈煥、丐者、林義、陳丹赤、馬玙等事，孔尚任云此書「竊意晉唐之殘編」，劉廷璣云「歷朝小說」（即子部小說家書目中所列小說）皆「文辭典雅」，內容廣博，故亦雜家筆記之流。

《山齋客譚》八卷　　景星杓撰

　　景星杓（1652～1720），字亭北，浙江仁和（今杭州市）人，事蹟見《國朝耆獻類徵初編》卷四三一。乾隆《杭州府志》小說家類著錄。上海古籍出版社《續修四庫全書》影印乾隆四十二年盧氏抱經堂抄本。前有康熙五十五年丙申王建章《山齋客譚序》、康熙六十一年壬申吳畊《山齋客譚序》、康熙五十五年丙申景星杓序，後有乾隆四十二年盧文弨跋語。景氏云其僻居東城蕭齋，與人閒談，「事多客述，故命曰客譚云」。全書主以志怪，少有軼事博物之類。每則敘事有標題，如《龍》《虎》《虎怪》《伯嚭首級》《貞女孫秀》《禰衡土神》《青蛙將軍》《安溪古玉》《吝捐奉賊》《賢令盡節》等，敘事之後多有議論，如「菊公」「章牧亭」「江楓山」等。志怪而外，多為杭郡委巷之事，文風樸質，如《乩仙》：「康熙初年，錢塘王氏失一兒，家設乩壇，叩之曰：『觀彩輿東走耳。少選，有輿夫挈還，備百文以勞可也。』末復大書『柳道人』，已而果然。」亦有軼事，如《以妓餌父》述父子嫖娼事，《蒙古斬淫婦》述浙婦不忠貞被八旗兵所殺事。書中間有述及明清之際故事者，如《乞子殉國》述乞丐明朝事，《現在蘇州》述馬士英事：「聞之故老，明末宏光君率百官祭懷宗，阮大鋮後至，哭曰：『誤先帝者，東林諸臣也，不盡戮之不足以謝。今陳名夏、徐沂等俱北走矣！』馬士英亟掩其口曰：『勿浪言，徐九一現在蘇州。』聞者大噱。」

《鄢署雜抄》十二卷、首一卷末一卷　　汪為憙撰

　　汪為憙字若本，號紫山，錢塘籍，安徽休寧（今屬黃山市）人，庠貢生，歷任桐廬教諭、鄢陵知縣，著有《紫山吟稿》等。《四庫全書總目》小說家類異聞之屬著錄。齊魯書社《四庫全書存目叢書》影印國家圖書館藏康熙綸嘏堂刻本。康熙五十八年汪為憙序，云：「鄢邑無高山大川，漕河既廢，舟楫不通，離汴雖二百里而近四方名人車騎罕至，題詠亦希，況屢經兵燹，典故鮮徵，邑

志國朝雖曾奉修，屈指又六十載矣，予蒞茲土，擬即聘請紳士，重問修局，奈辦漕與西餉洊至，甚而除夕歲朝秣馬脂車、羽書火急，勞瘁甚矣，公餘略暇，搜討雜事數百十條，赴任從陸，攜篋無多，賦歸檢家大人藏，又得數百十條，事涉鄢陵者十之六七，涉省郡別州縣者十之三四，合以予身之所歷、目之所睹，得十四卷，付之厥氏，名曰《鄢署雜鈔》。乍閱之似鄢志補注，細閱之為祥為妖，可喜可愕，異時重修鄢志與省會郡邑志，不無數十條可備採擇云。」卷前有聖旨兩道，為褒獎汪為熹勤政事；並有詠康熙皇帝萬壽詩等。四庫館臣云：「大抵多採稗官說部一切神怪之言，蓋本儲地志之材。而審閱既多，掊摭遂濫，又嗜奇愛博，不忍棄去，乃裒而成帙，別以雜鈔為名。是特說部之流，非圖經之體也。」此書體例一如方志，共 714 條，亦地志小說之類。《文瑞樓藏書目錄》子類小說家著錄有「《鄢陵雜鈔》十四卷，汪為熹輯。」此書或為一書兩名。

《燕在閣知新錄》三十二卷　　王棠撰

王棠字勿翦，一字名友，安徽歙縣（今屬黃山市）人，著有《燕在閣詩文集》等，《安徽通志稿》云其「性敏勤學，於書無所不讀，有問隨答，略無停滯。」《四庫全書總目》雜家類雜考之屬、民國《安徽通志稿》小說家類綴輯瑣語之屬著錄。民國《安徽通志稿》小說家類瑣語之屬引四庫館臣語云：「是書成於康熙丁酉，每一事採及眾說、考其原始、參以論斷、各為標目，略以類從，惟不立部分耳。採摭頗富，而所不著所出，大旨欲倣顧炎武《日知錄》，然亦不過《談薈》《樵書》之流亞耳。四庫列雜家存目。」今有齊魯書社《四庫全書存目叢書》影印清華大學館藏康熙五十六年刻本。前有康熙五十六年丁酉王棠自序、凡例、目次。王棠自序云不過窮愁著述之意，《凡例》云：「是書採集皆屬前人議論，間參以己意，……是書有論有記有說有題……一、一事不知，學者之恥，然人當知其所當知，不必留心於所不必知也。故書中於所不必知之事概不錄。一、稗官說海搜神異域等書，何事不新，然無關於世教，皆摒棄不錄，索隱行怪有非棠之所敢出也。」此書主以考證，考證之中常引軼事史事以駁正，但凡經史文集、鄉諺稱諱、名物詩詞、稗官曲藝皆在論列，考證奧博、引徵浩繁，自序云「棠年近桑榆、學殖荒落，又老憊不能精研，何敢望其學問之進於大賢君子？雖切叩止之思，亦無從望其肩項，即禮樂名教陰陽土地星辰方藥之書不停披，藉以消其歲月，又何曾得窺其門戶？世之大賢君子或因此書而誨其所不知，因其不知而開發其所未知，俾他日龜毛兔角、鵠白烏玄亦

略能窮其旨趣，豈非棠之厚幸也哉！」亦自謙語也。書中每則皆有標題，大抵以經史居前，後次之以稗官瑣語，次序類王應麟《困學紀聞》，如卷一《河圖像數》《皇帝王伯》《論易》，卷三《召旻》《思文后稷》《魯春秋》，卷八《鄉賢》《社稷》《土地》，卷十《八仙》《水仙》《遊月宮》《三魂七竅》，卷十一《創業之君不利於長子》《立皇帝》《大慶法王》，卷十三《元季宮殿》《老成人》，卷十六《鮑老》《雲韶班》，卷十七《炮》《出奇制勝》《酷刑名目》《罪人不及家屬》，卷十九《期功喪去官》《開壙》《黃河清》，卷二十一《飛錢》《交鈔》《正字》《名字互用》《論陶詩》，卷二十六《畫山水訣》《裱背十三科》《劍器》，卷三十《夢說》《南北盛衰》《河源崑崙》，議論純正，考證精確，文筆灑脫，體例謹嚴，在康熙朝雜家筆記中當屬傑構。

《世說新語解》　王棠撰

民國《安徽通志稿》小說家類敘述雜事之屬著錄。未見。

《鴻舉瑣記》四卷　吳楚奇撰

民國《安徽通志稿》小說家類瑣語之屬著錄，云：「楚奇字南英，號鴻皋，太平人，舉康熙壬午江南第一，性奇肆，好遊，工詩善畫，雲鶴欸奇，瀟灑塵表，是書為其生平縱談快意之作，或經或史，或抉理窟，或溯道源，妙諦卮言，足砭濁世，後附卮言，所引尤多精粹，以嘗家於渦，殘稿尚存，民國甲子渦陽湯維哲等為付石印，有康熙甲申寶應王式丹序，民國甲子渦陽馬敦仁跋。」未見。

《東山外紀》二卷　周驤、劉振麟輯、高駿發評

周驤字九逸，浙江四明（今屬餘姚市）人；劉振麟字三之，江西吉安（今吉安市）人，兩人皆為查繼佐門人。《大通樓藏書目錄》小說家類瑣語之屬著錄。《五編清代稿鈔》影印中山大學館藏抄本，前有康熙五十八年己亥劉振麟《外紀序》、周驤《東山外紀引言》、《粵東同學校次姓氏》、《敬修堂歷著書目》，後有高恒跋。據劉振麟序文，此書為周驤主筆而劉振麟校正之作，述其師查繼佐家世、生平、學問、著述、交遊、喜好等，大抵意在褒揚宗師之道德文章，稱為查氏軼事可也。案查繼佐（1601～1676），初名繼佑，初字三秀，更字友三，號伊璜，又號與齋，別號東山釣史、釣玉、左尹非人等，人稱敬修先生，浙江海寧（今海寧市）人，明崇禎六年舉人，明亡抗清，失敗後隱居，

曾罹「《明史》案」，旋獲救，著有《罪惟錄》《國壽錄》《魯春秋》《東山國語》《班漢史淪》《續西廂》等。此書上下兩卷，以劄記之體書之，每則無標題，述師弟情誼甚多，故周驤序云此書「仿前輩隨筆體，或於所著即採，或面命後退書之，或從他人傳誦，或因文尾評署中搜存之，或遊屐披吟之餘，或講席宣暢之一二，間有未載，姑與天下忘之，不以附人。」書中述查氏資助沈陵販兒子、田家兒馬聖、錢塘乞兒陸晉、陳東序等，皆為高士義舉，或云陸晉即吳六奇也，《觚賸》之《雪遘》、《聊齋》之《大力將軍》，皆由此卒章；而述因材施教亦至為詳細，至以道德勝鬼怪摻入其中，如「鄰有被祟，白晝忽窗外沙石大小飛擊，但不中人，夜尤甚，或几案崩擊，朝視之，故完好，先生為書北斗名，末署己諱，試令黏壁，祟自是絕不復至。意不信乩，以為鬼不知幾，把乩者見先生在坐，乩不動。」

《二樓紀略》四卷　佟賦偉撰

　　佟賦偉字德覽，號青士、二樓居士，遼寧襄平（今遼陽市）人，監生，正藍旗籍，官至寧國府知府，曾參修《永寧縣志》等。《四庫全書總目》雜家類雜說之屬著錄。齊魯書社《四庫全書存目叢書》影印國家圖書館藏康熙刻本，前有康熙五十九年黃叔琪序、佟賦偉自序。此書內容雜亂，既有筆記，復有文章如朱彝尊《與佟太守書》《重修敬亭山七賢祠記》《重修寧國縣志序》《城隍廟祈雨疏》《祭八蠟文》《重修閔溪橋碑記》等，除特別說明外皆無標題，體例頗為散亂，故四庫館臣云此書「既非地志，又非說部，九流之內，無類可歸，姑附之雜家類焉。」大約貪多務多、細大不捐所致。內容有志怪、詩話、詩文、軼事、朝政、古蹟、雜說之類，兼引郡志、文集、詩話之書，多有自炫之過。卷一屢頌恩遇、卷三《說鈴述異記》述古銅器之類，亦可見因循古板。全書峭直，不過錄詩詞以增色耳。

《拾籜餘聞》一卷　孔毓埏撰

　　孔毓埏字鍾興，號弘興，孔子六十七代孫，山東曲阜（今曲阜市）人。《續修四庫全書雜家類提要》著錄。上海古籍出版社《續修四庫全書》影印國家圖書館藏康熙刻本。前有康熙五十九年庚子葉賓序，云：「嘗考君子之立言也，未有不原本於性情學術者，故曰有德者必有言，又曰仁義之人，其言藹如……著有《拾籜餘聞》一集，賓伏而誦之，觀其發言遣詞一皆引經據典，見解弗涉於偏，議論悉歸於正，或述舊聞而考其同異，或即方言而審其源流，或援典故

而證其得失，其於人之有美弗彰者為之表微而闡幽，俗之因陋習訛者為之醒蒙而覺昧，若《風》詩之並存美以為勸懲，若《春秋》之明辨是非以為規箴。」書中所述除經學、小學、制度、考證之語外，敘及雜事者如「崇禎祭孔」、「劉瑾家產」、「顧鼎臣父母一夕之歡」、「趙文華子孫發祖墓」等，亦有怪異詩文之錄。文風樸拙，經學家不善言辭似之矣，「江陰令某浙西名孝廉也，貪鄙黷貨，不遺錙銖。縣治前面肆味頗佳，偶嘗而甘之，限每晨以一盂進，又以夫人公子故，遂三倍之，久而不償其值，肆主乞領，輒忿然作色曰：『汝斯甲於他肆者，以予勤於聽訟，故食客輻輳耳；設予稍怠於政，則闐寂無人矣，終朝食德，罔知所自，尚忍於相逼乎？』終抑不發，肆主苦之。」「乙酉中秋後，過汶逆旅，主人為余言：數日前有客投止，夜半為蠍所毒，急索燈火，至，則監草為標嗅水咒之，俄而舉店中之蠍百十為群，咸集其下，內有一蠍倉皇特甚，似有逡巡畏縮之狀，久之始緣於標末，取而碎之以敷患處，痛立止，餘悉遣散，戒令勿傷，否則再試不驗且有反噬之虞耳。」

《識小錄》一卷　蔣鴻翮撰

蔣鴻翮（1669～1721），字紹孟，康熙四十四年舉人，榜名張鵬翮，江蘇武進（今常州市）人，著有《紹孟雜稿》《寒塘遺刻》《寒山草堂詩鈔》等。《清代毗陵書目》小說家類著錄。未見。

《寒塘詩話》一卷　蔣鴻翮撰

《毘陵經籍志》子部小說家類著錄。未見。

《見聞雜記》一卷　蔣錫震撰

蔣錫震（1662～1739），字契（一作豈）潛，江蘇宜興（今屬無錫市）人，康熙四十八年進士，官翰林院編修、慶雲知縣，著有《清溪詩偶存》《青溪集》《清溪草堂文》等。《毘陵經籍志》子部小說家類著錄。未見。

《遼左見聞錄》不分卷　王一元撰

據光緒《無錫金匱縣志》卷二十二：「王一元，字畹仙，康熙四十二年進士，授靈臺知縣，好為詩，兼工大小令，所著凡五十餘卷。」謝國楨《江浙訪書記》著錄。本書國家圖書館藏清鈔本，今有《瀋陽歷史文化典籍叢書》本，瀋陽出版社 2013 年版，前有康熙六十一年王一元自序，云「展卷自娛，羨異

書於汲冢；叢譚可佐，續志怪於齊諧。」共 342 條，內有一條重出，皆無標題。所述有風土地理、流放官員小傳、雜事、志怪等。文筆質樸，如「李裳，粵西人，以御史建言，戍寧古塔。短衣破帽，與戍卒雜處者垂三十年。援捐馬例放還。未及入關，卒於道。」風土地理為關外地理風俗，志怪有天象異變、狐妖、鬼怪等，此書中述及流放官員較有特色，如陳夢雷、吳兆騫、李裳、徐某、金鉉、季開生、陳志紀、李觀光、李燧升、張天值、吳達、諸豫、陳之遴、戴國士、左懋泰、戴梓、陳易、孫暘、陸慶曾、顧永年孫某妾、李蟠、柴煌、李鶴鳴、張林綸、高爾位等，寥寥數語交代犯事因由及最後結局，「編修陳夢雷，侯官人。以耿精忠之畔戍奉天。構雲思草堂，花石娟秀，日以著述為樂，從遊者甚眾。在戍所幾二十年。戊寅，上東巡，獻詩稱旨，召還京，為內廷教習。「禮部侍郎張天埴，秀水人。以科場連累戍鐵嶺，絕口不談朝政，淡泊如寒儒，嘗於圃中率家僮種疏十餘年，援修城例放還。」清代述滿洲風土者，有《柳邊紀略》《寧古塔志》（一名《絕域紀略》）《陪京雜述》等，《遼左見聞錄》為其中較為傑出者。

《嶺海見聞》四卷　錢以塏撰

錢以塏（1664～1732），字閬行，號蔗山，浙江嘉善（今屬嘉興市）人，康熙二十七年進士，累官至禮部尚書，卒諡「文恪」，著有《研雲堂詩》《羅浮外史》等。光緒《廣州府志》卷九十二小說家類、《四庫全書總目》地理類雜記之屬著錄。齊魯書社《四庫全書存目叢書》影印上海圖書館藏康熙刻本。前有自序，每卷有目錄，每則有標題，所述嶺南地理、風俗、物產、族群等，兼述軼事如《林光》《林韜》《張穆》等，引書如《開元天寶遺事》《述異記》《晉書》等，其中述澳門西風事象，往往為史家所注意，亦風土筆記一類，敘事簡練，文亦清致，四庫館臣云：「大致欲倣《水經注》《洛陽伽藍記》，而才不逮古人。又採錄冗雜，無所限斷。」「雜錄小說，不核真偽」，亦求全之過也。

《一夕話》　咄咄夫輯

《鳴野山房書目》稗家類著錄，為「初刻五本二刻八本三刻十二本」。北大藏康熙年版《一夕話》六卷、《又一夕話》十卷。上海圖書館藏有《增訂一夕話》，六卷，牌記云「光緒辛卯重鐫，增訂一夕話新集，三讓信記梓行。」每卷之前皆有小序，為作者歸納題意之作也。卷一「選言類」，雜說；卷二「詩文類」，取詩人趣事，亦多不雅，如《洩氣詩》《嘲禿子》；卷三「訂誤類」，考

證；卷四「笑倒類」，笑話；卷五「巧對‧仙對」類為對聯軼事，「苦海類」為笑話；卷六「字謎類」、「迂腐類」、「不韻類」，皆是笑話。此書之前有《山中一夕話》（李贄輯、笑笑先生增訂），之後又有清嘻嘻增訂《增訂又一夕話新集》六卷、清俞九亭《新鐫一夕話》四卷。

《過庭紀餘》三卷　　陶越撰

據光緒《嘉興府志》卷五十三所載，陶越字艾村，浙江嘉興（今嘉興市）人，少穎異，遊於曹溶、朱彝尊之門，著有《嘉興人物考》《錦帶書》《月令摘華》《吟苑編珠》《歲時小令》等。據書中所記，活動於康熙年間。《四庫全書總目》小說家類雜事之屬收錄。齊魯書社《四庫全書存目叢書》影印南京圖書館藏清抄本。四庫館臣云：「是書乃雜綴聞見瑣事，以多聞之其父口述，故以過庭為名。間有《志乘》所遺佚，足裨考核者，而大抵過涉冗碎。又所載生平遊幕事蹟，亦未免近於自誇。」此書記載內容有博物、地理類如趙孟頫書法、張復舊畫卷、滄州鐵獅子、濟南七十二泉、嘉禾八景等，詩文如「西陵十子」詩集、陶氏家譜所載先祖詩文等，名士如隱士蔣之翹、仁和金道隱、吳門范柳塘，長洲楊繼斗、郡守史載等軼聞，掌故如順治以來典試浙江者姓名錄等。其中軼聞為多，故四庫館臣入其於「雜事」類，然至於「近於自誇」者除遊幕外，仍有述祖德令名如明宋濂撰《宋將仕郎陶隱公列傳》等，大抵全書皆為實錄，不比他小說侈談神怪、悠謬虛誕也。

《禾中災異錄》一卷　　陶越輯錄

《八千卷樓書目》小說家類著錄。管庭芬《花近樓叢書》本。謝國楨《晚明史籍考》著錄。前有自序，云是書為其先祖文林公所記，皆天啟、崇禎兩朝之災異，間有郡志所不載者，或所載不詳，故可益桑梓舊聞也。此一卷見《過庭紀餘》卷上，方志中例有《災異》或《祥異》一門，因古人於天象異變無可究詰，故往往以天人之際解釋之，描述亦往往有誇誕處，類乎小說。

《瑣聞錄》一卷、《別錄》一卷　　宋直方撰

宋徵輿字直方，松江華亭（今屬上海市）人，順治進士，著有《林屋文稿》《林屋詩稿》等。《中國叢書綜錄》雜史類著錄。謝國楨《晚明史籍考》著錄。《明季史料叢書》本。《瑣聞錄》記載易代之際瑣聞軼事，23則，《別錄》則記錄嘉、萬年間軼聞，每則皆無標題。

《漢世說》十四卷　　章撫功輯

　　章撫功字仁範，錢塘（今杭州市）人，康熙五十二年貢生，著有《清嘯堂詩集》等。《四庫全書總目》小說家類雜事之屬著錄。齊魯書社《四庫全書存目叢書》影印中國科學院圖書館藏七硯書堂刻本，存卷九、卷十八、卷十九、卷二一、卷三一，即《品藻》《棲逸》《排調》《紕漏》。四庫館臣云：「是書仿劉義慶《世說新語》體例，以紀漢人言行。大抵以《史記》《漢書》為主，而雜以他書附益之。分十四門，曰德行，曰言語，曰政事，曰文學，曰方正，曰雅量，曰識鑒，曰賞譽，曰品藻，曰清介，曰才智，曰英氣，曰義烈，曰寵禮。與義慶原本小異，其採撫亦備。然事皆習見，無他異聞，又分類往往不確。如龔遂刺昌邑王過，自宜入方正；鄧禹師行有紀，自應入政事，乃俱入之德行。至射的山仙人取箭，自是志怪之說，入之此書，尤無體例也。其凡例云，書以語名，始《論語》也。國語紀言，不參以事。陸賈《新語》，馬上翁每奏稱善。臨川《世說》一書，諸多士所共撰述。始自竹林，迄於江左。風流簡遠，少許勝多，最為可貴。茲編獨尊兩漢，意專敘事，故不以《新語》名篇云云。案劉向先有《世說》，故義慶所撰，別名《世說新書》，後人乃改為《新語》。黃伯思《東觀餘論》考之最詳，非以記言而謂之《新語》，撫功之說殊誤，至義慶所述，上接東漢，何得云始自竹林，益為失檢矣。」

《秋谷雜編》三卷　　金維寧撰

　　金維寧字德藩，婁縣（今江蘇崑山）人，上海籍，康熙五年丙午舉人，官壽州學正，著有《秋谷文集》《垂世芳型》等。本書未見。《浙江採集遺書總錄》說家類、《四庫全書總目》小說家類雜事之屬著錄，四庫館臣云：「是編皆載同時瑣事。而維寧居鄉，頗忤於同里，居官又頗忤於同官，以浮躁罷歸。故詞旨憤激，多傷忠厚。其記董含鬻婢及作《三岡識略》諸條，恐未必如是之甚也。至旁摭《山海經》《拾遺記》諸書舊文，隱其出處以足卷帙，亦非著述之體。」

《西河雜箋》一卷　　毛奇齡撰

　　毛奇齡（1623～1716），原名甡，又名大晴，字大可、齊於，號秋晴，一號西河，浙江蕭山（今屬杭州市）人，著名學者，康熙十八年舉博學宏詞科，授檢討，充明史館纂修官，尋假歸不復出，致力於著述，有《西河合集》四百

餘卷。《八千卷樓書目》小說家類著錄。今有《昭代叢書》本，隨筆雜記之類，內容涉及軼事、博物、雜說、考證，共 31 則，無標題，其中「德州女俠」述豪客、「決堤灌汴」述明末黃河灌城、「費宮人殉明」述明宮人被俘殉節、「吳逆婿構園」述吳三桂女婿在蘇州建園囿等事，皆為敘事中可觀者。

《武宗外紀》一卷　　毛奇齡撰

《四庫全書總目》雜史類著錄。齊魯書社《四庫全書存目叢書》影印清華大學藏康熙間西河合集刻本。前有小序，云史官之筆為尊者諱，「凡實錄所載諸可鑒事皆軼而不錄」，故毛氏仿《漢武帝外傳》而作「外紀」，體例類編年，始朱厚照母夢白虎據腹而孕，所記皆為武宗荒誕不羈事，亦野史筆記之類也。

《越語肯綮錄》一卷　　毛奇齡撰

《觀古堂書目》小說家類、《四庫全書總目》經部小學類訓詁之屬著錄。齊魯書社《四庫全書存目叢書》影印清華大學館藏康熙十一年壬子家刻本《西河全集》本。四庫館臣云：「是篇皆記其鄉之方言，而證以古音、古訓，以為與陸法言韻多相合。因宋趙叔向有《肯綮錄》，故襲其名。然叔向書多述朝制，此則但一隅之里諺耳。昔揚雄《方言》，多關訓詁，歷代史志及諸家書目均入之《經部・小學類》中。」全書 34 條（則），無標題，為越語之比於韻書者也，毛西河序云：「宋趙叔向作《肯綮錄》，採方言之切日用者編之成帙，予考《隋韻》，每聲與越語相發明，凡居平呼其音而不得其文者，韻多有之。因略為筆記，名《越語肯綮錄》，昔唐時極詆隋韻，名為吳音，豈吳人陸法言外，更有越人參與其間與？」如「越人呼灶曰煙囪，讀若匆。」「緩步曰踱，信口出語曰喥，皆音鐸。今姚江人稱踱索，蕭山、東鄉稱信口喥出，皆此字。」之類，援古證今、以今度古之意。西河本為經學家，下學於鄉言俚語，亦田野考察之端也。後光緒間范寅襲此書為《越諺》三卷、《越諺剩語》二卷。

《客窗摘覽》一卷　　黃鑌撰

《八千卷樓書目》小說家類著錄，云有抄本。未見。依據此書著錄位置，則黃鑌當為清初人，故位於查慎行、嚴有禧之間。

《客窗偶談》一卷　　陳僖撰

陳僖字藹公，直隸保定清苑（今屬河北保定市）人，貢生，康熙十八年薦舉博宏科，著有《燕山草堂集》等，為王漁洋門生。《八千卷樓書目》小說家類著錄。本書有上海書店《叢書集成續編》本。前有陳僖小序，云：「客有談先朝遺事者，每慨魏瑢告密，禍流縉紳，崇禎時廠衛依然，餘風未殄，彼以伺察為工，士君子遂以欺詐自處，世道以壞，運祚隨之，匪細故也。客世居都下，頗憶其情狀，為我述之，我分其例匯為編，以為將來之戒云。」所述為東廠、錦衣衛之掌故，敘事不多。

《秋燈錄》不分卷　　沈元欽撰

沈元欽事蹟不詳，據書中所題其號釣雪灘漁者。《中國叢書綜錄》雜史類著錄。世楷堂《昭代叢書》本。本書所述為晚明清初朝政軼事為多，據書中敘述知成書於清政府收復臺灣後的康熙年間，作者為湖州人。沈楙悳跋云「所載多明季佚事，筆墨淋漓，議論警切，非特大快人心，並大有裨於民政。」語言諄諄切直，不失忠厚之旨。

《續太平廣記》八卷　　陸壽名輯

陸壽名字處實，號芝庭，長洲（今屬江蘇蘇州市）人，順治九年壬辰進士，官寧國府教授，著有《鳳鳴集》等。《販書偶記》小說家類著錄。本書有新興書局《筆記小說大觀》本。前有自序，云：「儒者博通今古，必網羅天下舊聞，一一親之於目，而後見所見而奇異足誌，聞所聞而道有由來……因是仿其規制，節記其事，特列天地山川之異、禽獸草木之奇，以及人文珍寶之類，分門辨類，亦欲暢發其前書之意，留為後世之觀，有可記者，靡不畢舉。庶幾海內之士復得其續記而睹之，則於『廣記』二字之義斯無遺憾云。」全書共八卷十八部，有《天地部》《山部》《水部》《花木部》《禽鳥部》《獸部》《昆蟲部》《珍玩部》《寶部》《妖怪部》《智術部》《高逸》《廉儉》《器量》《厚德》《精察部》《剩史》《雜志》等，摘抄宋元明之書，怪異、軼事皆收錄，每則有標題。

《漢林四傳》一卷　　鄭相如撰

鄭相如字漢林，涇川（今甘肅涇川縣）人，康熙副貢，著有《虹玉堂集》，編有《涇川文載》等。光緒《重修安徽通志》卷三百四十二小說類著錄。華東師大館藏道光十二年趙氏古墨齋刊《涇川叢書》本，此書仿韓愈《毛穎傳》之

例，為酒、水晶眼鏡、紙、瞳仁分別立傳，分為《白雪蘭生傳》《開明君傳》《楮先生傳》《雙童子傳》，篇後有野史氏、太史公之評論。以擬人之法述書生境遇，頗有寄託興懷之感。民國《安徽通志稿》小說家類云是書「雖遊戲文章，而洋洋灑灑不可端倪，趙紹祖刻入《涇川叢書》，稱為吾邑之昌黎，蓋以《四傳》擬《毛穎傳》也。」

《天香閣隨筆》二卷　　李寄撰

李寄，或云李介，字介立，號因庵，又號崑崙山樵、由里山人，明末清初人，明旅行家徐霞客子，事蹟詳見光緒《江陰縣志》卷十八。《觀古堂書目》小說家類記載之屬、《中國叢書綜錄》雜史類著錄。《續修四庫全書》影印《粵雅堂叢書》本，後有咸豐二年壬子伍崇曜跋。李介好遊山水一如乃父，歷經世變猶豪氣自雄，與友人遊西湖，「進湖南淨慈寺，十七戲數羅漢，輒錯亂不能舉，予時微醉，前彈指云：『諸君閒坐，有何功受人間供奉？餘杭山賊殺人，恐汝亦坐不定也！』因大笑出殿門，冒雨至江頭。」此書頗似遊記，山水之美、詩人唱和、民間畸人所載多有，然記載故老傳聞、易代之變亦不遺餘力，與清人他書雜史軼事者可相參照，大約為記遊之行不廢遺事之意，如「明春予至長沙，人皆言定國兵律極嚴，駐師半載，人不知有兵。」「予入楚界」記「張獻忠破武昌，悉驅城中民數十萬口入江中，江水斷流數日，慘哉。」文筆清致，得遊記清秀之體，敘詩人之隱逸、易代之慘變，亦細微入神：「古庵先生邵重生隱居飛來峰下，隨身惟一妾，浣游炊餁之外，則抄寫書史，執勞兼役絕無怨言，此不特白家楊柳所難，恐劉伯壽之二草亦不能及也。昔淵明尚歎室無萊婦，敬通每恨家有悍妻。妾，奴僕類也。乃能相生成其高如此。」「江邑破後，學使署樓上不知何女子被害於此，屍影宛然，體則臥而髮植如竿，絲絲皆見，見者無不悚然。昔永新趙烈婦死於明倫堂，每陰雨則血痕畢露，懷中尚抱一子，愈刮愈見，此皆英靈結成，非偶然也。」

《漫遊小鈔》一卷　　魏坤撰

魏坤（1646～1705），字禹平，號水村，浙江嘉善（今屬嘉興市）人，康熙三十八年舉人，與陸元輔、陸嘉淑、朱彝尊往還，著有《倚晴閣詩鈔》《秦淮雜詠》《粵遊紀程》等。《中國叢書綜錄》郡邑類著錄。上海書店《叢書集成續編》本。前有柯煜序。此書志怪為多，如《壺中言》《杜壓州》《老神仙》《狐趫龍》《鄒二水》《袁胖子》《一鳳兩角》《於清端公》《豐都記異》《會榜易名》

《二周夢兆》《長人小人》《奇貓異鼠》《買耳報鬼》《人畜異形》《老尼變豬》《秦檜拋屍》《木有光》《木介》《鴉食人》《三雷報》《鬼緣》《無頭人》《忠義蛇》《林屋洞玉像》《騾食人》《人混為豕》《餌丹致斃》《產龍》《能知三世》等，不過鬼怪之類；亦有軼事如《閨女赴試》《考試奇聞》等，文風樸質。

《婦人集補》一卷　　冒丹書撰

冒丹書字青若，冒襄季子，以明經授州同知，著有《枕煙堂卯君詩》《再生稿》《西堂詞》等。《中國叢書綜錄》史部傳記類著錄。《香豔叢書》本。此書續陳維崧《婦人集》而作，風格仍沿其舊，所列才女有王兆淑、吳瑟瑟等十人，並錄其詩詞，風格婉麗。

《景船齋雜志》二卷　　章有謨著

章有謨字載謀，華亭（今上海市）人，隱居佘山，布衣不仕，康熙七年戊申之湘西從王夫之學，著有《禮記說》十卷等。光緒《青浦縣志》卷二十一有傳。光緒《松江府續志》卷三十七小說家類著錄，又名《景船齋雜記》或《景船齋筆記》。上海圖書館藏鈔本。鈔本前有乾隆二十九年章得棨序，卷端題「華亭章有謨載謀著，同里後學陸明睿校。」章得棨為有謨從孫，其門下士陸明睿為是書校訂，章序云：「壬戌仲夏，叔父紹庭公自利津解組歸，以此書授棨曰：『先君子學船山王公，名其齋曰景船，衷輯平日見聞，筆為雜記松郡之事，出自明代者十居其八，近事及異方人物則附見焉，汝為我藏之。』」全書共 170 則（篇）左右，每則皆無題目，所述多為松江掌故、奇聞怪變及名人軼事，如上海皋橋朱蒲仙挾虎、雲間陳子龍夢異、崇禎十三年松江東門外雨針、崇禎辛巳大旱飛蝗、崇禎十四年青浦任思諫墓破現金頭、顧汝則還金、萬曆辛丑催稅事、《頑異語》一書詆毀夏允彝等，亦有格言語錄、物理考證及詩詞題詠之作，如「陸平泉云：『讀書須尋出書中眼目，佛家所謂人天法眼是也。』」、「大盡小盡月」考、倪雲林寓松詩等。明清之際，天下擾亂，本書記載多有，如家奴告變、福王童妃案、吳三桂弒桂王、吳志葵降清、順治己亥浦東呂某妻變裝尋夫等。

《聞見卮言》五卷　　祝文彥撰

祝文彥字方文，號珵美，浙江海寧（今海寧市）人，康熙時諸生。光緒《杭州府志》云「五卷」，寧稼雨先生云有「康熙間十卷本，未見。」《黃周星集》

有《聞見厄言序》。張潮《虞初新志》有節錄，云「顧程美」撰，二者不知孰是。天津圖書館藏管庭芬輯《待清書屋雜鈔四百九十三種》中有《聞見厄言》一卷、《聞見厄言補鈔》一卷。據同治《湖州府志》所引，所述為明末亂象，如「崇禎中，杭湖山間忽生異石，色白微赤，體軟質細，狀如茯苓，研之可作粉藜，民競取，雜穄核為餅食之，得活者甚眾，俗號觀音粉。迨歲有收，此石乃堅不可復搗，搗亦不可復食矣。」「江南亡後，有總兵黃斐率眾入太湖為寇。一日入據湖州，四顧無援，數日棄去，其兵散之林藪，號為黃兵，土人相率依附。其渠魁有沈泮、陳萬良、高國元者，嘯劫村閭，捉人拷餉，十餘年間，浙西三府盡被荼毒。」褚人獲《堅瓠集》、亦有輯錄，大約野史筆記之類；張潮《虞初新志》題為「顧珵美」撰，並輯錄兩則：順治甲午四明一士人扶鸞、雷擊事。

《清異錄》一卷　葛萬里輯

葛萬里字夢航，或云一字逸父，號航樵，江蘇崑山（今崑山市）人，康、雍間人，著有《萬曆丁酉同年考》《公安三袁年表》《牧齋先生年譜》等。《藏園訂補邵亭知見傳本書目》小說家類著錄。國家圖書館藏《葛萬里雜著》康熙刻本。此書一卷33則，所輯大多為宋元以來至清初文士奇行異稟之事，如倪雲林潔癖過甚、陳後山作詩「吟榻」、薛案明亡為頭陀、張孝賢夜宴死友、憨山好食菜粥、黃庸聽雪甚喜、張養浩有「定心飲」、顧東江稱「詩鈞」等，每則皆無標題，類《世說》中士人曠達瀟灑，足為士夫楷模。語類小品，清新可喜，如「袁小修記：王維南家畜鶴，夜失一足，次蚤以竹代之，遂起舞。」「屈翁山言：羅浮山中所見，無非鳳凰者，即大蝴蝶，亦名小鳳皇，不惟紅翠、碧雞等鳥也。」

《聖師錄》一卷　王言輯

王言字慎旃，浙江錢塘（今杭州市）人，王晫子。張潮《虞初新志》輯錄，前有序，云禽獸亦有仁義、感恩之心，「家公向欲彙集一帙為《聖師錄》，本諸揚子『聖人師萬物句』，因病不果」，故閒中閱覽，輯有關鳥獸關乎道德仁義之事者，匯為一編，類為《白鷳》《鶴》《雁》《燕》《鸚鵡》《鸛》《黃鶯》《鴛鴦》《鵲》《鴿》《鵝》《雞》《象》《鹿》《熊》《虎》《猿猴》《牛》《犬》《馬》《騾》《羊》《貓》《仁魚》《鱉》《蟹》《蝌蚪》《蜂》二十八目，每目數則，惜不注出

處。據王晫與張潮來往信札（見劉和文《張潮研究》），知此書原為數十冊，並非一卷本也。

《逸史殘鈔》一卷　　佚名撰

《中國古籍善本書目》小說家類著錄。今有南京圖書館藏虞山懷柔廎鈔本，前有可公序，序云：「癸酉春莫，玉山陳君渭士示我鈔本二卷，紀明季清初事，不著書名及撰人，蓋殘稿也。按其讚語，有逸夫趙氏云，則此書當是清康熙時趙姓所著，而名已不可考矣。所載皆蘇浙軼聞，蘇屬尤多，趙或蘇屬人士亦未可知。惜僅存二卷，亦非全璧，然其紀載與他野史大有異同，柳如是一則不以身殉家難而曲諱其醜，尤為實錄。日長無事，隨筆錄存以俟將來考證。」陳渭士即陳定祥，可公或為徐堪，皆為民國時人。此書共 37 則，每則多以人名為標題，有《吳昇嘉》《蔣若來》《吳提督》《時子求》《侯龍泉》《田將軍》《陸兆魚》《吳日生》《錢大》《陳打生》《赤腳張三》《沈泮》《穆祖泉》《柏相甫》《劉孔昭》《范軍門》《侯侗曾》《徐九一》《秦按院》《詹大廳》《張志雍》《張受先》《三義士》《奚康侯》《陳五》《顧玉川》《柳如是》。書中所述清初寇盜、義士四十餘人，多為民間傳聞，其中可公所云「柳如是」事，述柳如是醜聞多種，其中並無貞烈事蹟可稱，如嫁錢牧齋後與顧以寧潛通、錢謙益受錢曾千金以跑官買官等。書中所載忠臣事蹟頗可動人，如《吳日生》述吳日生「見故國云亡，與人言輒流涕，遂散家財一招納王命，聚兵船於太湖，為攻蘇之計，四方之士，響應而至。」敘述簡練，為野史筆記之類。

《妙貫堂餘譚》六卷　　裘君弘撰

裘君弘（1670～1740），字任遠，號妙貫堂主人，新建（今屬江西南昌市），康熙三十五年舉人，著有《西江詩話》等。康熙《西江志經籍志》雜類說部、《四庫全書總目》雜家類雜說之屬著錄。齊魯書社《四庫全書存目叢書》影印國家圖書館藏康熙刻本。前有《小引》云：「僕既以三餘讀書而復以讀書之餘，與二三知己譚，此《妙貫堂餘譚》之所為錄也。有談史者，有談經者，有談詩文者，有談風月者，有談里巷瑣屑或稗官小說、今古軼事者，有述前言往行不置一喙者，有間附鄙見或加評騭者，酒後耳熱，掀髯輒作竟日，譚子弟輩從旁竊錄，遂已成帙。」全書共六卷，每卷一類，有《譚史類》《譚學類》《譚詩文類》《清譚類》《雜譚類》，類下分則，每則有標題。此書雜說甚多，引故事兼議論，較為可讀者為《清譚類》，諧語之類，如《俗嘲納粟監生》《用四書語為

對》《貿梅帖》等；《雜談類》，多軼事志怪之類，如《花神》《三甥並為女婿》《壞棺之板能為鬼言》《鬼畏人為叩齒聲》《熊丹棱先後遇異人》《憨嫗》《李遠庵清節》《筆架博士》等。此書理學氣較重，無意為小說也，不過閒適、勸懲之意，敘事之後每有議論，讀來可厭。語言質樸，如《商山婦鐵指》：「咸通中左軍張季弘供奉襄州，暮泊商山逆旅，有新婦不事其姑，季弘責之，向前分訴每溯一事以中指畫磐石上，隨手作痕，深可數寸，季弘號壯勇，汗落神駭，竟不知為何人也。」此源出唐代小說，又加以刪削耳，清人往往為此作者，粗陳梗概而已。

《敬止錄》十二卷　　裘君弘撰

康熙《西江志經籍志》雜類說部著錄。未見。

《康熙几暇格物編》六卷　　愛新覺羅·玄燁撰

愛新覺羅·玄燁（1654～1722），即清聖祖，事蹟詳見《清史稿》。此書未見著錄，本為《康熙御製文》第四集「雜著」。華東師大館藏光緒石印本，兩冊六卷，上下各三卷，93則，每則有標題。卷末有「朝議大夫前國子監祭酒臣宗室盛昱敬錄」字一行。今上海古籍出版社2007年李迪譯注本，可稱完備。此書物理如《雷聲不過百里》《地震》《石魚》《海魚化麂》《山氣》《潮汐》、地理如《星宿海》《哈密引雪水灌田》《冰厚數尺》《察哈延山》《地絕處》《吐魯番地極熱》、動植如《青馬》《哈密瓜》《吐魯番西瓜》《沙蓬米》《御稻米》、醫學如《兩尺脈屬兩腎》、礦產如《瀚海石子》《芒硝》《石鹽》、風俗如《方音》《使鹿使犬》、文藝如《詩文以命意為上》《文章體道親切朱子》《趙孟頫命名》等皆在敘述之列，敘述中多見東北、西北邊疆風物。清聖祖服膺朱子理學，兼習西學，故於格物致知之學多有體察，且其所述多為親歷之事，並非理學陳調。書中所述異於後來之考證學，大約在乎格物窮理之本義，故書寫頗為生動，寓目較為客觀。文風簡練，思想通脫，亦雜家筆記之類。

《郭西小志》十七卷　　姚禮纂

姚禮字丹甫，號聽泉，浙江仁和（今杭州市）人，乾隆癸丑進士，官廣西容縣知縣。《中國古籍總目》史部地理類雜記之屬著錄。今有周膺、吳晶點校《杭州稀見文獻輯刊》本（浙江工商大學出版社2013年版）。據點校《前言》可知，此書原為張宗祥鈔本，張氏題記云是書「匯記杭城郭西掌故，敘至康熙

時止。」點校者云此書共 639 篇,「其內容雖與《今世說》接近,編排體例卻有方志的特徵」,實則為地志雜記之類,可謂杭州掌故筆記之書。卷一大致為坊巷堤湖之類,如《浙江又名羅剎江》《西湖非明聖湖》《蘇白二堤考》《劍門嶺即棲霞嶺》《鳳凰泉》等。卷二至卷四述杭城園林宅院宮殿之類,如《聚景園》《真珠園》《南湖園》《掛瓢堂》《汲古堂》《世綵堂》《息園》《宋理宗荷亭梅亭》等。卷五、卷六主要為寺廟之類,如《仁王寺》《握髮殿》《湖上魏忠賢祠》《皮場廟》《禮拜寺》等。卷七為名人丘墓之類,如《羅隱墓》《蘇小小墓》《一笑居士墓》等。上述七卷為地理載記,亦間及雜事。卷八至卷十二為儒生才士之類,如《葛道明》《趙瑾叔》《高江村少詹》等,近於文士小傳。卷十三大致為方外女史事蹟,詩人居多,如《芸香》《小青》《元時三詩僧》《朱淑貞》《閨秀黃修娟錢如玉》等。卷十四為杭州文獻之徵,書畫野史詩話文錄之類,如《惲壽平詩》《西湖竹枝詞》《讀書社文序》《鍾紹京書》《顧氏畫譜》《中峰和尚墨蹟》《施子野詩話》等。卷十五、卷十六為風土之記,杭州風俗物產疇人如《西湖競渡》《燈市》《迦南觀音像》《龍團茶》《梅花餅》《烏巾山枇杷》《王季方盆景》《曲工吳麻子》等。卷十七為怪異之類,如《徐秋夫治鬼病》《義僕鳴冤》《女死生鬚》《龍見西湖》《竹園山湧血》《水龍布帳》《鬼唱賣酒》等。作者記載清初見聞之外,輯錄他書如《吳越備史》《(咸淳)臨安志》《夢粱錄》《湧幢小品》《都城紀勝》《武林舊事》《明詩綜》《兩浙名賢錄》《夷堅志》《快雪堂集》等前人文獻較多,考證辨析亦得當(如杭城地理名蹟古今變遷用歷史地理考證之法),大致循方志體例,而有事蹟歸置類別不甚嚴謹處,《杭郡詩三輯》云此書「精審不苟,人比之郎仁寶《七修類稿》。」過譽之語也。

《三成堂家訓》 鄒互初撰

鄒互初字公邃,號紫壚,湖北黃岡(今黃岡市)人,康熙初尚在世。光緒《黃州府志》小說家類著錄。未見。

《顧氏聞見錄》,卷數不詳 顧如華撰

顧如華字質夫,號西巘,湖廣漢川(今屬孝感市)人,順治六年己丑進士,康熙六年卒。宣統《湖北通志》小說家類雜事之屬著錄。未見。

《碎錄》 楊明時撰

楊明時,字號不詳,江蘇江陰(今江陰市)人,康熙十八年己未進士,官

至禮部尚書，著有《雜諍》等。清何震彝之《江蘇江陰藝文志》子部小說家著錄。未見。

《明世說》　史以明撰

史以明字子敏，號虎山，山東樂陵（今屬德州市）人，明末諸生，入清以歲貢老，著有《明史記》《明綱目》《明紀事本末等》。宣統《山東通志》小說家類雜事之屬著錄。未見。

《陰行錄》，卷數不詳　許全可撰

許全可，生卒年不詳，字欲爾，號悔齋，浙江海寧（今屬嘉興市）人，陳確弟子，十六為諸生，旋棄去，肆力著述，有《明代諸臣言行錄》《淮陽先生遺事》《宗乘志餘錄》《悔宅家傳》《悔齋憫行記》等。民國《杭州府志》卷八十七《藝文》史部類著錄。此書周廣業纂《寧志餘聞》卷八《雜志》之《叢說》有輯錄數則，乾隆《海寧州志》云其書「博搜善行，隨得隨記，曰《陰行錄》」，大約嘉言懿行之集。未見。

《譾妄雜述》三卷　熊奕久撰

熊奕久字石洲，河南商城（今屬信陽市）人，康熙十一年舉人，官綏寧知縣。民國《河南通志》小說類異聞之屬著錄。未見。

《瑣記》二十卷　任楓撰

任楓字木庵，號硱莊，河南汝州（今汝州市）人，康熙六年進士，授山西靈石知縣，升內閣中書。民國《河南通志》小說類瑣記之屬著錄。未見。

《續鶴林玉露》　楊郁林著

楊郁林，福建永安（今永安市）人，康熙初貢生。民國《福建通志附錄》小說家類雜事之屬著錄。未見。

《隨筆錄》　蘇燮國撰

蘇燮國，福建晉江（今晉江市）人，事蹟不詳。民國《福建通志附錄》小說家類雜事之屬著錄。未見。

《聞見錄》　袁文超撰

袁文超，福建建陽（今南平市）人，《福建省舊方志》云其為順治五年舉人，康熙十五年耿藩平，出獄。民國《福建通志附錄》小說家類雜事之屬著錄。未見。

《永江紀日》一卷　黃中通撰

黃中通，號抑公，福建晉江（今晉江市）人，順治六年己丑進士，歷官永州知府、廣西布政使等，康熙二年卒。民國《福建通志附錄》小說家類雜事之屬著錄。未見。

《寓庵瑣記》　徐中恒撰

徐中恒，福建建寧（今屬三明市）人，曾參修康熙十一年《建寧縣志》，著有《寓庵樂府》《五七韻言》等。民國《福建通志附錄》小說家類雜事之屬著錄。未見。

《四明龍薈》一卷　聞性道撰

聞性道字天乃，一字蕊泉，浙江慈谿（今屬寧波市）人，諸生，康熙初尚在世，曾參修康熙《鄞縣志》，著有《東岕志略》《大慈寺志略》等。雍正《浙江通志》地理類山川之屬、《四庫全書總目》小說家類異聞之屬、孫詒讓《溫州經籍志》卷十八小說家類瑣語之屬著錄。未見。四庫館臣云「是書專載四明諸井潭神龍見伏靈蹟，紀錄寥寥。惟所載蜥蜴考一篇，於蠑螈、蝘蜓、蠦（蟲廬）等名辯證詳審。然紀四明龍事而泛濫及之，於體裁亦未協也。」亦地志小說之類。

《勸善錄》　吳初觀撰

吳初觀事蹟不詳。孫詒讓《溫州經籍志》卷十八小說家類瑣語之屬著錄。未見。

《泮宮紀略》　李如玉撰

李如玉，浙江鄞縣（今屬寧波市），康熙元年歲貢生，康熙二十二年曾任龍泉縣訓導。孫詒讓《溫州經籍志》卷十八小說家類瑣語之屬著錄。未見。

《幻影論年》　陳翰邦撰

陳翰邦，浙江寧波人，生員，康熙初尚在世。孫詒讓《溫州經籍志》卷十八小說家類瑣語之屬著錄。未見。

《古今第一流人物圖志》　毛留業撰

毛留業事蹟不詳，清初人。《清代毗陵書目》小說家類著錄。未見。

《黃山紀遊》　莊同生撰

莊同生（1627～1679），字玉驄，號澹庵，江南武進（今江蘇常州市）人，順治四年進士，官詹事府右庶子兼授翰林院侍讀，著有《澹庵集》《妒史》等。《清代毗陵書目》小說家類著錄。未見。

《妒史》十四卷　莊同生撰

光緒《武進陽湖縣志》卷二十八小說家類著錄，云「已佚」。大約亦後之陳元龍《妒律》一類。

《日錄》三卷　魏禧撰

魏禧（1624～1681），字冰叔，又字叔子、裕齋、勺庭，江西寧都人，明遺民，康熙十七年薦舉博學鴻詞科，不應，著有《魏叔子文集》《詩集》等。康熙《西江志經籍志》雜類說部著錄。今有《清代詩文集彙編》影印易堂刻寧都三魏全集本，前有唐景宋序、謝文洊序、魏禧小引。此書為雜說之類，類乎申涵光《荊園小語》，主於教誨議論之語，卷一《里言》，卷二《雜說》，卷三《史論》，故魏禧《日錄引》云：「余幼承父兄之教有日，長而誨之有日，早涉世事，讀古人嘉言懿行有日，見之聞之曡曡然，有得於心則言之，已而錄之，是曰《日錄》，或以自警，或詔諸門人子弟，不諱其不文取易通也。易所偶至，或文言之體，雜不相附，一曰里言，二曰雜說，三曰史論。」「里言」為修身立德之語，如「擇師取友方能遷言改過」「凡言語舉動太盡情，則易失實。」「雜說」為評論詩文，如「韓文入手多特起」「嘗論古人文法之簡」等。「史論」為評論歷史事件、人物得失，如「文文山忠烈全在捨不得死處。若從他捨得死處說，便看得易了。」「管幼安，哲士也，非義士也。」

《秘藻集》五卷　　許納陛、沙鍾珍同纂

許納陛字元錫，江蘇如皋（今屬南通市）人，曾纂修《如皋縣志》，順康間人。沙鍾珍字彥弢，蘇如皋（今屬南通市）人，曾於康熙十八年任岳州府督糧通判。《文瑞樓藏書目錄》子類小說家著錄。未見。

《仙雲碎影》一卷、《東窗漫話》一卷、《三礿遺叟雜記》一卷　　李綺撰

李綺字季里，康熙二年中順天副榜，歷官江西寧州知州、甘肅臨洮知府等，銅山（今屬江蘇徐州市）人。同治《徐州府志》雜家小說類著錄。未見。

《三才書節錄》《勉德堂格言》　　陳瑄撰

陳瑄字木容，康熙癸丑歲貢，《文獻通考抄》等。嘉慶《重修揚州府志》子部雜家小說類著錄。二種皆未見。

《改蟲齋雜疏》三卷　　高殿雲撰

高殿雲事蹟不詳。譚宗浚《皇朝藝文志》小說家類、光緒《湖南通志》之《藝文》子部小說家類異聞之屬著錄。未見。

《疑聞略》　　周初基撰

周初基，江蘇無錫（今無錫市）人，事蹟不詳。《毘陵經籍志》子部小說家類、乾隆《江南通志》子部雜說類著錄。未見。

《東皋詩話》一卷　　楊大鯤撰

楊大鯤字陶雲，江蘇武進（今屬常州市）人，順治十六年進士，官新建縣丞、九江知府等，著有《讀史記略》。《毘陵經籍志》子部小說家類著錄。未見。

《逸林》一卷　　許維梃撰

許維梃，江蘇武進（今屬常州市）人，事蹟不詳。《毘陵經籍志》子部小說家類著錄。未見。

《耕餘筆志》一卷　　任贄撰

任贄，江蘇荊溪（今屬無錫市）人，事蹟不詳。《毘陵經籍志》子部小說家類、乾隆《江南通志》子部雜說類著錄。未見。

《博庵雜記》　李克廣撰

李克廣字巨公，號郭山，河南柘城（今屬商丘市）人，康熙二十八年任南陽教諭，著有《四書虛字說》《又園詩集》。民國《河南通志》小說類雜事之屬著錄。未見。

《訪桃記事》　宋生撰

宋生字子春，河南固始縣（今屬信陽市）人，康熙二十年解元，官泰興知縣。民國《河南通志》小說類雜事之屬著錄。未見。

《汴梁野乘》八卷　周在浚撰

周在浚字雪客，一字龍客，號梨莊，河南祥符（今開封市）人，周亮工子，官太原府經歷，康熙三十五年尚在世，著有《秋水集》《雲煙過眼錄》等。民國《河南通志》小說類雜事之屬著錄。未見。此書當為野史筆記之類，《輯汴梁野乘偶題》云「汴水圍城，較張許睢陽尤烈」，則為李自成水灌開封事。另宋犖《筠廊二筆》卷上「祥符周雪客」條云其有《晉稗》，並輯錄正統間于謙《憫農》《採桑婦》二詩，大約亦地志小說之類。

《問樹軒叢談》　畢曰澪撰

畢曰澪，康熙間人，山東青州（今青州市）人，曾官任縣知縣，著有《蒼洱小記》。宣統《山東通志》小說家類雜事之屬著錄。未見。

《見聞前後二集》《拾遺集》　張有光撰

張有光字善克，號雙洲，四川南充（今南充市）人，康熙三十三年甲戌進士，官任縣知縣、吏部郎中，嘉慶《四川通志》小說家類著錄。未見。

《聞見雜錄》不分卷　柴桑撰

柴桑，號玉峰東離子，江南崑山（今江蘇崑山市）人，事蹟不詳，據書中所記「丁筠雪、濱州張宣、汪蛟門（懋麟）」諸人，則柴桑為清初人。《中國叢書綜錄》子部雜學類著錄。華東師大館藏上海申報館《獨悟庵叢鈔》活字排印本，後有光緒二年楊引傳跋。此書分《遊秦偶記》《快事偶記》《覆轍偶記》《京師偶記》《懷遠偶記》五部，記述遊幕關中、京師、安徽懷遠之見聞，雜事、風物為多，兼及詩話、地理、詩文、典制等，紀事多用干支紀年，大約亦明遺

民之作，如「桑以壬申首夏入秦，秋杪而歸」「（康熙三十六年）丁丑之後悉出
銳師……厄魯特、噶爾丹競膽落」「（康熙三十五年）丙子客京」等，語以紀實，
頗富文采，雜家筆記之類。

《衛恤錄》 黃百學撰

黃百學即黃百家（1643～1709），浙江余姚（今屬寧波市）人，黃宗羲第
三子，字主一，號不失，國子監生，著有《學箕初稿》《勾股矩測解原》《內家
拳法》《明制女官考》等。《培林堂書目》子部小說家類著錄，抄本一冊。未見。

《春霖話異》二十八卷 廖其乂撰

廖其乂事蹟不詳，或為清初人，福建將樂（今屬三明市）人。民國《福建
通志附錄》小說家類異聞之屬著錄。未見。

《陰德報應錄》 朱邦定撰

朱邦定事蹟不詳，或為清初人。民國《福建通志附錄》小說家類異聞之屬
著錄。未見。

《素岩雜著》四卷 梅廷對撰

梅廷對字以茂，江西南城（今屬撫州市）人，工書畫，康熙五十二年進士，
歷官廣西道御史、山東運使等，著有《汲古堂詩》《東山臥吟》等。光緒《江
西通志》卷一百五十六有傳。光緒《江西通志》卷一百六小說家類雜事之屬著
錄。未見。

《宦蹟紀略》，卷數不詳 甘汝來撰

甘汝來字耕道，號遜齋，江西奉新（今屬宜春市）人，康熙五十二年進士，
累官至兵部尚書，有《周禮簡注》《甘莊恪集》等。光緒《江西通志》卷一百
六小說家類雜事之屬著錄。未見。

《梓里甘聞》六卷，《卓弗查言》六卷 柯濬撰

柯濬事蹟未詳。吳興劉氏嘉業堂抄本《台州經籍考》小說類著錄，云記耆
舊軼事可為美談者。未見。

《見聞紀異》，卷數不詳　　陳藻撰

陳藻字叔泮，號環碧，浙江天台（今屬台州市）人，康熙五十三年舉人，官海寧教諭，著有《見一集》《西湖雜詠》等。吳興劉氏嘉業堂抄本《台州經籍考》小說類、光緒《天台志》藝文類著錄，未見。

《簿餘隨筆》《遊屐紀略》，卷數不詳　　王盛德撰

王盛德字方樹，號補村，湖南零陵（今永州市），康熙三十五年舉人，官河源知縣，著有《石園詩稿》《豐樂樓集》等。道光《永州府志》卷九下小說家類著錄，並云「案盛德字方樹，官縣令，此皆其閱歷所紀也。」未見。

《敬事齋記》二卷，《雜著》一卷　　鄒管撰

鄒管字晉公，江西南豐（今屬撫州市）人，康熙三十年進士，官山東即墨知縣，任禮部主事典試廣東，光緒《江西通志》卷一百六小說家類雜事之屬著錄。未見。

《螺室談屑》，卷數不詳　　李管朗撰

李管朗，宋李昂英十七世孫，字崇樸，號一簣山人，廣東順德（今屬佛山市）人，薦舉鴻博，活動於康乾年間，著有《一簣山房集》《貫珠詩文集》及《崇樸山書八十二種》等。此書未見著錄，《五山志林》卷七《辨物》輯錄一則為《大良篦》，述順德所產篦之精良。全書未見。

《太平廣記節要》十卷　　陶作楫輯

陶作楫字夢剡，會稽（今浙江紹興）人，順治十五年己亥進士，歷任杭州府教授、廣東督糧道等，著有《魯齋文集》《南華經注》《華隱居詩稿》等。事蹟詳見乾隆《紹興府志》卷五十。乾隆《紹興府志》卷之七十八小說家類著錄，未見。

《春樹閒鈔》二卷　　顧嗣立撰

顧嗣立（1665～1724），字俠君，號閭邱主人，長洲（今蘇州市）人，康熙己卯舉人，壬辰賜進士，輯有《元百家詩選》，著有《秀野草堂詩集》《閭丘詩集》等。同治《蘇州府志》卷第八十八有傳。《中國叢書綜錄》小說家類著錄。本書有上海書店《叢書集成續編》本，後有潘承弼、章鈺、張元濟、孫柏

年、楊鍾羲、王大隆跋語。內容「雜記朝野掌故，評騭朋舊詩詞之作」（王大隆跋云），如記載康熙四十四年玄燁南巡試諸生，紀恩遇也；輯錄劉石齡《瓠容草堂詩》、鈕琇《觚賸》、潘耒《羊城雜詠》、竹垞《騰笑集》、漁洋《精華錄》諸著作，倡風雅也；間有宋犖、計東、朱彝尊、徐旭齡、鄭成功逸事，大約吟詠之餘亦不忘家國之思。詩以清雅，此亦筆記小說所必備者。

《半庵笑政》一卷　陳皋謨纂輯

陳皋謨字獻可，事蹟不詳。《中國叢書綜錄》小說家類著錄。王利器《歷代笑話集》之「笑倒」條據《一夕話》清刻本（北京大學館藏），認為陳皋謨為康熙間人，別號咄咄夫。今有《檀几叢書》餘集本。瑣語之類。

《笑倒》　陳皋謨撰

《中國叢書綜錄》小說家類著錄。王利器《歷代笑話集》有節錄，笑語之類。

《續輟耕錄》一卷　劉君采撰

劉君采，一作劉君採，字而先，晚號沛泉逸叟，廣東香山縣仁和里（今屬中山市）人，著有《三才要覽》《雪溪詩》等。康熙《香山縣志》有傳。光緒《廣州府志》卷九十二小說家類著錄。未見。

《西清珥筆》，不詳卷數　梅之珩撰

梅之珩（1660～1745），字左白，號月川，江西南城（今屬撫州市）人，康熙二十四年進士，歷官清要，擢少詹事，著有《一畝居古文》《一畝居詩》等。光緒《江西通志》卷一百六小說家類雜事之屬著錄。未見。

《聞見偶錄》四卷　羅光忻撰

羅光忻字庚齋，號慎齋，江西南昌（今江西南昌市）人，養親居白下，遂入江寧籍，康熙二十九年舉人，曾任丹陽教諭，著有《西江理學言行錄》《尺牘》等。光緒《江西通志》卷一百六小說家類雜事之屬著錄。未見。

《虔南冷語》十卷、《東山雜注》二十六卷　吳應驥撰

吳應驥字德君，江西宜黃（今屬撫州市）人，康熙二十年舉人，官贛縣教

論，著有《粵遊草》一卷等。光緒《江西通志》卷一百六小說家類雜事之屬著錄。未見。

《黃睡漫志》四卷　汪坤撰

汪坤字大隅，號舍亭，康熙五十三年舉人，詳見乾隆《杭州府志》卷九十四。乾隆《杭州府志》小說家類著錄。未見。

《小丹丘客談》，卷數不詳　柯維楨撰

柯維楨字翰周，一字緘三，自號小丹邱。浙江嘉善（今屬嘉興市）人，康熙十四年乙卯舉人，著有《紀遊草》《澄煙閣詩》等。光緒《嘉興府志》卷八十一小說家類著錄。未見。

《玉堂錄》，卷數不詳　梁氏撰

未見著錄。《〈今世說〉評林》吳慶百云：「劉氏《世說》，語本麈尾松枝所成。蓋何平叔清談之餘。後之竄入者大不類本書，以彼片言單辭另存爐錘，足甘口吻，非凡響能及耳。丹麓雅人，頡頏二晉，睹此便欲突出其上。近與梁氏《玉堂錄》汪氏《說鈴》同行，鼎峙文苑矣。」梁氏《玉堂錄》不知何謂，或云樊氏撰，未知孰是。未見。

《述先錄》，卷數不詳　蔡騰蛟撰

蔡騰蛟字瀚升，江西新昌（今屬宜春市）人，康熙五年舉人，任知縣，其他事蹟不詳。光緒《江西通志》卷一百六小說家類雜事之屬著錄。未見。

《惜陰雜錄》十卷，又《弋獲編》《咫聞錄》（不詳卷數）　沈嗣選著

沈嗣選字仁舉，號果庵，浙江秀水（今屬嘉興市）人，順治初歲貢，或云晚明舉人，未詳，著有《法宋樓書目》《飛神傳記》《沈氏尚書傳》《儉娛堂集》等。光緒《嘉興府志》卷八十一小說家類著錄。此書與順德溫汝適二卷本、一為浙人慵訥居士十二卷本為同書異名，年代相異。未見。

《雅坪散錄》，不詳卷數　陸菜撰

陸菜，原名世枋，字義山，號雅坪，浙江平湖（今屬嘉興市）人，康熙六年進士，舉鴻博，授編修，累官至內閣學士兼禮部侍郎，著有《歷朝賦格三集》《雅坪詞譜》《雅坪詩集》等。光緒《嘉興府志》卷八十一小說家類著錄，未見。

《雅坪異錄》一卷　　陸菜撰

譚宗浚《皇朝藝文志》小說家類著錄。未見。

《見聞瑣異鈔》無卷數　　嚴曾榘撰

嚴曾榘字方貽，號嬘庵，浙江餘杭（今杭州市）人，康熙三年甲辰進士，累官至兵部右侍郎，著有《德聚堂集》《燕臺詩草》《奉使日記》等，康熙《錢塘縣志》卷之十九有傳。光緒《杭州府志·藝文志》子部小說家類著錄。未見。

《衡山雜錄》十卷　　鄧官賢撰

鄧官賢字建侯，江西宜黃（今屬撫州市）人，順治歲貢，曾參修康熙《宜黃縣志》，著有《爻書》《竜書堂集》等。光緒《撫州府志》卷五十八有傳。光緒《江西通志》卷一百六小說家類雜事之屬著錄，未見。

《說瘤》（《瘤苑》）一卷　　汪沆撰

汪沆字師李、西灝，號槐堂，浙江錢塘（今杭州市）人，康熙時舉博宏，著有《論語集注剩義》《泉亭瑣事》《新安紀程》《讀書日劄》《湛華軒雜錄》《識小錄》《槐堂詩稿》等。事蹟詳見乾隆《杭州府志》卷九十四。乾隆《杭州府志》小說家類著錄，未見。

《夢史》二十卷　　吳非撰

吳非，據清卓爾堪輯《明遺民詩》知其字山賓，號古牛，江南貴池（今屬安徽池州市）人，著述多種，有《何堪集》四十三卷、《甲甲甲詩》六十卷、《靜居詩》一卷、《經史辨略》十二卷、《三唐編年》等。光緒《安徽通志》卷三百四十二小說家類著錄。未見。

《續丙丁龜鑑》一卷　　吳非撰

光緒《安徽通志》卷三百四十二小說家類著錄。王士禎《池北偶談》曾敘及。未見。

《離離錄》一卷　　吳非撰

光緒《安徽通志》卷三百四十二小說家類著錄。未見。

《蟲弋》十八卷　吳非撰

光緒《安徽通志》卷三百四十二小說家類著錄。未見。

《蟲弋賡》十卷　吳非撰

光緒《安徽通志》卷三百四十二小說家類著錄。未見。

《小窗逸案》無卷數　潘書馨撰

潘書馨字汝璜，號潁川，晚號霽亭，婺源桃溪（今屬江西上饒市）人，以體屠謝試事，順康間人，輯有《學海探珠》，著有《潁川文集》《潘氏文獻》《聞和詩草》等。光緒《安徽通志》卷三百四十二小說家類著錄。未見。

《老圃雜說》《還讀堂雜俎》，卷數不詳　車無咎撰

車無咎字補旃，湖南邵陽（今邵陽市）人，康熙間歲貢。光緒《湖南通志》小說家類雜事之屬著錄。未見。

《舊聞新語》　周思仁撰

周思仁字恕三，一字切庵，湖南邵陽（今邵陽市）人，康熙間拔貢。光緒《湖南通志》小說家類雜事之屬著錄。未見。

《筆耕佳種》　段先述撰

段先述事蹟未詳，康熙間諸生。宣統《湖北通志》小說家類雜事之屬著錄。未見。

《坳堂夜話》　徐家麟撰

徐家麟字遠眒，麻城（今屬河北黃岡市）人，康熙五十二年舉人，以明通榜補孝感教諭，遷均州學正。宣統《湖北通志》小說家類雜事之屬著錄。未見。

《漢皋詩話》　王謹微撰

王謹微，湖廣襄陽（今襄陽市）人，進士，康熙四十七年知貴州銅仁縣試。《吳氏襄陽藝文略》云：「此書家有鈔本，予幼見之，似衍鄭交甫遇神女事。蓋遊戲之筆，如唐人小說之類，非說詩也。與《說郛》所載闕名者亦異。」宣統《湖北通志》小說家類異聞之屬著錄。未見。

《耐軒瑣記》一卷　喬時昌撰

喬時昌字符五，康熙五十三年舉人，河南南陽（今南陽市）人，著有《歷代甲子一覽表》《耐軒瑣錄》《獨山石文稿》等。民國《河南通志》小說類雜事之屬著錄。未見。

《美墺寄言》　毛匡國撰

毛匡國字洪武，河南息縣（今屬信陽市）人，康熙五十九年歲貢。民國《河南通志》小說類雜事之屬著錄。未見。

《閒居咫聞》一卷　陳遷鶴撰

陳遷鶴（1639～1714），字聲士，號介石，福建晉江（今晉江市）人，康熙二十四年進士，著有《春樹堂文集》《易說》等。民國《福建通志附錄》小說家類雜事之屬著錄。未見。

《葉書》一卷　黃生撰

黃生字扶孟，安徽歙縣（今屬黃山市），庠生，著有《義府》《字詁》《杜詩說》等。《四庫全書總目》雜家類、民國《安徽通志稿》小說家類綴輯瑣語之屬著錄。四庫館臣云：「是編皆錄載籍申新雋字句。然所採多不倫，蓋亦從類書摘抄，以備文字之用，非以是為著述也。」世楷堂《昭代叢書》本，不過雜家筆記之類。

《鶴皋瑣記》四卷　吳楚奇撰

吳楚奇字南英，號鴻皋，太平（今安徽黃山市）人，康熙四十一年壬午舉江南第一。民國《安徽通志稿》小說家類綴輯瑣語之屬著錄，云「是書為其生平縱談快意之作，或經或史，或抉理窟，或溯道源，妙語卮言，足砭濁世。」未見。

《東雍野史》　王樸撰

王樸，山西新絳（今屬運城市）人，郡庠生，著有《迂齋集》《思齊錄》《闡幽集》等，康熙間人。光緒《山西通志》小說類異聞之屬著錄。未見。

《世說新語注纂》 田肇麗撰

田肇麗字念始，號蒼崖，山東德州（今德州市）人，以父蔭雯官戶部郎中，著有《有懷堂集》。宣統《山東通志》小說家類雜事之屬著錄，並引《有懷堂文集》云此書應其孫田興請求點定，故「檢兩晉書並以南北史同列几案反覆披閱，擇其事與辭之尤者手鈔之，其何君良俊所補，雖雜唐宋之事，亦並錄不棄焉。前後序次悉依原編，通計字六萬有奇，兩閱月而卷畢，乃整輯成帙，付孫興寶而藏之。」未見。

《聞見錄》八冊 于得新撰

于得新字恒庵，山東昌樂（今屬濰坊市）人，康熙六十一年歲貢。宣統《山東通志》小說家類雜事之屬著錄。未見。

《翦燈錄》 王肇咋撰

王肇咋字伯宣，號恒庵，山東即墨（今屬青島市）人，康熙間恩貢，著有《貞烈紀略》《族約編》《恒庵集》等。宣統《山東通志》小說家類瑣語之屬著錄。未見。

《藏山小品》 張一驄撰

張一驄字襄午，號二涷，浙江臨海（今屬台州市）人，諸生，康熙間人。吳興劉氏嘉業堂抄本《台州經籍考》小說類著錄。未見。

《棘園小語》 葉光煉撰

葉光煉字子唯，浙江黃岩（今屬台州市）人，起曾子，與汪元灝為友。吳興劉氏嘉業堂抄本《台州經籍考》小說類著錄。未見。

《學舫》 吳雲撰

吳雲，號舫翁，江西安福（今屬吉安市）人，與廖志灝為友，著有《靈谷寺志》等。康熙《西江志經籍志》雜類說部、《四庫全書總目》儒家類著錄。四庫館臣云：「是編每條標目，各載門人某述，而玩其文辭，乃出一手。大抵云有所講論，輒筆於書，特分署門人之名，以摹仿程、朱語錄體例耳。其議論頗多迂誕。」未見。

《天地人物解》 胡天祐撰

胡天祐字卓岩，江西餘干（今屬上饒市）人，康熙九年進士，康熙《西江志經籍志》雜類說部著錄。未見。

《菊廬快書》 楊繼經撰

楊繼經字傳人，湖廣蘄水（今屬黃岡市）人，順治十二年乙未進士，官大理寺評事，曾與王士禛交往，著有《菊廬詩集》等。光緒《黃州府志》小說家類著錄。未見。

《家塾警言》一卷 李之素撰

李之素字定安，又字虛中，號定庵，湖北麻城（今麻城市）人，康熙間歲貢生，有《孝經內外傳》（著於康熙五十九年）等。光緒《黃州府志》小說家類著錄。未見。

《藕灣訓兒》四編 張仁熙撰

張仁熙（1608～1691），字長人，湖北廣濟（今武穴市）人，順治間歲貢，著有《藕灣詩文集》《雪堂墨品》等。光緒《黃州府志》小說家類著錄。未見。

《常談釋》一卷 湯自奇撰

湯自奇，初名自立，字鳴友，江蘇武進（今常州市）人，康熙諸生，工詩詞及畫，刻有《毗陵唱和編》，著有《雞園詞》《述庭詩鈔》，與莊令輿、徐永宣皆稱「詩老」。《毘陵經籍志》子部小說家類著錄。未見。

《竹素辨訛》二卷 陳光緯撰

陳光緯字緯度，浙江海鹽（今屬嘉興市）人，諸生，著有《調鐘集》。與王漁洋交遊，王氏《漁洋讀書記》中云：「緯度博雅多讀書，嘗著《竹素辨訛》二卷。客死京師，殊可哀也。」光緒《嘉興府志》卷五十七有傳。《傳是樓書目》小說家類著錄。未見。

《碎錄》 楊明時撰

楊明時，字號不詳，江蘇江陰（今江陰市）人，康熙十八年己未進士，官至禮部尚書，著有《雜諍》等。清何震彝之《江蘇江陰藝文志》子部小說家著錄。未見。

《粵遊俚言》 周肇汝撰

周肇汝字南矣，山東膠州（今屬青島市）人，康熙二十三年舉人，曾任單縣教諭，有《琴山學吟》等。《青島歷代著述考》小說家類著錄。未見。

《窮燈錄》 王肇祚撰

王肇祚字伯宣，號恒庵，山東即墨（今屬青島市）人，天性孝友，康熙間歲貢，有《貞烈紀略》。乾隆《萊州府志》卷十一有傳。《青島歷代著述考》小說家類著錄。未見。

雍　正

《讀書堂西征隨筆》一卷　　汪景祺撰

　　汪景祺（1672～1726），原名日祺，字無己，號星堂，浙江錢塘（今杭州市）人，康熙五十三年舉人，雍正二年遊於撫遠大將軍年羹堯幕府，雍正三年年氏敗，事連及禍，次年即以所撰《西征隨筆》中有謗訕清聖祖語被處斬，著有《讀書堂詩稿》。《清史稿》志一百二十九《藝文三》雜家類雜說之屬、《中國古籍總目》雜家類雜記之屬著錄。本書有《續修四庫全書》影印民國鉛印本，卷首有清世宗題語，云：「悖謬狂亂至於此極，惜見此之晚也，留以待他日，弗使此種得漏網也。」「汪景祺案」為雍正時期文字獄三大案之一。此書所錄為汪氏於西北途中見聞及所作詩文，前有雍正二年汪景祺序，述此書緣起云：「自邢州取道晉陽河東，入潼關至雍州，凡路之所經、身之所遇、心之所記、口之所談咸筆之於書，其有不可存者悉毀棄之，名之曰《西征隨筆》。意見偏頗，則性之所近而然也；義論悖戾，則心之所激而成也。其或情牽脂粉，語涉狹斜，猶是香奩本色。知我罪我，聽之而已。」全書共36篇，內容有書信、序文、傳記、詩歌、奏記、軼事等。其中軼事如《記臺吉女自縊事》《詹事語》《張汧祖澤深之獄》《程如絲貪橫》《女子之禍》等，志怪如《再來人》《狐魅畏節婦》等，亦記載詳細，多有日期類乎日記，不過文辭稍浮，既無小品之風致，亦闕經學家之忠厚，且謂才士之筆。

《秋山論文》一卷　　李紱撰

　　李紱（1673～1750），字巨來，號穆堂，江西臨川（今屬撫州市）人，康

熙四十八年進士，歷官廣西巡撫、直隸總督、戶部侍郎等，曾參與纂修《八旗通志》《廣西通志》《臨川縣志》，著有《陸子學譜》《朱子晚年學譜》《陽明學錄》等。康熙《西江志經籍志》雜類說部著錄。今有王水照編《歷代文話》（據《穆堂別稿》卷四十四）本，共四十則。前有雍正三年李紱序，云「《秋山論文》者，余癸未春主秋山書院，雜書代答問，以應諸生之請業請益者也。」此為講論作文之法，如「讀書先須立志」「為文須有講貫，師授乃不誤於邪徑。」「文章最忌在別裁偽體。文章惟敘事最難，非具史法者不能窮其奧窔也。有順敘，有倒敘，有分敘，有類敘，有追敘，有暗敘，有借敘，有補敘，有特敘。」因諸生所急惟在時藝，故篇中多講時文之法，如「為文須根柢經傳。然在時文，必須醞釀而出。」「長題須於緊要處極力發揮，而全題俱捲入其中，所謂散錢須索子也。」

《龜臺琬琰》一卷　　張正茂輯

張正茂字松如，新安（今安徽歙縣）人，以孝聞，子習孔，雍正九年己丑進士。道光《歙縣志》卷八之七有傳。今有上海書店《叢書集成續編》本。全書72則，為記載古代仙女之書，有西王母、嫦娥、上元夫人、玉女太真王夫人、殷王女、朱翼、馬郎婦、玉卮娘子、顓合、麻姑、女兒、紫雲娘、毛女、梅姑、弄玉、英妃、張麗英、南陽公主、白水素女、曉暈、何仙姑等七十二人，從說部中摘錄，簡潔古澹，有魏晉風味，如《嫦娥》：「羿妻，逃月為虛上夫人。」《玉女》：「葭萌縣有石穴，名玉女房。房前修竹數竿，下覆青石壇，每因風自掃此壇，女每遇月明夜，即於壇上閒步徘徊，復入此房。」《梅姑》：「梅姑，生時能著履行水上。」神仙志怪之類。

《粵西叢載》三十卷　　汪森輯

汪森（1653～1726），字晉賢，號碧巢，浙江桐鄉（今屬嘉興市）人，原籍安徽休寧，康熙十一年貢生，歷官廣西桂林通判、刑部山西司員外郎、戶部江西司郎中，工詩詞，與黃宗羲、朱彝尊等往還，著有《桐扣詞》《小方壺叢稿》等。《清史列傳》有傳。《文瑞樓藏書目錄》子類小說家著錄。廣陵書社《筆記小說大觀》本。全書三十卷，內容輯自小說、通志、文集、正史以及野史筆記等與粵西有關者，粵西包括今廣東西部及海南島、廣西等地區，卷一、卷二為碑刻、題名之類，卷三、卷四分別為范成大《驂鸞錄》、岳和聲《後驂鸞錄》兩文；卷五、卷六、卷七、卷十類乎人物傳記，每則以人物姓名為標題，實則

軼事之類；卷八為總督兩廣軍務之將領人物；卷九為人物、典制以及科舉題名之類；卷十一為道教神仙事蹟，卷十二為釋教人物事蹟，兩卷不過僧道靈異故事而已；卷十三、卷十四為志怪之類，妖異為多；卷十五為祥瑞災變之類，卷末多用紀年之法，按年月編排；卷十六、卷十七、卷十八為地理風俗之類，多記粵西風土異與中原江南者，間記異聞如《廣西莫舉人》（出《談林》）、《桂林女子》（出《廣快書》）；卷十九至卷二十三為粵西物產之類，包括動植、礦產等；卷二十四至卷二十九為粵西族群分布及歷代征戰招徠之事蹟等。此書為風土筆記之類，其體例頗類方志，卷五、卷六、卷七、卷十、卷十一、卷十二、卷十三、卷十四等八卷類於方志中之「叢談」「雜志」，所輯之書除原有通志之外，還有諸如《搜神記》《異苑》《洽聞記》《明世說新語》《虎薈》《談林》等小說。所輯之文改動較小，為後來編郡邑志書者所預設也。

《人海記》上下二卷　查慎行撰

查慎行（1650～1727），原名嗣璉，字季重，號查田，後改名慎行，字悔餘，晚築初白庵以居，學者稱初白先生，浙江海寧（今海寧市）人，少受學黃宗羲，康熙三十二年中舉，康熙四十二年進士，著有《敬業堂集》《蘇詩補注》《周易玩辭集解》《得樹樓雜鈔》《廬山紀遊》《經史正偽》等。民國《杭州府志》史部地理類、《持靜齋書目》卷三小說家類雜事之屬、《觀古堂藏書目》雜史類瑣記之屬著錄。本書來新夏《清人筆記隨錄》有考訂。上海古籍出版社《續修四庫全書》影印咸豐元年小嬛嬛山館刻本。前有查慎行小序，云「蘇子瞻詩云『惟有王城最堪隱，萬人如海一身藏』與東方曼倩『陸沉金馬』之意略同」，以示《人海記》命名之意，為查氏致仕後所作（康熙末），並有有咸豐元年辛亥張士寬識語，言此書「向未刊行」，「旅邸多暇，因為詳加檢閱。」此書四百則左右，每則前有小標題，然書中所述皆曰「皇上」，標題則曰「聖祖」，似乎每則標題為張士寬所加，原書並無。此為說部筆記之類，博物如《黃羊》《虎乙》《駱駝》《內府書畫》《鐵券》等，地理如《明朝諸陵》《北京廣寒殿》《興隆寺八景》等，典章制度如《明制宮銜》《外國詔敕》《選察之首》《賜物年例》《明朝籍田禮》《吏部選郎變例》等，明代遺事如《胡廣有愧科名》《燕京從逆》《阮大鋮復用》《方國安敗降》《女轎夫》《判葬再嫁夫》《明武宗祭文》等，清初諸帝軼事如《清慎勤》《聖祖算學》《聖祖論醫》等，既有自記見聞，也有輯錄他書如《棗林雜俎》《玉鏡新談》《李崆峒集》《澄海縣志》《長安客話》者。書惟尚實，典章如科舉之外，雜事為多，不錄志怪，於明清鼎革之事多載，如

《甲申京師之變》《中書自經》《馬士英忌史》《偽太后》《童妃》《南渡三疑案》等，文風樸質，如《宏光朝謠聯》：「宏光朝雜謠：『宏光朝要做官，非騎馬（馬士英）即種田（太監田成）。』『射人先射馬（馬士英），擒賊先擒王（王鐸）。』『紅花開，天子來，不辨衣衫只辨鞋。』又聯『周延儒，字玉繩，先賜玉，後賜繩，繩繫延儒之頸，一同狐狗之頭。』『馬士英，號瑤草，家藏瑤，腹藏草，草貫士英之皮，遂作犬羊之鞴。』『自成不成，福王無福，兩下皆非真主；北人用牛，南人用馬，一般俱是畜生。』」《東明寺異人》則為明末豪客之事：「錢塘大遮山東明寺，相傳建文曾避迹於此。順治丙戌某月某日，有二十二人，皆偉幹傑貌，免胄而人，命守僧以米三斗作飯，豆一斗作乳，倉卒具食。僧異之，問飽未，曰：『未也，亦不敢飽。』飯後遍視佛像，不拜。見建文像，則拜而下泣，一人在前，余隨後，不敢並。已而求浴，裏衣朱殷，膚如刻漆，人臂二弓，腰二銃，試鳥雀不一失。鎧仗重鐵，度所負荷，皆百餘斤。其一人泣拜者，挽鞭重數十斤，合二僧之力僅能舉，而彼運之如棕拂、竹如意。問邑里、姓氏，不答。聞其聲，知為北人也。問今何往，則淚隱隱承睫，曰：『吾糧盡，遊觀天下，無可起事者，吾安之乎？』曰：『三吳足賦，可就也。』曰：『取三吳未能集事。』僧曰：『以諸公之敢力赴義，何患無成？』默不應。諷之苦空，亦不應。僧曰：『即出值官兵，奈何？』曰：『吾仗劍行數千里，先後所值，何啻百千，彼烏能難我。』僧曰：『自此天目民寨百餘所，稱義師，能往觀乎？』曰：『曾按視一二所，皆盜耳，不足目也。』因問道，僧述天目山徑湖州之程，曰『吾之湖州』，曰『湖州多守兵』，曰『固欲遇守兵』。遂胄而去。每一人胄，兩人力收之，目欲迸火。尋聞其遇守兵，殺五百餘人，而二十二人無恙。憪然歎曰：『我多殺亦無益，且吾所以來，豈為此輩哉！』皆投碧浪湖死。外舅陸辛齋（名嘉淑，字冰修）述寺僧指月之語。」查初白詩文俱佳，備受清帝優渥，此書記載明清掌故多為實錄，敘事亦徵實，如《馬士英伏誅》云馬士英降清後被處死，並云「時錢西頑先生在福建，親見之」，可謂傳聞異辭，亦「廣聞見、增史鑒」之學人之筆也。

《查浦輯聞》二卷　查嗣瑮輯

查嗣瑮（1652～1733），字德尹，號查浦，浙江海寧（今海寧市）人，查慎行弟，康熙三十九年進士，官至翰林院侍講，著有《查浦詩鈔》《南北史識小錄》《音韻通考》《唐人萬首長律》等。《浙江採集遺書總錄》說家類、《四庫全書總目》雜家類雜纂之屬著錄。齊魯書社《四庫全書存目叢書》影印中科院

藏清刻本，前有張大受序。四庫館臣云此書「乃抄撮雜家之言可資博覽者，大抵皆節錄原文無所考據，間有自附新語，不過數條。下卷內有西湖事蹟十餘則，乃以補吳焯《錢塘志》所未及者。」張序云「海寧查先生世以儒著，少讀古今書，足跡遍四方，好徵異辭；晚為史館領袖，益搜秘書，有得輒記，匯若干卷曰《查浦輯聞》，蓋於歷代事典錄其所繫之巨者，其他一言一行擇而識之，不忘時物之妖祥，談諧瑣屑皆以資博聞、備參考。」書中所列有朝政掌故、博物、詩話、版刻、曲話、風俗、軼事、古蹟、志怪等，大抵以雅趣為旨歸，以宋人筆記為範式，所輯書有《甲乙剩言》《猥談》《昨夢錄》《解醒語》《廣莊》《玉堂漫筆》《苕溪漁隱叢話》《歸田錄》《學林新編》《遯齋閒話》《宋祁筆記》《緗素雜記》《侯鯖錄《蔡寬夫詩話》《冷齋夜話》《呂氏童蒙訓》《復齋漫錄》《上庠錄》等，清新可讀，頗與漁洋說部相類。

《博雅備考》二十七卷　　張彥琦纂

　　張彥琦字次韓，號逸園，銅山（今屬江蘇徐州市）人，雍正初舉孝廉方正，著有《鷗閒舫草》等。同治《徐州府志》雜家小說類著錄。北京出版社《四庫未收書輯刊》影印清雍正四年裕昆堂刻本。前有雍正四年王材任序、雍正四年張彥琦序、目錄。卷一《經學》，卷二《史學》，卷三《天文》，卷四《地理》，卷五《樂律》，卷六《曆法》，卷七《田賦》，卷八《治河》，卷九《戶役法》，卷十《官制》，卷十一《后妃》，卷十二《薦辟》，卷十三《學校》，卷十四《讀法》，卷十五《郊祀》，卷十六《農政》，卷十七《漕運》，卷十八《鹽法》，卷十九《錢法》，卷二十《刑罰》，卷二十一《關市》，卷二十二《兵制》，卷二十三《弭盜》，卷二十四《防邊》，卷二十五《馬政》，卷二十六《九邊形勢》，卷二十七《冕服》，每卷多有小類附焉。雜說之類，觀其《馬政》《鹽法》諸篇，為講求經濟之學，考述故實類於《文獻通考》，不過沿襲多於創獲，以篇目為類，引諸書以闡發己見，不比他家空談性命、無切於實用者。

《硯北叢錄》無卷數　　黃叔琳撰

　　黃叔琳（1671～1756），字宏獻，號昆圃，順天大興人（今屬北京市），康熙三十年探花，授編修，累遷侍講，康熙四十七年以鴻臚寺少卿任，官刑部右侍郎、浙江巡撫、山東按察使、山東布政使等，生平詳見道光《濟南府志》。著有《硯北易鈔》《詩經統說》《硯北雜錄》等。此書未見傳本。《四庫全書總目》小說家類雜事之屬著錄，云此書「皆雜採唐、宋、元明及近時說部，亦益

以耳目所聞見。大抵多文人嘲戲之詞，如《諧史》《笑林》之類。或著出處，或不著出處，為例不一，亦未分卷帙。蓋憂患之中藉以遣日而已，意不在於著書也。」按提要魏兆龍序，可知本書為黃叔琳巡撫浙江罷官後作，即雍正五年以後作。

《東城雜記》二卷　厲鶚撰

厲鶚（1692～1752），字太鴻，號樊榭，錢塘（今杭州市）人，康熙五十九年庚子舉人，著有《宋詩紀事》《樊榭山房集》《遼史拾遺》等。《四庫全書總目》地理類雜記之屬、《唫香仙館書目》卷三小說家類著錄。廣陵書社《筆記小說大觀》本。前有杭世駿序、雍正六年厲鶚自序，書後有嘉慶二十五年庚辰汪遠孫跋、道光三十年庚戌伍崇曜跋。四庫館臣云：「杭城東地曰東園者，宋故園也，其名見於《宋史》。鶚家於此，為考里中舊聞遺事，輿記所不及者八十五條，釐為上下二卷。大抵略於古而詳於今。」記杭州東城名勝古蹟及人物軼事，多抄撮他書如《南村輟耕錄》《咸淳臨安志》等，亦有詢之鄉老傳聞者，如《月中人》云：「馮開之《快雪堂集》云：虞長孺祖母，今年八十一矣。嘗云：年三四十時，秋夜露坐庭中，見有三人挨月而過，異之，急呼長孺伯母同觀，伯母出遲，僅見其二，須臾盡入月中矣。親語陳季象，為予述之。」其書並非為杭州一城而作，僅限於杭之東城也，其意在考里中故聞。本書內容可分為四：一為東城古蹟、地理沿革，如半畝居、委順齋、備萬齋、半山園、玉玲瓏閣、竹深亭永壽寺等；一為見存古玩，如鍾紹京書、鍾馗圖等，皆有名人題詠；三為士人軼事，忠臣義士、隱居高士，皆輯錄之，如徐鏡非，洪昇、陳麗、郎瑛等，類乎小傳；四為志怪，不過此類甚少，不過數則，採自《敝帚軒剩語》《獪園》諸書，亦名勝中不可少者。所述古蹟寺廟道觀、園林亭閣、名人故居多宋明以來建構，大約杭曾為宋之行在也。語亦清致，與《洛陽伽藍記》頗同風格，然所錄詩詞古文甚多，幽深意境亦有所不及。該書所錄知名士之詩文，原著多已散佚，故每述地理古蹟不免輯錄他書，大約意在興亡繼絕也。此亦說部之風土筆記之類，伍崇曜云厲太鴻尤熟於宋元之稗編野記，此書多有軼事異聞，耿文光《萬卷精華樓藏書記》云此書「敘述典雅，考據詳明」，且云此書與吳綺《嶺南風物記》「皆（地理）雜記可舉以為法者」，故列入小說筆記之一種云。後楊文傑有《東城記餘》二卷，其餘緒也。

《湖船錄》一卷　　厲鶚撰

　　《清史稿》之《藝文三》譜錄類器物之屬、《八千卷樓書目》雜家類雜品之屬、《弢園藏書目》小說家類著錄。上海書店《叢書集成續編》本，前有姚世鈺序、雍正八年庚戌馬曰璐序、全祖望序、雍正五年丁未厲鶚序、趙虹、沈嘉轍、杭世駿、吳焯、趙昱、馬曰琯、蔣淑等《題詞》。此書以西湖畫船之美稱異名為標題，下征諸文人詩詞，類乎傳注之體，如《龍頭》：「白樂天詩：小航船亦畫龍頭。」《十樣錦》：「錢復亨詩：『誰家樓上停歌舞，又上西湖十錦船。』」其他《水一方》《臨春樓》《星萍社》《水明樓》《隨月航》《藕花社》《春浮舫》等，皆其類也。姚世鈺云此書「本朱太史竹垞先生《說舟》而添注增廣之，凡八十餘件，視太史所說三倍焉」，厲鶚自云閱覽朱彝尊《說舟》一篇後，「暇日翻尋故冊，自宋元來及近時耆舊所造又得數十條連綴於後，其出於先生者間有增注都為一編，傳之士友間以為故事云爾。」後光緒間丁午撰《湖船續錄》，仍從此書體例。

《西北域記》不分卷　　謝濟世撰

　　謝濟世（1689～1755），字石霖（或書為石林），號梅莊，廣西全州（今屬桂林市）人，康熙五十一年壬辰進士，歷官浙江道御史、江南道御史、湖南糧儲道等，著有《梅莊雜著》《大學注》《經義評》等。《西北史籍要目提要》著錄。《叢書集成初編》本。此書實為一卷，三十餘則（條），無題目，內容多地理、風土之記，對新疆城邑、部族、動植記載尤詳，然謝濟世為雍正欽定流人，由中原之西域，軍前效力之餘，頗留意於異域風土，又其原邃於經學，故所記中每有奇幻、怪異之事這考辨之。文中每有異域新異難解之詞，輒以注疏之法疏通之，亦經學家之故習。文筆質直，敘述亦可觀，如「烏蘭海亦產貂，不如俄羅斯良，穴土食松子，夏毻（音芬，毛落也）而冬氄，及其氄取之。取之法有三犬強（與撬同），舊傳人裸臥雪中，貂就而溫之，人因撲而殺之。其說妄也。」

《粵中見聞》三十五卷附紀一卷　　范端昂纂輯

　　范端昂字呂男，一字呂南，廣東三水縣（今屬佛山市）人，康雍時人，諸生，著有《香奩竺泐》《奩詩泐》等。《販書偶記》史部地理類著錄。國家圖書館藏乾隆四十二年刻本、嘉慶六年刊本。今有《嶺南叢書》本，前有雍正八年

范德玉序，序云此書為范氏晚年著作，「故粵中之天地人物凡載於通志者則略之，而通志所未及載者纂輯無遺，萃群芳於晬間，臚萬象於筆下。」全書分天、地、人、物四部，部下分目，如天部下分日、月、星、天漢、虹霓等五目，每卷有目次，每則無標題，分述廣東氣候、山水、人物軼事、物產等，其中「人部」八卷為歷代以來名宦詩人、名儒才女、玄釋羽流、仙媛節婦以及賤民少數民族等，類乎小傳，間引諸書以考證，文筆灑落，較有史法，體例、內容與屈大均《廣東新語》相類，亦地志小說之一種。

《闡微錄》一卷　　呂法曾撰

呂法曾（1684～1750），字宗則，號力園，河南新安（今屬洛陽市）人，康熙五十二年舉人，曾任祥符教諭，著有《力園文稿》《力園詩草》《力園詩草二集》《毛詩可》《古唐詩可》等，《碑傳集》《中州先哲傳・文苑》有傳。《販書偶記續編》雜家類、《中國古籍總目》小說家類著錄。民國《新安縣志》卷十三云《闡微錄》為二卷，今國家圖書館藏刻本，一卷，前有乾隆六年辛酉通海趙城撰序，卷端有辛亥上巳呂法曾自述小序，辛亥當為雍正九年。此書雖為一卷，內容分四部，即《人部》《獸部》《禽部》《昆蟲部》，共 51 則。《人部》所述為乞丐、盜倡之流，《獸部》《禽部》《昆蟲部》為獸禽昆蟲之類，意在宣揚忠義道德，每則之後有「力園子曰」評論。其書如趙城序云：「力園闡微一書，於衣冠外取人于麟鳳外觀物，噫，微矣，而義皆關於倫常，其理不又微乎哉！閱之可以感發人之善心，有裨於世道，因勸亟梓而傳之，至其文之雅馴，不必言也。」呂法曾此書意在仿其先世明代呂坤《呻吟語》之意，故其小序云：「寧陵先司寇公無如所載丐盜倡優禽獸昆蟲，人人不屑如也，而猶有難如者，可不惕然省哉！比年來所聞見及徵於他書，凡得若干，名曰《闡微》，例放無如，無如所有，此不必更有，即以為續無如也可。」行文樸拙，每則類小傳，後加論贊之體，勸世之意在在皆有。

《鹿洲公案》二卷　　藍鼎元撰

藍鼎元（1680～1733），字玉霖，號鹿洲，福建漳浦（今屬漳州市）人，拔貢，歷官普寧知縣、廣州知府，雍正十年卒於任，所著有《鹿洲全集》四十六卷。《四庫全書總目》史部傳記類雜錄之書、道光《廣東通志》卷一百九十四法家類、《山東省圖書館藏海源閣書目》子部小說家類雜事之屬著錄。《鹿洲全集》本。雍正十年刻本、光緒五年刻本。前有雍正己酉曠敏本序、每卷目錄。

此書成書於雍正七年，又名《公案偶記》，分上下兩卷，共 24 則，為藍鼎元知普寧縣、潮陽縣事時所經案件，如《五營兵食》《三宄盜屍》《邪教惑民》《幽魂對質》《葫蘆地》《沒字詞》《龍湫埔奇貨》《死丐得妻子》《賊輕再醮人》《閩廣洋》《兄弟訟田》《卓洲溪》《改甲冊》《雲落店私》《三山王多口》《西谷船戶》《忍心長舌》《仙村樓》《尺五棍》《林軍師》《山門城》《豬血有靈》《古柩作孽》《蜃樓可畏》等，敘事兼議論，語言質實，頗為可讀。陸以湉《冷廬雜識》卷三云其書記事以「見折獄之良」，此亦汪輝祖《佐治藥言》之為政事者所參考。

《不下帶編》七卷　　金埴撰

金埴（1667～1740），字苑孫、小郯，號鰥鰥子、淺人、壑門、帶秋老人，浙江山陰（今紹興市）人，諸生，擅詩文，精小學，曾隨父任居山左郯縣，遊幕為業，與王士禛、洪昇、孔尚任、仇兆鰲等皆有往還，除本書外，著有《巾箱說》一卷，曾參修《兗州府志》，故《巾箱說》中軼事志怪從山左地志中輯出，非全為敘事。未見著錄。今有《清代史料筆記》本，據謝國楨藏手稿本整理，故無序跋、無標題，更無目次，以書中所述，當作於雍正十年以後，實詩話之體也，間有軼事、志怪、考證、論史、古蹟、典制、書畫、戲曲、恩遇、祖德等，舊聞不乏故國，敘述多有雋語，如「春風陋巷花」「行人尚在紅塵道」之類，詩話兼小說，頗類漁洋說部體，名賢言語所在輒錄，然多有摘錄前人筆記者，如《西河雜箋》《明道雜識》等，亦雜家筆記之類。其論說評騭頗有根據，論詩、論史，乃至論小說，絕無腐儒氣，如卷四評順康小說，云「清談擅於晉，小說著於唐。本朝以來，其行世談部說家，埴所聞見者，則周櫟園《書影》《閩小紀》，汪鈍翁《說鈴》，董閬石《三岡識餘》，尤悔庵《艮齋雜說》，漁洋山人《居易錄》《池北偶談》《分甘餘話》《夫于亭雜錄》，王任庵《署窗臆說》，吳青壇《說鈴》（吳所載諸家說部名目甚夥，茲不具。）褚人獲《堅瓠集》，孔宏興《拾籜餘閒》，王丹麓《今世說》，凡此皆彰彰在人耳目者。」

《清波小志》二卷　　徐逢吉撰

徐逢吉（1655～1740），原名昌薇，字紫凝、子寧，號紫珊、紫山、青蓑老漁，錢塘（今杭州市）人，諸生，著有《黃雪山房詩》四卷。《鄭堂讀書記補逸》卷二十八小說家類著錄。《讀畫齋叢書》本。書成於雍正十二年甲寅。前有自序，云仿周煇《清波雜志》之筆，不過誌先賢遺跡不致湮滅之意。後有

楊復吉跋。《鄭記》云：「紫珊以宋周召禮輝著《清波三志》，所言朝常典故居多，而城西之事不與焉，因就城西之遠者大者而記之。北至湧金，南至萬松嶺，西至南屏，至其間佛院神祠、街坊瑣事足資談柄者亦附書大概……故所載遺文軼事多李敏達（李衛）重修《西湖志》所未備云。」語風雅致，亦地志小說之類。

《諤崖脞說》五卷　　章楷撰

章楷字柱天，號諤崖，自號苧田氏，浙江新城（今杭州市富陽區）人，雍正十一年進士，官青田縣教諭，著有《浣雪堂詩文集》《史記菁華錄》等。《四庫全書總目》雜家類雜說之屬著錄。齊魯書社《四庫全書存目叢書》影印復旦大學館藏乾隆三十六年浣雪堂刻本。前有乾隆三十六年辛卯萬綿前序、雍正十三年九月章楷自序、凡例、每卷目錄。萬序云「憶自弱冠時即知苧田先生為吾郡名進士……然已足與《書影》《說鈴》諸名刻並傳不朽」，章序云：「清談始於典午，說部盛於李唐，要其議論風旨無傷雅道、足資考據乃足尚爾。本朝名家如周櫟園之《書影》、汪鈍翁之《說鈴》、宋西陂之《筠廊偶筆》、王漁洋之《池北偶談》《分甘餘話》皆稗官家之精金良玉，清言雋永，瑣事解頤，未易率然梯接也。」「諤崖」者，原取《周禮》春官掌夢之職，其三為「噩夢」之「噩」，自況半生偃蹇類乎噩夢也；通籍後改為士節「謇諤」之「諤」；「崖」者，生涯也。全書分四部，即《詩話》，詩文評之類，《昔遊》，遊記之類，《詫異》為記怪異之事，《摭異》摭拾他書為評論者，其中所輯《鄭崔合祔墓誌銘》為崔鶯鶯事。《詫異》為小說，《凡例》云：「古今之遠，天地之大，何奇不有，志怪搜神、諾皋肉攫蔡幻綦詳，顧流傳既多，真贗莫辨，予生平從未見一奇事，從未閱一怪物，若聞之鑿鑿者則時有焉，類筆數條，命曰《詫異》，言我亦自詫其異耳，非實信之乃亦何能盡疑之耶？首紀婦殺夫、夫棄婦，人倫檮杌莫大於是，故拙集初編有《譚叢》一卷，凡已載者皆不重入。」《詫異》所載有「新城姦婦殺夫」事、「餘杭徑山寺武僧」事、「某生酷虐其妻」事、「新城袁度科場不利」、「背友遭陰譴」等事，多科場故事、異僧傳聞總之類。此書類漁洋說部，雜家筆記一類，卷端有小序，頁眉有茅渠眉、高梧村、鍾岱峰等評語，詩句鑒賞之外，多獎譽之詞如「妙語過於《鈍吟》」「曠如奧妙」等。

《南村隨筆》六卷　　陸廷燦撰

陸廷燦（1678～1743），字扶照，號幔亭，嘉定（今屬上海市）人，歲貢

生，康熙五十六年任崇安縣知縣，轉候補主事，因病未赴，著有《續茶經藝菊志》等。《四庫全書總目》雜家類雜說之屬著錄。今有《續修四庫全書》影印雍正十三年陸氏壽椿堂刻本。前有雍正十三年乙卯王澍序、雍正十三年乙卯自序。其書為考證如《戶口》《歷代年數》《露筋廟》《折疊扇》等，博物如《木棉》《紅鳥》《天皮石》《雪蛆》《吸金石》《玉觀音》《小象大鼠》等，志怪如《旗杆氣出》等、軼事如《史閣部》等。此書以博物為多，見聞之外，亦取材於邸報及他書如《筠廊偶筆》《戒庵漫筆》《太平清話》《冊府元龜》《（徐岳）見聞錄》等。四庫館臣云：「此其居家時取平日所見聞雜錄之，而於新城王士禛、商邱宋犖兩家說部採取尤多。蓋廷燦為士禛與犖之門人，故其議論皆本之《池北偶談》《筠廊隨筆》諸書，而略推擴之。」雜家筆記之流，文筆亦清致，如《油》：「積油至萬石，自能生火。」《異花》：「閩有紅茉莉，蜀有紫繡球，楚有紅梨花，燕有黃石榴，天台有黃海棠、白海棠、白紫碧桂花，洛陽有黃芍藥，昌州有香海棠，見《岩棲幽事》。」

《玉几山房聽雨錄》二卷　　陳撰撰

陳撰（1678～1758），字楞山，號玉几山人，浙江鄞縣（今屬寧波市）人，毛奇齡弟子，善書畫梅，乾隆元年丙辰舉博學鴻詞，著有《繡鋏集》《玉几山房吟卷》《玉几山房畫外錄》等。《中國叢書著錄》史部地理類雜志之屬著錄。上海書店《叢書集成續編》本。《許廎經籍題跋》著錄，云此書所錄皆南宋軼事，然大多已為沈嘉轍等《南宋雜事詩》注所包羅。究其實，則此書輯錄他書有關西湖者，文集如劉泰《菊莊集》、張峽《窮愁集》，小說如《齊東野語》《錄鬼簿》《清波別志》《鐵圍山叢談》，舊志如咸淳《臨安志》、萬曆《杭州府志》、《洞微志》等，多錄詩文碑銘，時代自宋延續至清，非僅為南宋也。所述有物產、藝文、事蹟、勝蹟、疇人，皆為有關錢塘者，如杭州物產如白雲茶、周家瓜，杭州詩文如歷代名士高僧詠西湖景色詩句，杭州人物如錢塘籍應嗣寅、戴笠、徐介及旅寓杭州者如楊載、俞宗等，其中人物頗類小傳，多宋明遺民，如雲棲大師、李元昭等；疇人如惠祥、高騰、祝海鶴皆弘治間以造琴擅名、祝培之以畫名、姜娘子擅造銅器等，藝文活動如白雲社、武林社、武林九友會，大約茲土之美獨有詠歌，故亦地志小說之流。文筆清雅，類乎清玩之賞，亦《清波雜志》《西湖遊覽志》《西湖遊覽志餘》《湖壖雜記》《清波三志》《西湖夢尋》《西湖漁唱》之流也。

《詩禮堂雜纂》二卷　　王又樸撰

王又樸字從先，號介山，天津（今天津市）人，康熙五十九年庚子舉人，雍正元年癸卯進士，官廬州府同知，著有《易翼述信》《詩禮堂詩文集》等。《中國叢書綜錄》小說家類著錄。本書今有上海書店《叢書集成續編》本。此書內容有雜說、考證、詩詞、名臣碩士之軼事、志怪等。雜說或為一己之見，或為與友朋輩往還探討；考證則囿於經史小學；軼事為碩德可為人表者如明代任環抗倭；志怪如畫工張謙兒前生為虎、釘隕石測官運等，此雜家筆記之書也，故紀事較少。語言簡練，敘事簡淨，論說經史頗有碩儒之風。

《國朝畫徵錄》三卷《續錄》二卷　　張庚撰

張庚（1685～1760），字浦山，號公之幹、瓜田逸史、彌伽居士、白苧村桑者，浙江秀水（今屬嘉興市）人，康乾間著名畫家，雍正十三年曾應博學宏詞科，有《強恕齋詩鈔》《浦山論畫》等。王韜《弢園藏書目》子部小說家類著錄。上海古籍出版社《續修四庫全書》本。此書又名《翰苑分書畫徵錄》。《畫徵錄》前有雍正十三年張庚自序、乾隆四年張庚再序、乾隆四年蔣泰序、目次。張庚序云：「《國朝畫徵錄》者，錄國朝畫家，徵其蹟而可信者，著於篇，得三卷。凡畫之為余寓目者，幀障之外，及片紙尺縑，其宗派何出、造詣何至，皆可一一推敲，竊以鄙見論著之，其或聞諸鑒賞家所稱述者，雖若可信，終未徵其蹟也，概從附錄，而止署其姓氏里居，與所長之人物山水鳥獸花卉，不敢妄加評騭，漫誇多聞。夫畫道亦微矣，必好學心知，虛懷集益，乃能名家，垂世以稱畫祖，茲所錄正附若干人，其業之足與古大家相抗馳者幾人？然其心思之說注、意趣之所在，蓋有不可得而泯沒者，又況俟齋與也之儔，抱節自貞，不能苟祿，而藉以賦《伐檀》乎！後之論六法者，由其蹟而考之，庶幾可徵也夫。」是書創始於康熙年間、屢經增補而成，為畫傳之類，著錄清初八大山人以來至汪繩瑛畫家 266 人，傳記又分正傳與附傳（方外、閨秀）；列敘傳主生平、思想、專長、著述並品定其技藝，涉及文士、僧人、閨秀及青樓女子，記錄簡約，用筆頗為有韻，如卷中《周鼎》條：「周鼎字公調，江寧人，山水師李營邱及董北苑，多濕潤筆，有《高秋玩月圖》。宋漫堂題詩云：『古來貌夜色，妙手推克恭。卓哉秣陵叟，走筆追前縱。』余嘗見其山水小冊，暈和可觀。」評騭亦中肯，如卷下《崔鏏》條云：「古人畫士女立體，或坐或行，或立或臥，皆質樸而神韻自然嫵媚。今之畫者務求新豔，妄極彎環磬折之態，何異梨園子

弟登場演劇與倡女媚人也,直令人見之欲嘔。」《續錄》前有目次、題詞。體例一如前書,著錄黃宗炎、沈清瑞、金農、鄭燮等畫家 143 人,如《黃宗炎》條云:「黃宗炎,字晦木,一字立溪,人稱鷓鴣先生,餘姚人,忠端公次子,梨洲先生弟也,崇禎貢生,畫江之役,兄弟步迎監國,事敗入四明,參馮侍郎京第軍事,軍覆隱於白雲莊,亂定後遊石門、海昌間,賣畫以給,畫宗小李將軍、趙千里,工繆篆,又善製硯,所著有《周易象詞》《尋門餘論》《學圖辨惑》。」蔣泰序中評張庚此作「其論宗法淵源、造詣深淺,皆確然有據,而評騭不肯輕下一字,非深於是者能乎?至若因人以及畫,或因畫以及人,另具奧旨微意,有遺音矣。蓋深有得於史也。」後道光間劉瑗有《國朝畫徵補錄》二卷,亦仿張庚而作。

《塞外雜識》一卷　馮一鵬撰

馮一鵬字止園,浙江錢塘(今杭州市)人,生活於康乾時期,大約曾為雍正時任柴達木將軍宗查布幕賓,著有《憶舊遊詩話》等。《八千卷樓書目》史部地理類著錄。上海書店《叢書集成續編》本。其所謂「塞外」者,即西北、東北邊疆之地也。一卷 80 餘則,無標題,所述地理、風土為主,間有康雍間征戰事蹟。語言雋直,較有史風,記載之外,傳聞亦收羅在內,如通天河晾經臺本《西遊記》、「大禹導弱水處」本《禹貢》、西洋傳教士精黃白術等。柯愈春《清人詩文集總目提要》之「憶舊遊詩話」條云《詩話》(此書原藏黃裳處,未見)先述紀聞,後發書吟詠,大約可與本書相參看。

《世說孅雋》　裘璉撰

裘璉(1644～1729),一作裘連,字殷玉,號蔗村、廢莪子,浙江慈谿(今屬寧波市)人,康熙五十四年進士,授庶吉士,著有《橫山文集》《橫山詩集》《復古堂集》《玉湖詩綜》等及雜劇、傳奇多種。孫詒讓《溫州經籍志》卷十八小說家類瑣語之屬著錄。未見。

《見聞紀異》　裘連撰

孫詒讓《溫州經籍志》卷十八小說家類瑣語之屬著錄。未見。

《見聞厄記》,卷數不詳　袁載錫撰

袁載錫字心友,松江青浦(今屬上海市)人,康熙四十七年戊子舉人,署

江都教諭，雍正七年卒於官，或云卒年七十九，或云年逾八十。嘉慶《松江府志》卷七十二小說家類著錄，未見，嘉慶《松江府志》卷八十三、光緒《青浦縣志》卷十二各有輯錄一則，據清人所云，亦地志小說一類。

《南北朝世說》二十卷　章繼泳輯

章繼泳字剩人、信園，浙江錢塘（今杭州市）人，雍正元年舉人，著有《一燈樓詩集》八卷、《文集》四卷。乾隆《杭州府志》小說家類著錄。未見。

《繡谷叢說》一卷　吳焯撰

吳焯（1675～1733），字尺鳧，號繡谷，錢塘人。光緒《杭州府志·藝文志》子部小說家類著錄。未見。

《紀異》，不詳卷數　劉□撰

劉□為劉埥父，河南新鄭（今屬鄭州市）人，不詳字號。此書未刊印，毀於火。劉埥《片刻餘閒集》輯錄五則，並云前有劉承序文一篇。此 5 則皆無標題，所述為「華亭王頊齡」「三韓彭鼎弦」「鹽城卞貢生」「金潭李亮采」「王山」五事，不過縊鬼、物怪、因果報應之類。

《舊聞新語》，卷數不詳　周思仁撰

周思仁字恕三，別署訒庵，邵陽（今湖南邵陽市）人，雍正十二年拔貢，著述多種，有《四書匯講》《詩話類長》《楚詞詁》等。道光《寶慶府志》卷一百三十五有傳。道光《寶慶府志》卷第百一小說家類著錄，未見。

《一路筆談》無卷數　梁學源撰

梁學源字克祖，號壺洲，廣東順德（今順德市）人，康熙三十六年進士，雍正間任廣州粵秀書院山長，有《宦遊稿》《囊隙稿》《入燕吟》等。咸豐《順德縣志》卷十七小說類著錄。未見。此書大約雜家筆記之類，觀咸豐《順德縣志》小說類所著「小說」，如《稽古質疑》，多非敘事作品，而類考證之書。

《萍遊偶記》，卷數不詳　黃允肅撰

黃允肅，字元靜，福建南安（今屬泉州市）人，雍正元年恩科進士，官江西廣昌知縣等。民國《福建通志》小說家類雜事之屬著錄。未見。

《宦遊紀聞》　鄭方坤撰

鄭方坤字則厚，號荔鄉，福建建安（今建甌市）人，雍正元年進士，歷官山東兗州、登州、武定知府，著有《經稗》《蔗尾詩集》等。民國《福建通志附錄》小說家類雜事之屬著錄。未見。

《滄桑遺記》　蔡士哲著

蔡士哲字少真，號九村，福建同安（今廈門市）人，郡庠生，康雍間人，著有《聞過堂初集》《名卿里中志》等。民國《福建通志附錄》小說家類雜事之屬著錄。未見。

《張後槎隨見錄》　張鶴年撰

張鶴年，福建侯官（今屬福州市）人，事蹟不詳，或為康雍時人。民國《福建通志附錄》小說家類雜事之屬著錄。未見。

《蝸廬瑣識》三卷　林瑛撰

林瑛，福建侯官（今屬福州市）人，康熙五十九年庚子舉人。民國《福建通志附錄》小說家類雜事之屬著錄。未見。

《棗棚聞見錄》　胡恒撰

胡恒字聖思，安東衛（今山東日照市）貢生，雍正十年流寓肥城，為人倜儻不羈，著有《石齋集》《南征記》等。宣統《山東通志》小說家類異聞之屬著錄。未見。

《新稗類雋》十卷　蔣敦淳撰

蔣敦淳，江蘇武進（今常州市）人，雍正二年甲辰舉人，歷官雲南江山、嶍峨知縣，卒年五十三，洪亮吉為其外孫。《清代毗陵書目》小說家類、《毗陵經籍志》子部小說家類著錄。一名為《新禪類雋》，大約誤書之。皆未見。洪亮吉《外家紀聞》云「是書體例依昔人《宋稗類鈔》，嘗於故書肆中得其首冊，凡猶外祖素園先生手錄本也。」

《空庭天籟》二卷　胡淦撰

胡淦字聖智，江蘇武進（今常州市）人，雍正七年舉人，著有《闈幽錄》，

參與纂修乾隆《滄州志》（乾隆八年成書）。《毘陵經籍志》子部小說家類著錄。此書未見，《清代毘陵名人小傳稿》卷三云「輯歷代歌謠為一書，曰《空庭天籟》。」可見此書不過謠諺之類。

《渚聞鈔》《青村雜錄》 車書驥撰

車書驥，江蘇江陰（今江陰市）人，事蹟不詳。《毘陵經籍志》子部小說家類著錄。未見。

《醒心筆記》 繆詵撰

繆詵字覺軒，江蘇江陰（今江陰市）人，康熙四十五年丙戌進士，雍正間尚在世，著有《義學記》。清何震彝之《江蘇江陰藝文志》子部小說家著錄。未見。